エース 建築工学シリーズ

エース
建築構造材料学

中塚 佶

濱原正行

村上雅英

飯島泰男

著

朝倉書店

まえがき

　建築は計画，構造，材料，環境・設備・施工など，きわめて多岐な領域から成り立っている．また，社会の発展につれてそれら領域は新しく展開し，多くの情報があふれ専門性も高度化してくるため，建築を設計・施工する者の能力の向上がより厳しく求められている．

　一方，建築の教育面については，授業時間の削減や，教育内容の広範化・高度化，さらには整備されたコンピュータツールによって，内容のブラックボックス化を容認する状況などと相まって，基礎・基本に対する理解がしだいに手薄になり，近い将来，経験豊かな優れた設計・施工者の不足が深刻化するであろうと懸念される．

　転じて，理解度と密接に関係する授業などの情報伝達方法に目を向けると，建築材料についての知識は設計・施工に不可欠であるが，きわめて多種多様であるので，知識・情報が，他領域との関連性もなく材料という視点のみから単に「暗記物」として伝えられることが多い．このことが建築材料に対する興味と理解の深さを阻害しているように思われる．

　本書は，次のようなことを念頭に置いて編纂した．

1. きわめて多岐な材料領域から，構造材料という限られた範囲に内容を絞り，建築構造との関連性の上で，建築構造材料学をより深く理解できることを目指す．
2. 大学生だけでなく工業高等学校，専修学校，工業高等専門学校，短期大学などの建築関係学科生である「これから建築を学ぼうとする人」を読者に想定し，専門家でなくても「このくらいは心得ておきたい」基礎知識に内容を絞る．

　したがって，本書は，構造材料を理解する上で必要となる建築構造の基礎・基本についての第Ⅰ編と，主たる構造材料であるコンクリート，鋼および木質材料が建築構造・施工などと関わるところで少なくとも知っておきたい，それら材料の基本特性について解説した第Ⅱ編とからなっている．

建築構造の基礎知識にふれながら行う建築構造材料の授業におけるテキストとして，また，建築構造の入門授業を，構造材料の基礎性質に関する詳細な資料と絡めて行う場合のテキストとして，本書が手助けになればと願っている．

　本書を記述するにあたって多くの文献を参考にし，また図表などを引用させていただいた．引用文献などは一括して巻末に掲げたが，これら文献の著者の方々に心から謝意を表したい．
　また，本テキストは，京都大学大学院工学研究科環境地球工学専攻 故 藤井栄先生のご発意によるものであることを記して，本書を捧げたい．

2004年2月

著者しるす

目　　次

I編　建築の構造と材料学

1. 構造材料学の基本 …………………………………………………… 2
   1.1 応力とひずみ ………………………………………………… 2
   1.2 材料の応力-ひずみ関係 ……………………………………… 4
     1.2.1 鋼 …………………………………………………………… 4
     1.2.2 コンクリート ……………………………………………… 5
     1.2.3 木　材 ……………………………………………………… 6
   1.3 応力-ひずみ関係の時間依存性 ……………………………… 7
     1.3.1 クリープ …………………………………………………… 7
     1.3.2 リラクゼーション ………………………………………… 8
     1.3.3 衝　撃 ……………………………………………………… 8
   1.4 疲　労 ………………………………………………………… 9
     1.4.1 疲労強度 …………………………………………………… 9
     1.4.2 疲労限度 …………………………………………………… 9

2. 構造力学の基本 ……………………………………………………… 11
   2.1 力のつり合い ………………………………………………… 11
   2.2 支点と反力 …………………………………………………… 12
   2.3 節　点 ………………………………………………………… 13
   2.4 部材に生じる力の算出例 …………………………………… 13

3. 建築の構造形式と部材に生じる力 ………………………………… 16
   3.1 梁と柱 ………………………………………………………… 16
   3.2 トラス ………………………………………………………… 17

3.3　ラーメン ……………………………………………………… 17
　3.4　アーチ，ボールド …………………………………………… 18
　3.5　ドーム ………………………………………………………… 18
　3.6　ケーブル構造 ………………………………………………… 19
　3.7　膜構造 ………………………………………………………… 19

4. 部材力によって断面に生じる応力と変形 ……………………… 21
　4.1　軸　力 ………………………………………………………… 21
　4.2　曲げモーメント ……………………………………………… 22
　4.3　せん断応力と断面1次モーメント ………………………… 25
　4.4　ねじりモーメントによる応力 ……………………………… 26

5. 各種構造の設計法と特徴 ………………………………………… 28
　5.1　建築構造の設計法 …………………………………………… 28
　5.2　各種構造の特徴 ……………………………………………… 29
　　5.2.1　鉄筋コンクリート構造 ………………………………… 29
　　5.2.2　鋼構造 …………………………………………………… 33
　　5.2.3　木質構造 ………………………………………………… 35

II編　主要な建築構造材料

1. コンクリート ……………………………………………………… 46
　1.1　セメント ……………………………………………………… 48
　　1.1.1　セメントの製造 ………………………………………… 49
　　1.1.2　セメントの化学組成 …………………………………… 50
　　1.1.3　セメントの水和反応 …………………………………… 50
　　1.1.4　収　縮 …………………………………………………… 51
　　1.1.5　物理的性質 ……………………………………………… 52
　　1.1.6　セメントの種類 ………………………………………… 53
　1.2　骨　材 ………………………………………………………… 56
　　1.2.1　密　度 …………………………………………………… 57

1.2.2　吸水率・含水率 ……………………………………………… 58
　　1.2.3　粒度・粒度分布・粗粒率 …………………………………… 59
　　1.2.4　実績率・単位容積質量 ……………………………………… 59
　　1.2.5　含有不純物 …………………………………………………… 60
　　1.2.6　アルカリ反応性 ……………………………………………… 60
　1.3　混和材料 …………………………………………………………… 62
　　1.3.1　混和剤 ………………………………………………………… 62
　　1.3.2　混和材 ………………………………………………………… 65
　1.4　調合設計 …………………………………………………………… 66
　　1.4.1　調合および調合設計 ………………………………………… 66
　　1.4.2　調合設計に関係する主な用語 ……………………………… 66
　　1.4.3　調合強度の決め方 …………………………………………… 68
　　1.4.4　調合設計の手順 ……………………………………………… 69
　　1.4.5　計画調合の表し方 …………………………………………… 71
　1.5　フレッシュコンクリート ………………………………………… 71
　1.6　レディーミクストコンクリート ………………………………… 75
　1.7　硬化コンクリートの力学的性質 ………………………………… 77
　　1.7.1　一軸圧縮応力下における応力-ひずみ関係 ……………… 78
　　1.7.2　圧縮強度 ……………………………………………………… 81
　　1.7.3　圧縮強度以外の強度 ………………………………………… 85
　　1.7.4　その他の力学的性質 ………………………………………… 88
　1.8　硬化コンクリートのその他の性質 ……………………………… 92
　　1.8.1　耐久性 ………………………………………………………… 92
　　1.8.2　耐火性 ………………………………………………………… 96
　　1.8.3　耐熱性 ………………………………………………………… 97
　　1.8.4　耐冷性 ………………………………………………………… 98

2.　鋼　材 …………………………………………………………………… 100

　2.1　鋼材の製造 ………………………………………………………… 100
　　2.1.1　製　銑 ………………………………………………………… 100
　　2.1.2　製　鋼 ………………………………………………………… 102

2.1.3　鋳　造 …………………………………………………………… 104
　2.1.4　圧　延 …………………………………………………………… 105
2.2　鋼の金属組織と温度 ………………………………………………… 106
　2.2.1　変　態 …………………………………………………………… 106
　2.2.2　熱処理 …………………………………………………………… 109
2.3　鋼の応力とひずみの関係 …………………………………………… 110
　2.3.1　一方向漸増引張を受ける鋼の応力とひずみの関係 ………… 111
　2.3.2　正負くり返し荷重下における応力とひずみの関係 ………… 113
　2.3.3　引張強度，伸びと硬さの関係 ………………………………… 113
2.4　脆性破壊と疲労破壊 ………………………………………………… 114
　2.4.1　脆性破壊 ………………………………………………………… 114
　2.4.2　疲労破壊 ………………………………………………………… 116
2.5　溶接性 ………………………………………………………………… 117
　2.5.1　溶接部 …………………………………………………………… 117
　2.5.2　溶接性 …………………………………………………………… 118
　2.5.3　溶接によって生じる問題 ……………………………………… 118
2.6　鋼に含まれる化学物質，温度と鋼の機械的性質 ………………… 120
　2.6.1　化学物質 ………………………………………………………… 120
　2.6.2　温　度 …………………………………………………………… 122
2.7　腐　食 ………………………………………………………………… 124
　2.7.1　鉄の錆の発生メカニズムと促進物質 ………………………… 124
　2.7.2　鉄の腐食の促進要因 …………………………………………… 125
　2.7.3　錆の形態 ………………………………………………………… 126
　2.7.4　防　食 …………………………………………………………… 126
2.8　鋼材の種類 …………………………………………………………… 127
　2.8.1　炭素含有量による分類 ………………………………………… 128
　2.8.2　断面形状による分類 …………………………………………… 128
2.9　建築構造用鋼材に要求される特性 ………………………………… 130
　2.9.1　鉄骨造建物の概要 ……………………………………………… 131
　2.9.2　部材に要求される性能 ………………………………………… 132
　2.9.3　建物全体として要求される性能 ……………………………… 132

 2.10 構造用鋼材 ··· 133
  2.10.1 鋼材の種類とその記号の意味 ······································ 134
  2.10.2 一般構造用圧延鋼材 (SS 材), 溶接構造用圧延鋼材 (SM 材) ··· 134
  2.10.3 建築構造用圧延鋼材 (SN 材) ····································· 135
  2.10.4 一般構造用炭素鋼鋼管 (STK 材), 一般構造用角形鋼管 (STKR 材)
      ··· 136
  2.10.5 冷間ロール成形角形鋼管 (BCR 材), プレス成形角形鋼管 (BCP 材)
      ··· 137
  2.10.6 建築構造用 TMCP 鋼材 ·· 137
  2.10.7 建築構造用耐火鋼 (FR 鋼) ·· 137
 2.11 鉄筋コンクリート用棒鋼, PC 鋼材 ······································· 138
  2.11.1 鉄筋コンクリート用棒鋼 ··· 138
  2.11.2 PC 鋼材 ··· 139
 2.12 部材を接合する材料 ··· 141
  2.12.1 溶接 (アーク鎔接) ··· 141
  2.12.2 高力ボルト ·· 144

3. 木材・木質材料 ··· 146

 3.1 建築構造に用いられる木材・木質材料 ································· 146
  3.1.1 木材流通量と樹種 ·· 146
  3.1.2 分類と規格体系 ·· 146
 3.2 木材の組織構造 ·· 148
  3.2.1 樹幹と繊維 ·· 150
  3.2.2 細胞の半径方向の変動 ·· 151
 3.3 木材の力学的性能に影響する因子 ······································· 153
  3.3.1 含水率 ·· 153
  3.3.2 密度 (比重) ··· 157
  3.3.3 欠点 ··· 158
 3.4 木材の力学的特徴 ·· 161
  3.4.1 木材の一般的特徴と力学的モデル ································ 162
  3.4.2 無欠点小試験体の力学的挙動 ······································ 162

- 3.4.3 実大材の応力-ひずみ曲線と破壊の様式 …………………… 164
- 3.4.4 クリープおよびDOL ……………………………………… 165
- 3.5 材料のばらつきと制御 ……………………………………… 167
  - 3.5.1 材料の強さの基準 ………………………………………… 167
  - 3.5.2 材料のばらつきの程度と強度等級区分 ………………… 168
- 3.6 経年変化と耐久性および耐火性 …………………………… 170
  - 3.6.1 老化と劣化 ………………………………………………… 170
  - 3.6.2 腐朽と蟻害 ………………………………………………… 171
  - 3.6.3 耐火性 ……………………………………………………… 173
- 3.7 木材を構造材として使用するときの注意 ………………… 174
- 3.8 接合具 ………………………………………………………… 175

付録1 いろいろな建築構造と各部の名称 ………………………… 183
付録2 調合設計の例 ………………………………………………… 190

参考文献 …………………………………………………………………… 193
索 引 …………………………………………………………………… 197

┌─ 執 筆 担 当 ─
│ 中塚　佶：[Ⅰ編] 1.1節～1.4節, 5.1節, 5.2.1項, [Ⅱ編] 1章, 付録1, 2
│ 濱原正行：[Ⅰ編] 5.2.2項, [Ⅱ編] 2章
│ 村上雅英：[Ⅰ編] 5.2.3項, [Ⅱ編] 3.7節, 3.8節
│ 飯島泰男：[Ⅱ編] 3.1節～3.6節

I編

建築の構造と材料学

　人は昔からありとあらゆる材料を建築に適用するうち，しだいにそれらを選択し，なるほどと納得できる適材を適所に使用するようになったと思われる．その背景には建築空間の構成・維持に関する膨大な経験の蓄積と同時に，建築構造力学ならびに構造学の発展も多くの関わりをもったと考えられる．すなわち，建築の材料と構造とは不即不離の関係にある．たとえば超高層ビルや大スパン架構を考えたとき，材料の軽量化・高強度化が必須の構造的要求となり，それを充足する新材料が生み出されてきたように，材料と構造は相まって進歩・発展してきた．

　本編では，建築構造材料とその役割をより深く理解する上で不可欠な，建築構造の基礎・基本である応力とひずみ，構造力学の基本，構造形式と部材力，部材力と断面力，各種構造の設計法と特徴などについて述べる．

1. 構造材料学の基本

◆◇◆ ポイント

- 単位断面積当たりに作用する力を応力，単位長さ当たりの変形量をひずみという．
- 垂直応力を受けたときに生じる垂直ひずみと直交方向ひずみの比をポアソン比という．
- 応力がひずみに比例するとき，比例定数をヤング係数という．
- 加えている応力を除いたとき，ひずみがもとに戻る性質を弾性，ひずみがもとに戻らない性質を塑性といい，戻らなかったひずみを残留ひずみという．
- 一定応力が持続的に作用したとき，ひずみが時間とともに増加する現象をクリープという．
- くり返し作用する静的強度以下の応力によって破壊する現象を疲労破壊という．

1.1 応力とひずみ

ある重さ(W)を異なる人数で支えたときの重さ加減や，異なる人数による隊列において同じ長さ(Δl)だけ隊列長を短くしたときの縮み加減を比較する場合，それぞれ1人(単位)当たりの支持荷重や短縮量で考えると理解しやすい．同様に，ある断面積と長さをもつ棒材に圧縮力あるいは引張力が作用したとき，断面に生ずる力や変形の状態は，単位断面積当たりの力や単位長さ当たりの変形量に基づいて考えればわかりやすい．前者を**応力**，後者を**ひずみ**という．

応力は，図1.1に示すように，基本的には断面に垂直に作用する**垂直応力**と面内に作用する**せん断応力**の2種類に分けられる．面積がAの断面に垂直および面内に作用する力をそれぞれN，Qとするとき，垂直応力(σ)はN/Aで，せん断応力(τ)はQ/Aで与えられる(単位は普通N/mm^2で表す)．曲げモーメント

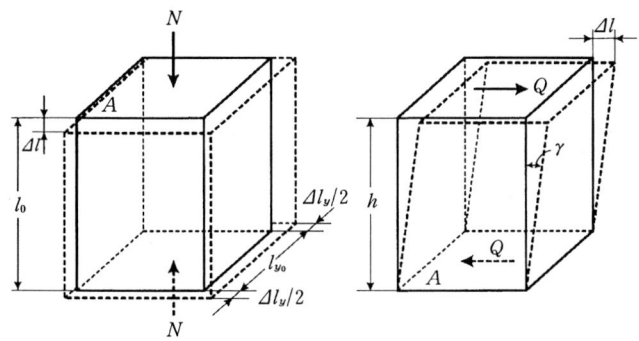

図 1.1　力と応力とひずみの関係

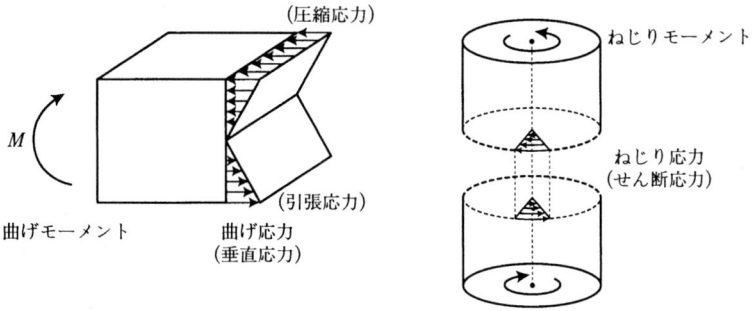

図 1.2　曲げモーメントおよびねじりモーメントによる応力

やねじりモーメントに伴う応力もあるが，図1.2のように，曲げ応力は垂直応力分布として，ねじり応力はせん断応力分布として与えられる．

ひずみには，応力に対応してそれぞれ**垂直ひずみ**，**せん断ひずみ**がある．垂直方向の伸縮変形量あるいはずれ変形量が Δl のとき，垂直ひずみ (ε) は変形量をもとの長さで除した $\Delta l/l_0$ で，せん断ひずみ (γ) は変形量を高さで除した $\Delta l/h$ で与えられる．

棒状の材料を引張る（圧縮する）と少し細く（太く）なる．すなわち，断面は垂直応力を受けて垂直ひずみが生ずるとそれと直交する方向にもひずむ．垂直方向

ひずみに対する直交方向ひずみの比を**ポアソン比**(ν) という.

1.2 材料の応力-ひずみ関係

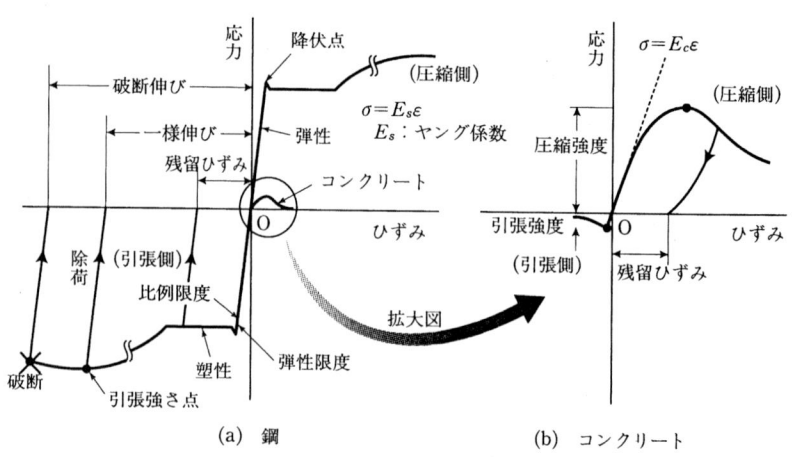

(a) 鋼 (b) コンクリート

図1.3 鋼およびコンクリートの応力-ひずみ曲線

材料は力を加えられると力の大きさに応じた固有の変形を起こす.すなわち,固有の応力-ひずみ関係をもっている.図1.3は棒状の鋼およびコンクリートを,また図1.5は木材を材軸方向に引張あるいは圧縮したときの応力-ひずみ関係を例示したものである.なお,図1.3〜1.5では圧縮応力を正として示している.

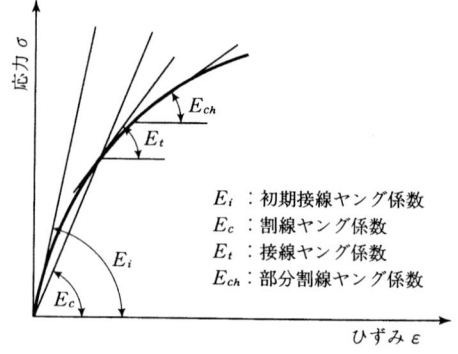

図1.4 各種のヤング係数

1.2.1 鋼

圧縮側と引張側でほぼ同じ応力-ひずみ関係をもつ.**比例限度**と呼ばれる応力以下では応力とひずみが直線関係を示す.比例定数を**ヤング係数**といい,$2.05 \times 10^5 \text{N/mm}^2$ である.比例限度より少し高い応力位置に**弾性限度**があり,それ以

下の応力で外力を除去(除荷という)するとひずみがもとに戻る．除荷によってひずみがもとに戻る性質を**弾性**という．これに対し，除荷時にひずみがもとに戻らない性質を**塑性**といい，もとに戻らないで残るひずみを**残留ひずみ**または**永久ひずみ**という．

詳細は第Ⅱ編の2.3.1項で述べるが，応力を弾性限度よりさらに上昇させようとすると，応力はほ

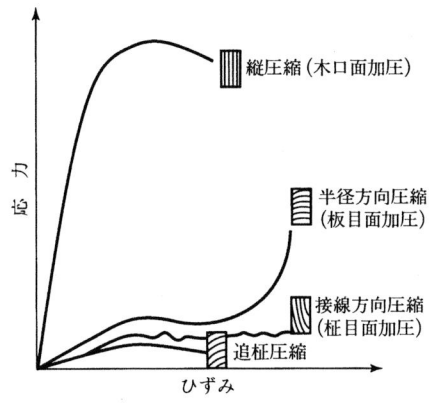

図1.5　木材の圧縮応力-ひずみ関係(模式図)

とんど変化せずにひずみのみが増加する現象が生ずる場合もある．この現象を**降伏**といい，そのときの応力を**降伏点**，ひずみを降伏ひずみという．ひずみがさらに増加すると，**ひずみ硬化**といわれる現象によって再び応力が上昇しはじめて最大応力点(このときの応力を引張強さ(**引張強度**)という)に達し，その後応力低下を伴って破断する．引張強さ点から除荷したときの残留ひずみを**一様伸び**といい，破断後に破面をつき合わせて測ったときのひずみを**破断伸び**という．

通常の鉄筋コンクリートに使われる鉄筋および鉄骨の降伏点は，300〜500 N/mm^{2}であるので，降伏ひずみは0.15〜0.25%である．

1.2.2　コンクリート

図1.3(a)中に示すように，コンクリートの応力-ひずみ関係は鋼のそれに比べ強度・変形能力とも小さい．同図(b)に拡大図を示すが，コンクリートの応力-ひずみ関係の特徴として，①引張強度が圧縮強度に比べ約1/10程度と小さい．②圧縮応力-ひずみ関係では，応力の低い段階から応力とひずみは厳密な比例関係を示さず曲線状となり，応力の上昇に従ってその曲率は増大して極値(最大応力)を示す．この最大応力を**圧縮強度**といい，そのときのひずみは約0.2%である．圧縮強度以降は，ひずみの増加とともに応力低下を伴い崩壊していく**ひずみ軟化**型の応力-ひずみ関係を示す．

コンクリートの応力-ひずみ関係は曲線(非線形)であるので，鋼のように確定したヤング係数はない．しかし，低い応力レベルにおける応力-ひずみ関係はほ

ぼ弾性 ($\sigma = E_c \cdot \varepsilon$) と見なすことができ，このときの E_c を**ヤング係数**(弾性係数)と呼ぶ．コンクリート構造の弾性設計においてはこの E_c が用いられるが，E_c は応力の大きさに依存するので，通常は圧縮強度の 1/4 または 1/3 の応力点と原点とを結んだときの**割線ヤング係数**(セカントモデュラス)を採用する場合が多い．なお，ヤング係数としてはその他に，図 1.4 に示すような**初期接線ヤング係数**，**接線ヤング係数**および**部分割線ヤング係数**(コードモデュラス)などが定義される(第 II 編 1.7 節参照)．

1.2.3 木　材

図 1.5 に圧縮応力-ひずみ関係の模式図を示す．木材では，応力方向によって応力-ひずみ関係が大きく異なる．幹の軸方向は細長い中空の繊維状の形をして

表 1.1　各種材料の一軸載荷時の強度および変形特性

種類	材料	圧縮強度 (N/mm²)	降伏点または 0.2% 耐力 (N/mm²)	引張強度 (N/mm²)	ヤング係数 (N/mm²)	ポアソン比
金属	RC 用鉄筋					
	SD 345	490 以上	345〜440	490 以上	2.05×10^5	0.28〜0.30
	SD 490	620 以上	490〜625	620 以上	2.05×10^5	0.28〜0.30
	PC 鋼棒					
	B 種 1 号	930 以上	930 以上	1018 以上	2.0×10^5	0.28〜0.30
	B 種 2 号	930 以上	930 以上	1180 以上	2.0×10^5	0.28〜0.30
	構造用鋼材					
	SS 400	400〜510	235 以上	400〜510	2.05×10^5	0.28〜0.30
	SN 490 B	490〜610	325〜445	490〜610	2.05×10^5	0.28〜0.30
	SM 520 C	520〜640	355 以上	520〜640	2.05×10^5	0.28〜0.30
	鋳鋼	350〜900	160〜380	350〜900	2.05×10^5	0.27〜0.30
	鋳鉄	100〜400	—	100〜400	$0.7〜1.4 \times 10^5$	0.20〜0.29
	アルミニウム	84〜191	14〜166	84〜191	0.7×10^5	0.34
普通コンクリート	F_c24	24 以上	—	2.4 程度	2.47×10^4*	0.16〜0.2
	F_c36	36 以上	—	3.0 程度	2.83×10^4	0.16〜0.2
	F_c60	60 以上	—	4.0 程度	3.35×10^4	0.16〜0.2
木材 (無欠点材)	スギ (繊維方向)	25〜45		50〜85	$0.55〜1.04 \times 10^4$	
	ヒノキ (〃)	35〜50		90〜160	$0.6〜1.2 \times 10^4$	0.4〜0.6
	アカマツ (〃)	35〜55		90〜200	$0.85〜1.4 \times 10^4$	
石材	石灰岩	30〜200	—	2〜20	$1〜8 \times 10^4$	0.1〜0.3
	砂岩	20〜150	—	2〜20	$0.5〜9 \times 10^4$	0.1〜0.3
	花崗岩	100〜250	—	4〜200	$2〜7 \times 10^4$	0.1〜0.3

＊：日本建築学会式による

いる道管などで構成されるため，繊維方向の強度，ヤング係数が最も大きい．繊維に直交する方向では中空部が押しつぶされるので，ひずみが小さい範囲でのヤング係数および強度は小さいが，ひずみの大きい範囲では応力が上昇する**ひずみ硬化**型の応力-ひずみ関係を示す．

表1.1に鋼，鉄，コンクリートおよび木材の応力-ひずみ特性に関わる特性値の概数値を示す．通常の鉄筋コンクリート構造，鉄骨構造に用いられる鋼は，コンクリート圧縮強度の10倍程度の大きな引張(圧縮)降伏点と，大きなつき合わせ伸びを示す**靭性**(粘り強い)材料である．これに対しコンクリートは0.3%程度の圧縮縮み能力と，圧縮強度以降において応力低下を示す**脆性**材料である．ただし，コンクリートは，軽微な横補強を施すことによって大きな変形能力を示す靭性材料に変化する(第II編1.7.1項参照)．

単位ひずみを生じさせるために必要な応力の大きさを表すヤング係数は，その値が大きいと変形がしにくいこと(**剛性**が高いという)を意味する．コンクリートおよび木材のヤング係数は，鋼のヤング係数の1/10〜1/6程度，および1/40〜1/15程度である．

1.3 応力-ひずみ関係の時間依存性

1.3.1 クリープ

床，梁，柱などの構造部材，さらにはそれを構成するコンクリートなどの材料は，自重，家具や機械などの積載物によって荷重または応力を持続的に受けている．部材や材料に一定荷重または応力が持続的に作用したとき，変形やひずみが時間とともに増加する．この現象を**クリープ**という．増大した変形やひずみをクリープ変形，クリープひずみというが，大きいときには支障が生じる．

図1.6の第1象限に示す材料の応力-ひずみ関係において，作用する持続応力が小さいとき，クリープひずみは時間とともに増大するが，最終的には**終局クリープひずみ**と呼ばれる値に収束する．しかし，作用応力が大きい場合はひずみが時間とともに増大しやがては破壊する．これを**クリープ破壊**といい，クリープ破壊が起こる下限の応力を**クリープ限度**と呼ぶ．持続荷重を途中で取り除く(除荷する)と，瞬時に弾性ひずみが生じた後，徐々にクリープひずみは回復する．

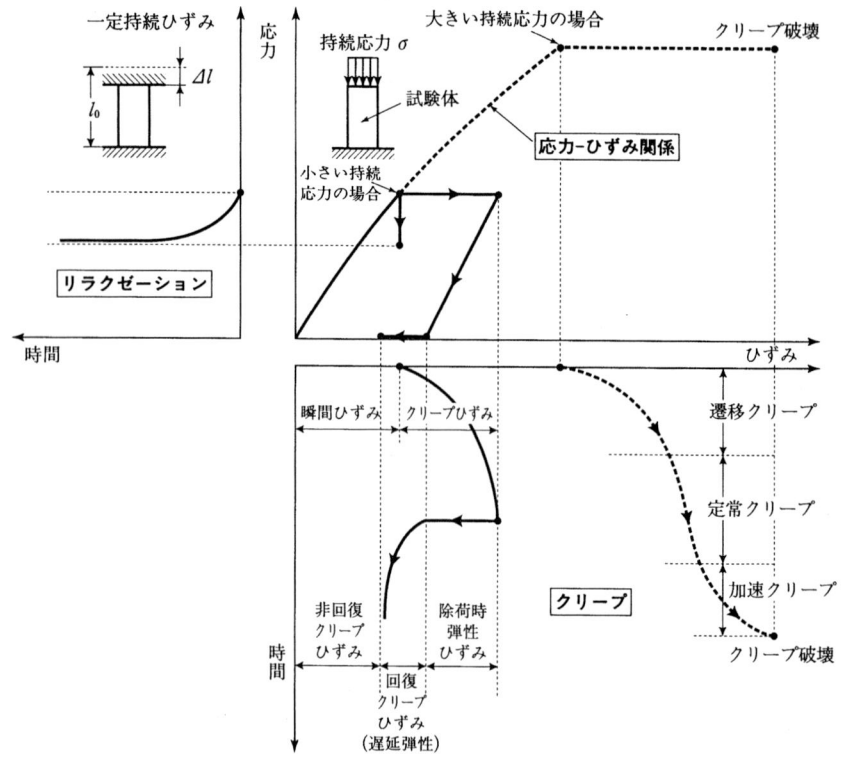

図 1.6　クリープおよびリラクゼーション説明図

1.3.2　リラクゼーション

一定応力下でひずみが進行するクリープに対し，図 1.6 の第 2 象限に表すように，ひずみ（変形）を一定に保ったとき，応力が時間の経過につれて緩和し減少する現象のことを**リラクゼーション**（応力緩和）という．リラクゼーションは，PC 鋼材や高力ボルトなどでは非常に重要で，前者ではプレストレストコンクリートにおける鋼材緊張力の減退，後者では鉄骨の摩擦接合におけるボルト張力の減退と関係する．クリープとリラクゼーションは本質的には同じ機構で生ずる．

1.3.3　衝　撃

静的と呼ばれる荷重速度またはひずみ速度の 1000～10000 倍の速度による載荷をいい，1 回の衝撃で破壊する場合の強さを**衝撃強度**という．建築構造では，落下物，衝突物，爆発などに対する設計で考慮される．速度が大きいほど破壊強度

は増大するが，変形量は少なくなって，ヤング係数は大きくなり，脆性的な破壊性状を示す傾向がある．

1.4 疲　　労

静的強度(徐々に荷重を漸増させたときの破壊強度)以下の応力でもそれがくり返し作用すると破壊することがある．この現象を**疲労破壊**という．疲労は，高速道路の架構，橋梁，鉄道の枕木など土木関係で関連深いが，建築構造でもクレーンを受ける梁，駐車場や倉庫での走行通路などでは疲労を考慮して設計が行われる．

1.4.1 疲労強度
くり返し載荷によって破壊したときの応力を，そのくり返し回数に対する疲労強度という．くり返し最大応力と最小応力との応力差(応力振幅)，および最小応力の静的強度に対する比をそれぞれ S_r, S_p とすると，$S_r/(1-S_p)$ と対数表示された破壊までの回数 N との間にはおおむね直線関係が成立し，これを S-N 線図と呼ぶ(図 1.7)．

1.4.2 疲労限度
無限回のくり返しに耐える応力の限界を疲労限度という．鋼の疲労限度は静的

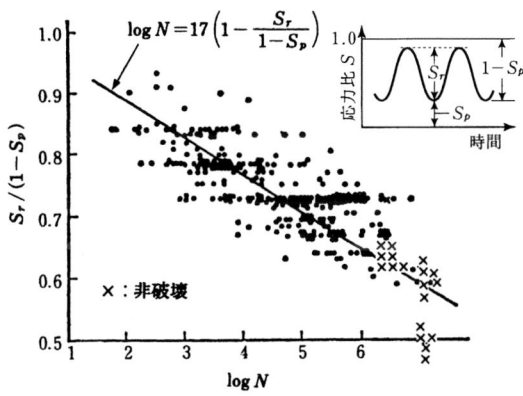

図 1.7　コンクリートの圧縮疲労での S-N 線図

強度のおよそ50%で，くり返し回数が $10^6 \sim 10^7$ の間にあり，慣用的に200万回とされる場合が多い．コンクリートでは疲労限度はないといわれ，静的強度の55～65％程度となる200万回疲労強度を疲労限度の特性値としている．

2. 構造力学の基本

```
◆◇◆ ポイント
・物体が静止しているためには，3種の力のつり合い条件を満足しなければならない．
・構造物の荷重を地面などの支持体に伝える点を支点といい，ローラー支点，ピン支点，固定支点がある．
・部材と部材の接合点を節点といい，ピン節点，剛節点がある．
```

2.1 力のつり合い

いくつかの力およびモーメントが物体に同時に作用しているにもかかわらず，物体が移動したり，回転せずに静止しているとき，力がつり合っているという．図 2.1 に，構造部材で扱う主な力，すなわち，部材断面の中心に作用する軸方向力 (N)，材軸に直交する方向のせん断力

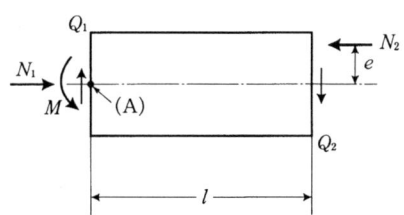

図 2.1 静止物体での力のつり合い

(Q) ならびに曲げモーメント (M) が物体に作用して，物体が静止している状態を示す．物体が静止しているためには，式 (2.1)〜(2.3) に示す 3 種の**力のつり合い条件**が成立している必要がある（同式では力の作用方向を考慮している）．また，モーメントとは物体に回転を起こさせる能力のことで，例えば図 2.1 中の A 点をつかんだとき，せん断力 Q_2 がもっている物体を右回りに回転させる能力，軸力 N_2 および曲げモーメント M がもっている物体を左回りに回転させる能力のことである．

材軸方向の力のつり合い：	$N_1 - N_2 = 0$	(2.1)
材軸に直交する方向の力のつり合い：	$Q_2 - Q_1 = 0$	(2.2)
A 点まわりの回転に対するつり合い：	$M + N_2 \times e - Q_2 \times l = 0$	(2.3)

2.2 支点と反力

構造物などを支えてその荷重を地面などの支持体に伝える点を**支点**という．支点は支持状態により，次の3種類に分けられ，抵抗する方向に対しては動きを止める力(**反力**)が生じる(図2.2)．なお，支点間の距離を**スパン**(張り間)という．

1) ローラー支点　支点に接続する部材の回転および一方向(図2.2では水平方向)の移動に対しては抵抗しないが，直交する方向の移動には抵抗する支持状態である．したがって，反力は部材の材軸方向にのみ生じる．

2) ピン支点　支点に接続する部材の回転に対しては抵抗しないが，支点の移動には抵抗する支持状態で，反力は材軸方向と直交方向に生じる．

3) 固定支点　支点に接続する部材の移動および回転を許さない支持状態であるので，反力は材軸方向力，直交方向力およびモーメントが発生する．

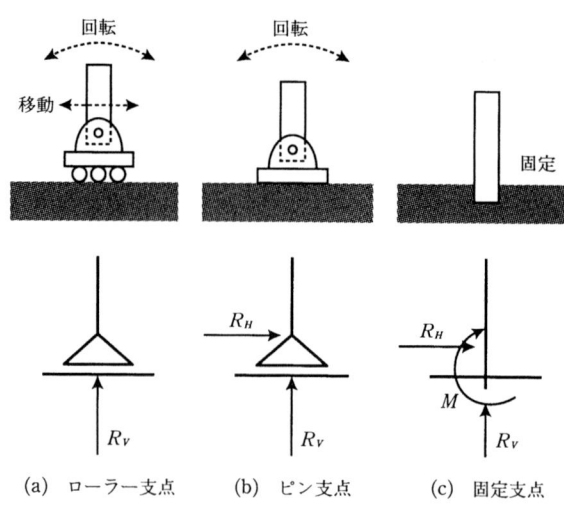

(a) ローラー支点　　(b) ピン支点　　(c) 固定支点

図 2.2　支点の種類と反力

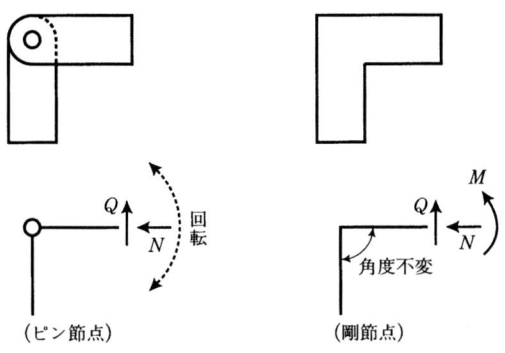

図 2.3 節点の種類と反力

2.3 節　　点

部材と部材の接合点を**節点**といい，図2.3に示すような2種の節点がある．

1) ピン節点　　蝶つがいのように，接合された部材相互間の角度が抵抗なしに変化できるピン接合による節点．せん断力および軸力を伝達する．ただし，トラスでは軸力のみを伝える．

2) 剛節点　　接合された部材相互間の角度が，外力を受けても変化しない剛接合による節点．曲げモーメント，せん断力および軸力を伝達する．

2.4 部材に生じる力の算出例

図2.4は，両端がピンおよびローラー支点で，中央に集中荷重 $2P$ が作用する**単純梁**であるが，部材内にどのような断面力（軸力，せん断力，曲げモーメント）が生じているかを考える．

図2.4において，まず，それぞれの支点での反力を考える．ローラー支点では梁に直交する方向の反力のみが，ピン支点には材軸方向と直交方向の反力が生じる．ここで梁全体について力のつり合いを考えると式(2.4)〜(2.6)を得るが，これらの式から式(2.7)の結果を得る．なお，ここでは外力 $2P$ の作用方向を正とする．

材軸方向の力のつり合い： $R_H=0$ (2.4)

材軸に直交する方向の力のつり合い： ${}_RR_V+{}_PR_V+2P=0$ (2.5)

ピン支点まわりの回転に対するつり合い： $2P\times l+{}_RR_V\times 2l=0$ (2.6)

$$\therefore {}_RR_V={}_PR_V=-P,\ R_H=0 \quad (2.7)$$

次に，梁の材軸方向のある位置 A で仮想的に切断すると，切断面には先に述べた3種の力（軸力，せん断力，曲げモーメント）が作用している．ローラー支点側の切片を考えると，ローラー支点では ${}_RR_V=-P$ しか作用していないので，力のつり合い条件から，A断面では $N=0$, $Q=P$, 曲げモーメント M_A は次式で与えられる．なお，モーメントは左回りを正とする．

$$M_A=P\times l_a \quad (2.8)$$

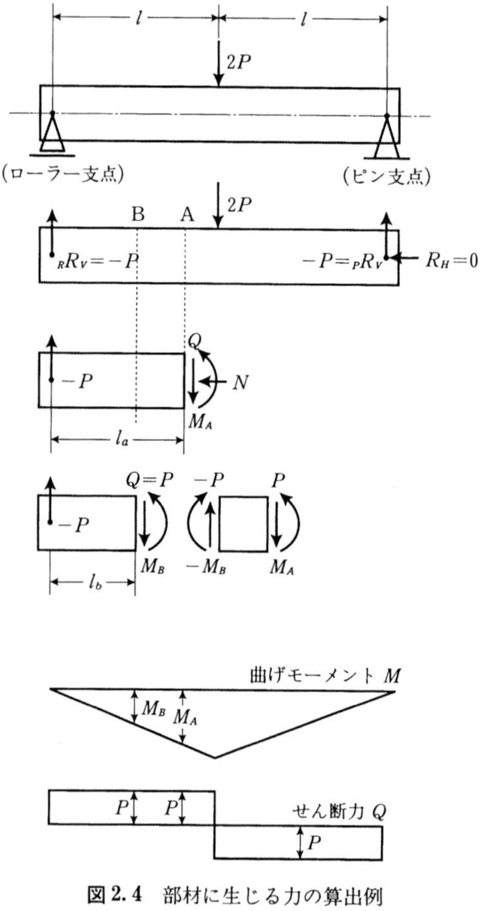

異なる位置Bでさらに切断面を仮想すると，新しい切断面における作用反作用の法則から，図2.4の切断要素の左右の両端面には大きさが等しい逆方向のせん断力および曲げモーメントが作用していることになる．また，曲げモーメントは式(2.8)のように切断面と支点間の距離に比例するので，$M_A>M_B$ となり，梁中央の荷重位置で最大になる．なお曲げモーメントの変化量は，A-B区間要素における逆方向のせん断力による回転モーメント分に等しい（4.3節参照）．

図2.5に単純梁の変形を示すが，無荷重時に梁側面で平行な2直線と上下縁で囲まれた四角形は，荷重が作用して曲げモーメントを受けると，曲げモーメ

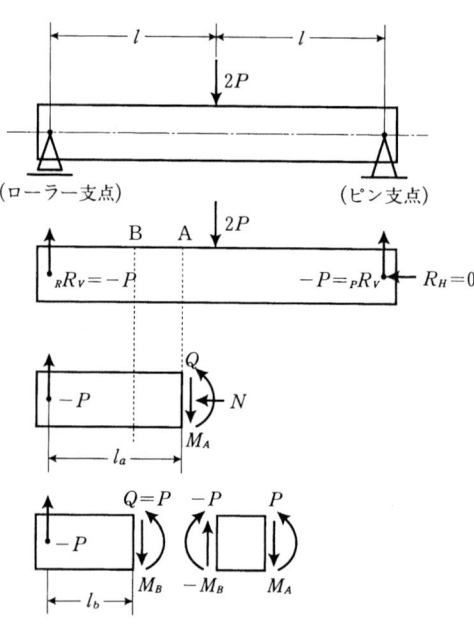

図2.4 部材に生じる力の算出例

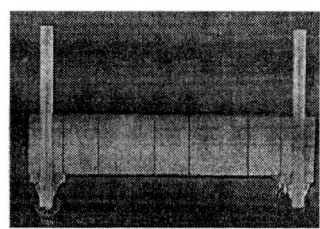
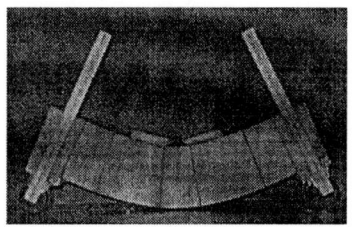

(a) 無荷重時　　　　　　　　(b) 載荷時

図 2.5 単純梁の変形

ント図が出っ張っている側，言い換えればたわんでいる側の縁が伸び，反対側の縁が縮んで台形状に変形する．この変形状態が 4.2 節で述べられる曲げモーメントに対する設計の基本である．

3. 建築の構造形式と部材に生じる力

◆◇◆ ポイント
- 棒状の部材をつなぎ合わせて，三角形の構造要素としたものをトラスといい，ピン接合された部材の断面には軸力のみが生じる．
- 梁・柱構造の一種で，梁と柱が剛接合された骨組をラーメンといい，部材断面は主に曲げモーメント，せん断力および軸力に対して抵抗する．

重力，風力，地震力などの自然力（外力）に抵抗して建築空間をつくり出すものが構造である．建築の構造にはいろいろな形式がある．石，れんが，ブロックなどを積み上げてつくる組積造，持ち送り積上げ法によるアーチやドーム，その発展形式の平板・曲板構造，木を組み合わせてつくる架構式構造，同じ形式で産業革命以来の鉄骨や鉄筋コンクリート構造，吊り橋に利用されてきたケーブル構造，さらにはサーカステントの膜構造など，多くの構造形式がある．ここでは各種形式の構造が外力に対して抵抗するとき，構造要素（部材）にどのような力が生じるかについて述べる．

3.1 梁 と 柱

最も古くからあって単純な構造は，小川や谷を渡る手段として用いられた丸木橋など，棒状の部材を横（水平）にして支点間にかけ渡して使う**梁**（または**桁**）であろう．また棒部材を縦（鉛直）に使った柱によって，梁はある高さに支持されたであろう．梁，柱はともに現代の建築や橋の構造の中で最も多く用いられている一般的な部材で，部材内には曲げモーメント，せん断力および軸力が生じる（2.4節参照）．

3.2 トラス

木造建築の屋根における小屋組(巻末付図1.4参照)にみられるように,棒状の部材をつなぎ合わせて,三角形の構造要素としたものを**トラス**という(図3.1).その頂部に鉛直荷重を加えると,2本の斜め材(合掌)は互いに寄りかかって押し合い,また,合掌の脚元をつなぐ水平材(陸梁)は合掌の広がりに抵抗する.

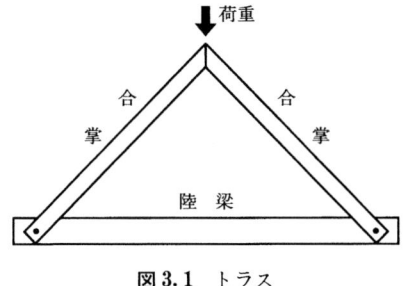

図3.1 トラス

それゆえ,これらトラスを構成するピン接合された棒部材には曲げモーメントは生じず,軸力(圧縮力,引張力)のみが生じる.なおトラスには,小屋組のような迫り持ちトラス(山形トラス)と,力の流れ方が異なる上下の弦材が平行な梁トラス(平行弦トラス)などがある.

3.3 ラーメン

ラーメン構造は梁・柱構造の一種である.梁と柱の交点(節点)が「剛接合」されているので,風や地震による横方向の力に対して抵抗することができる.この点が本構造の特徴である.剛節点は,木造の貫構造においても試みられているが,溶接やボルトで節点を固定した鉄骨構造や,コンクリートによっ

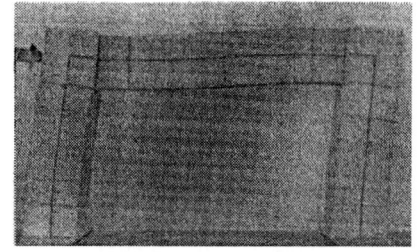

図3.2 ラーメン構造

て節点を固めた鉄筋コンクリート構造の出現によって一般化した.また,水平力に耐えられる特徴は,壁面の構造的役割を解放し,カーテンウォール構造,さらには超高層時代を可能にした.

3.4 アーチ,ボールド

アーチの技術は,レンガなどを積み上げてつくる組積造の壁に開口をつくることから始まった.組積造では引張力が作用すると簡単に離れるので,アーチの中を流れる圧縮力の道筋(圧力線)がアーチの厚みからはみ出さないようにしなければならない.

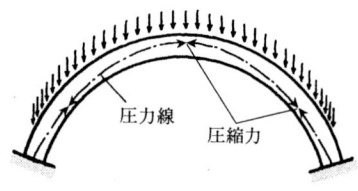

図3.3 アーチ[1]

アーチをその面と直角の方向に並べていくとトンネル状の構造となる.これを屋根や天井に用いたものをボールドというが,ボールドでは作用する荷重を,図3.4に示すような3種の機構,すなわち,アーチ,薄い梁のようなプレート,および面に直交する荷重を支える床(スラブ)として支える.したがって,これら構造の部材には主に圧縮力と曲げ・ねじりモーメントおよびせん断力が作用する.

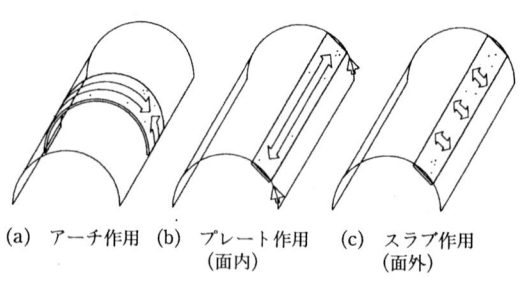

(a) アーチ作用　(b) プレート作用　(c) スラブ作用
　　　　　　　　　(面内)　　　　　(面外)

図3.4 ボールドにおける3種の力の流れ[2]

3.5 ドーム

ドームの起源は,土を練って固めた先史時代のドームにまでさかのぼるが,ドームはアーチと違って,初めから人間の活動空間を覆う目的で発展した.ドームは,荷重が作用すると,経線方向にはアーチとよく似た機構で荷重を伝え,また緯線方向にも抵抗するので,図3.5のように上部は沈み込み,下部は外に膨らむ変形を生じる.したがって,ドーム構造でも主に,圧縮力と曲げ・ねじりモー

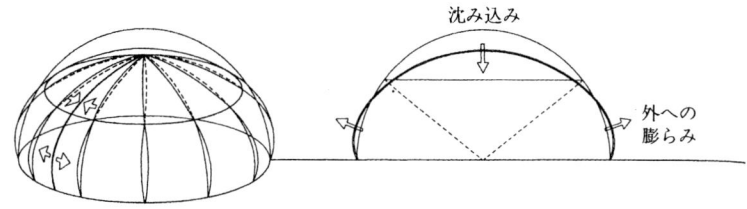

図3.5　ドームにおけるセグメントの変形と力の流れ[2]

メントおよびせん断力が作用する．現代の鉄筋コンクリートのシェル構造も基本的には，ボールドやドームと同じ原理の上に立っている．

3.6　ケーブル構造

圧縮力や曲げモーメントを負担する能力のないロープなどを，図3.6のように2つの支点間に張り渡すと，ケーブルには引張力だけが生じて，荷重を支えることができる．原理的には主として圧縮力が生じるアーチを上下逆にしたものである．このような構造をケーブル構造というが，スパンを大きくしても梁のように曲げモーメント

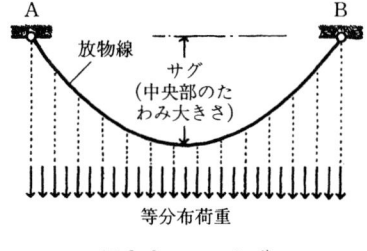

図3.6　ケーブル[1]

で折れたり，アーチのように座屈して壊れる心配がなく，大スパン構造に適している．建築においても，橋梁と異なって平面的な広がりをもつ屋根構造などに適用されている．

3.7　膜　構　造

軽くて丈夫で柔軟性に富んでいる被膜を用いて，大きな空間を安く短時間でつくり出せるのが膜構造の特徴である．サーカスのテントのように空気を用いないで膜面に張力を与える方法（サスペンション膜）と，エアードームと呼ばれるような膜面の内側に空気を送り込んで膨らませるものと，筒型につくられた被膜に空気を挿入してできるチューブ型の空気膜構造など，空気圧を利用する方法があ

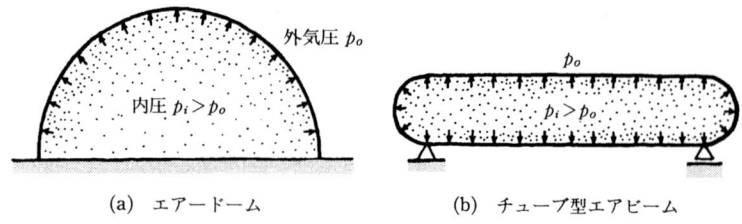

(a) エアードーム (b) チューブ型エアビーム

図 3.7 膜構造[1]

る(図 3.7).いずれの場合でも膜には張力のみが生じる.

4. 部材力によって断面に生じる応力と変形

◆◇◆ ポイント
- 平面保持の仮定が成り立つとき,部材断面のひずみは中立軸からの距離に比例する.
- 長方形断面の断面 2 次モーメントは $I=bh^3/12$ で,断面係数は $Z=bh^2/6$ で与えられる.
- 曲げモーメント (M) が作用する長方形断面では,最外縁に最大応力が生じ,その応力は M/Z で与えられる.
- 曲げモーメントによるたわみは,ヤング係数 (E) と断面 2 次モーメント (I) が大きいほど小さい.両者の積 (EI) はたわみにくさと対応するので,曲げ剛性という.
- せん断力およびねじりモーメントによって断面に生じるせん断応力は,それぞれ断面 1 次モーメントおよび断面極 2 次モーメントに関係する.

部材には軸力(圧縮力,引張力),曲げモーメント,せん断力およびねじりモーメントが生じるが,それらの力によって部材の断面内に生じる応力と変形を考える.

4.1 軸 力

1) 応 力 トラスのように部材の材軸方向に作用する軸力(圧縮力,引張力)は,部材断面の図心を通るため,断面に垂直な方向に一様な(圧縮,引張)応力を生じさせ,その大きさは軸力を断面積で除した値である.

2) 変 形 部材の変形は部材長とひずみの積で与えられるが,材料の変形のしにくさを表すヤング係数 (E) と部材の断面積 (A) に関係する.この両者の積 EA を**軸剛性**という.

4.2 曲げモーメント

梁部材を曲げる(曲げモーメントを加える)と,図4.1に示すように(2章図2.5も参照),曲げる前に平行であった材軸に直交する平行な2本の線は,上縁側で近づき(縮み),下縁側で離れて(伸びて)台形のような形に変形する.このことは,平行であった直線が変形後も直線を保ち,またこの直線は材軸に直交する断面の一辺であるので,直線を含む平面が変形後も平面を保つこと(**平面保持仮定**)の成立を意味する.台形状の変形は,図4.2に示すように,部材の材軸方向の伸縮に関係する変形量が,梁断面の高さ方向で直線的に変化することを示す.すなわち,梁上縁側の縮みから梁下縁側の伸びまで変化し,梁の中央部分には縮みも伸びもしないところが存在する.この位置を**中立軸**という.梁側面の直線は最初平行(変形前のもとの長さが一定)であったので,梁の高さ方向のひずみは

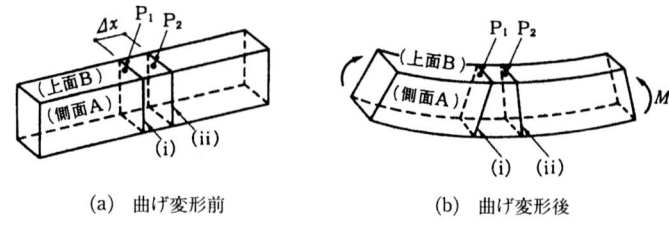

(a) 曲げ変形前　　　　(b) 曲げ変形後

図 4.1 平面保持の仮定[1]

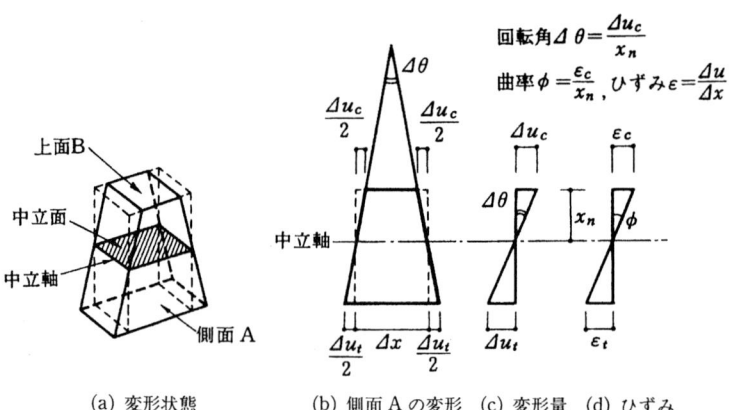

(a) 変形状態　　(b) 側面Aの変形　(c) 変形量　(d) ひずみ

図 4.2 微小区間での変形状態とひずみ[1]

直線分布する．言い換えれば，平面保持仮定が成り立つとき，梁断面のひずみは中立軸からの距離に比例する．

1) 曲げ応力分布と断面2次モーメント　梁の材料が弾性のとき，ヤング係数はどの位置でも共通だから，梁断面内の応力も図4.3のように中立軸からの距離に比例し，断面に垂直に作用する．

断面に作用する垂直応力は曲げモーメント（M）によって生じたので曲げ応力というが，M（外力）と曲げ応力（内力）とはつり合わねばならない．中立軸からある距離（y）離れた位置の応力（σ）は $\sigma_0 \times y$（σ_0；中立軸から単位長さ1離れたところの応力）で与えられるので，y位置の微小面積（dA）に作用する力は，中立軸まわりに $\sigma_0 y^2 dA$ のモーメントをもっている．以上のことを全断面で考えると，モーメントのつり合いから式(4.1)を得る．

$$M = \sigma_0 \int y^2 dA = \sigma_0 I \tag{4.1}$$

ここで，I は中立軸からの距離の2乗と断面積の積の積分値で，断面の形状の

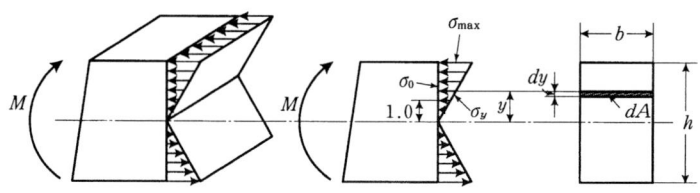

図4.3　曲げモーメントと曲げ応力

表4.1　断面2次モーメントと断面係数の例

断面	断面2次モーメント I (cm⁴)	断面係数 Z (cm³)
(長方形 $b \times h$)	$\dfrac{bh^3}{12}$	$\dfrac{bh^2}{6}$
(円 D)	$\dfrac{\pi D^4}{64}$	$\dfrac{\pi D^3}{32}$
(中空 D, h)	$\dfrac{b(D^3-h^3)}{12}$	$\dfrac{b(D^3-h^3)}{6D}$

みに関係する，**断面2次モーメント**(I)という量である．同じMに対してIが大きい方が断面内に生じる応力は小さくなる．また，中立軸から$h/2$の位置にある断面の最外縁の応力(σ_{max})は$\sigma_0\times(h/2)$で与えられるので，式(4.1)を式(4.2)のように変形して，**断面係数** $Z=I/(h/2)$を導入すると，σ_{max}は式(4.3)で容易に求まる．表4.1によく用いる断面のIとZを例として示す．

$$M=\{\sigma_0\times(h/2)\}\times\{I/(h/2)\}=\sigma_{max}\times Z \tag{4.2}$$

$$\sigma_{max}=M/Z \tag{4.3}$$

2) 変 形 図4.2(b)の台形変形において，梁の材軸に直交する平行でない2辺のなす角度($\Delta\theta$)を**回転角**といい，図4.2(c)の変形量分布が基準線となす角度と等しい．また，ひずみが単位長さ当たりの変形量であることを考えると，図4.2(d)のひずみ分布が基準線となす角度(ϕ)は，曲げ変形している梁の単位長さ当たりの曲がり具合を表し，ϕを**曲率**という．式(4.1)によれば中立軸から距離1での応力(σ_0)はM/Iとなり，同位置($y=1$)でのひずみは応力(σ_0)をヤング係数(E)で除してM/EIとなるので，断面の曲率は$\phi=M/EI$で与えられる．したがって，同じ曲げモーメント時の曲率はEIが大きくなるほど小さくなって曲がりにくい断面となる．また，スパンlの片持ち梁が先端荷重Pを受けたときの弾性たわみδは，$\delta=C\cdot Pl^3/EI$(C；定数)で与えられるように，EIに反比例する．それゆえ，EIのことを**曲げ剛性**という．

― コラム ―

鉄骨はなぜH型をしているか？

　曲げ応力分布からわかるように，断面の中立軸から離れた部分の方が大きい応力を分担し，利用効率が高い．したがって，同じ断面積をもつ断面でより大きな曲げモーメントに耐えるためには，断面の高さをできるだけ大きくし，中央部分にある面積を断面の縁近くに用いる方がよく，このことを対称性などを考慮して実行すると形状はH形やI形になる．ただし，断面積は変わらないからフランジやウェブ（第Ⅱ編2.8.2a参照）の厚さは薄くなり，座屈が生じやすくなるため限界がある．また，鉄筋コンクリート構造において，断面中央よりも縁の方に主筋（曲げ補強筋）が配置されるのも同じ理由である．このことを逆から見ると，強さが有限な材料でできた棒材を壊すとき，全断面が一様な応力状態になる引張や圧縮によらず，断面に応力分布が生じて，最外縁が容易に破壊強さに達する，折る（曲げる）という行為によるのもこのためである．

4.3 せん断応力と断面1次モーメント

2.4 節で述べたように，部材の材軸方向で曲げモーメントが変化するとき，部材にはせん断力が作用するが，そのときの断面内せん断応力について考える．図 4.4(a) に示すモーメント差がある微小距離 Δx 離れた断面では，図 (b) のような曲げ応力差が生じている．ここで，図 4.4(c) に示すように，中立軸から y の位置で要素の下部をさらに切断した状態を仮想する．切断要素に作用する曲げ応力は，左側に比べ右側の方が大きく，つり合い条件は満足しないにもかかわらず，要素は静止している．したがって，切断水平面に沿う応力の存在が予想される．この応力をせん断応力 (τ) というが，4.2 節 1) より両断面における曲げ応力差は中立軸からの距離に比例するので，中立軸から単位長さ 1 の距離における曲げ応力差を $\Delta\sigma_0$ とすると，中立軸から y の位置でのせん断応力 τ_y は力のつり合い条件より式 (4.4) で与えられる．なお，ydA を全断面にわたって積分した $S = \int ydA$ を**断面1次モーメント**といい，S がゼロとなる点を図心という．また，左右の断面における垂直応力差の積分値は，仮想切断位置が断面中央に近づくほ

(a) 曲げモーメント　　(b) 曲げ応力　　(c) y 位置でのせん断応力

(d) 高さ方向のせん断応力分布　(e) 共役せん断応力

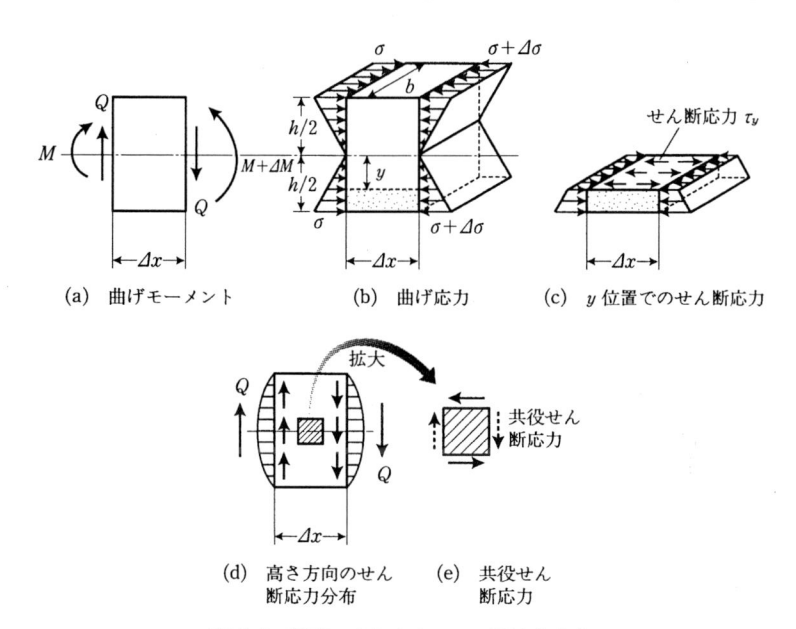

図 4.4 断面の高さ方向のせん断応力分布

ど大きくなるから，τ は中立軸位置で最大となる．

$$\tau_y = \Delta\sigma_0 \int_y^{h/2} ydA/(b \times \Delta x) \qquad (4.4)$$

なお，曲げ応力が作用しない中立軸位置において微小正方形要素を仮想すると，同要素の上下辺における前述のせん断応力の存在のみでは力のつり合い条件を満足しない．満足するためには，図 4.4 (e) に示すように，上下のせん断応力と大きさが等しい破線の矢印で示した応力の存在が必要で，この応力を**共役せん断応力**といい，せん断応力は共役と 1 対をなす応力として存在する．

4.4　ねじりモーメントによる応力

木質構造における偏心布基礎の基礎梁，鉄筋コンクリート構造における小梁がついた大梁などでは，ねじりモーメントが作用する (図 4.5)．

(a) 偏心布基礎　　　(b) 小梁がついた大梁

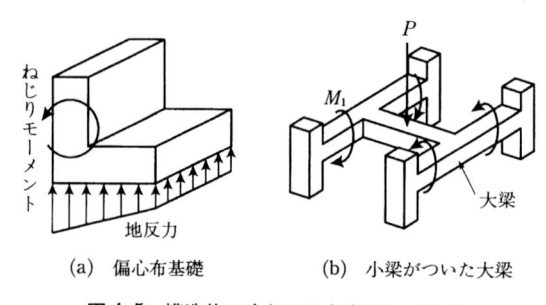

図 4.5　構造体に生じるねじりモーメント

円柱体にねじりモーメントを作用させたときに生ずる変形と応力の模式図を図 4.6 に示すが，せん断応力は円の中心でゼロ，円周位置で最大となる直線分布となる．中心から r 位置の微小面積 dA とせん断応力 τ_r との積に距離 r を乗じたモーメントの積分値がねじりモーメント M_t につり合うことから，r が 1 の位置

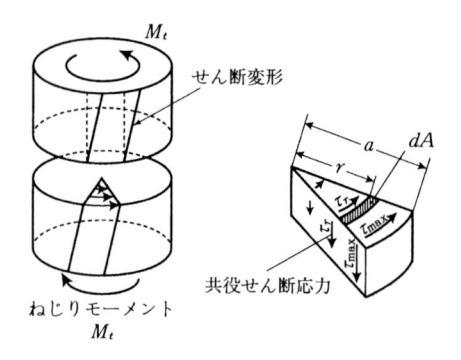

図 4.6　円柱体におけるねじりによるせん断応力

における応力を τ_0 とすると，式(4.5)が得られる．ここで，I_p を**断面極2次モーメント**といい，$I_p = I_x + I_y$ で与えられる．ここで，I_x, I_y はそれぞれ X および Y 方向の断面2次モーメントである．

$$M_t = \int \tau_r \cdot r dA = \int \tau_0 \cdot r^2 dA = \tau_0 I_p \tag{4.5}$$

5. 各種構造の設計法と特徴

5.1 建築構造の設計法

　建築構造の設計には，構造材料の応力-ひずみ特性，部材の荷重-変形関係，構造システムに関連して適切な設計法が採用されるが，主な設計法として以下のようなものがある．

　1) 許容応力度設計法　材料の力学的特性を弾性とみなし，応力計算および断面計算に線形理論を適用して求めた応力が，材料に設定された許容応力度(一種の限界応力)を越えないことを基準として，構造安全性や使用性の評価を行う方法．

　2) 終局強度設計法　所定の荷重係数を乗じて割り増しした荷重を用いて設計用断面力を求め，塑性理論に従って，求めた部材の終局耐力が設計用断面力を上回るように設計する方法．1)では明確でなかった部材の許容耐力と終局耐力の関係についての目安を与えることができる．

　3) 限界状態設計法　使用材料の品質，施工精度，作用荷重のばらつきなどを考慮して，構造物や部材が供用年限中に使用に適さなくなる状態(限界状態といい，主に使用限界状態と終局限界状態の2つを考える)に達する確率を，所定の限度以下にしようとする設計法．

　4) 性能評価型設計法　3)の設計法を進めたもの．構造・部材の耐力(強さ)ばかりでなく，変形量を陽な性能評価指標としてとり上げ，供用期間内に3つの限界状態(使用限界状態，修復限界状態，安全限界状態)が生じる確率を「建築物の構造性能」と規定して，この確率が工学的・社会的に十分低いかどうかを評価する手法．

5.2 各種構造の特徴

5.2.1 鉄筋コンクリート構造

◆◇◆ ポイント
- 同じ弾性ひずみを受けるとき，鉄筋にはコンクリート応力のヤング係数比倍の応力が生じる．
- 鉄筋コンクリート部材の荷重-変形 (P-δ) 関係は，鉄筋とコンクリートの付着特性に大きな影響を受ける．
- 鉄筋コンクリート部材の P-δ 関係は，ひび割れ時，引張鉄筋降伏時および終局強度時などで特徴づけられる．

鉄筋コンクリートは，圧縮には強いが引張には弱いコンクリートと，ヤング係数および降伏点がコンクリートのそれらの10倍程度である強い鉄筋とからなる複合構造である．したがって，その特徴は両材料の複合則と部材の荷重-変形にある．

a. 複合則

1) 軸荷重を受ける場合　図5.1は，コンクリート断面の中央に鉄筋が配筋された，高さが h の鉄筋コンクリート柱が，中心軸圧縮力によって断面全体が

(a) 鉄筋コンクリート柱と変形　(b) 鉄筋とコンクリートのひずみと応力

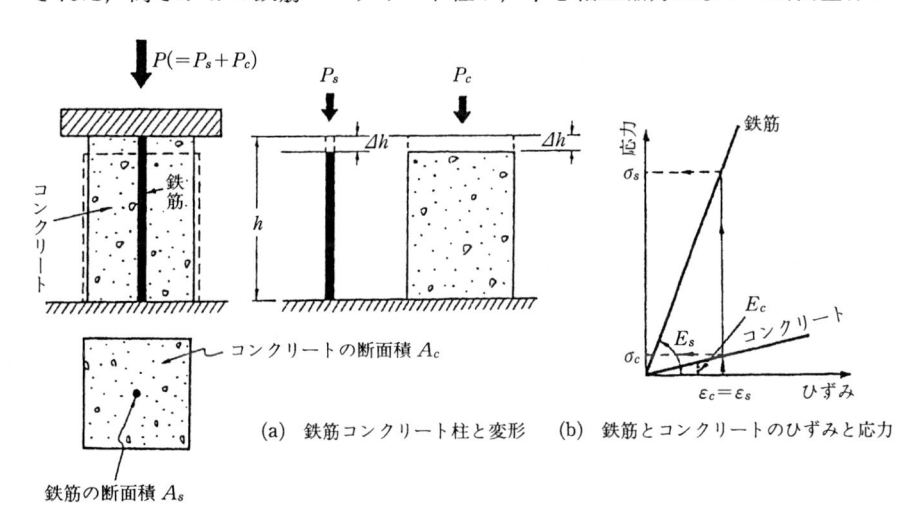

図5.1　軸荷重を受ける場合の複合則

一様に圧縮され Δh 縮んだ状態を示している．このとき，コンクリートおよび鉄筋はともに Δh だけ縮み，もとの高さが同じなのでコンクリートひずみ (ε_c) と鉄筋ひずみ (ε_s) は等しくなる．コンクリートおよび鉄筋ともに図5.1(b)に示すように弾性域にある場合，横軸のひずみが同じなので，生じる応力は σ_c, σ_s となり，両者の比 (σ_s/σ_c) はヤング係数の比 (E_s/E_c) に等しい．言い換えると，同じひずみ下では，鉄筋にはコンクリートの生じる応力の**ヤング係数比倍**の応力が生じる．この関係と，中心軸圧縮力 (P) がコンクリートおよび鉄筋の支持力の和に等しいことから式(5.1)を得られ，コンクリート応力 (σ_c) は**等価断面積** ($A_c + A_s E_s/E_c$) を用いれば，P から直接計算できる．

$$P = P_c + P_s = \sigma_c A_c + \sigma_s A_s = \sigma_c (A_c + A_s E_s/E_c) \tag{5.1}$$

2) 曲げモーメントを受ける場合 　コンクリートの中に鉄筋が配置された，図5.2に示す梁断面に曲げモーメントが作用して，4.2節で述べたような微小な区間に生じた台形状の曲げ変形について考える．平面保持の仮定が成立してコンクリートと鉄筋の**付着**が完全な場合，鉄筋には中立軸から同じ位置にあるコンクリートと等しい変形が生じ，コンクリートと鉄筋のひずみは等しくなる ($\varepsilon_c = \varepsilon_s$)．したがって，コンクリートと鉄筋がともに弾性材料とすると，上記の1)に示したように，鉄筋にはコンクリートの応力のヤング係数比倍の応力が生じる．しかし付着が不完全な場合，鉄筋はコンクリートの変形に十分追随できないた

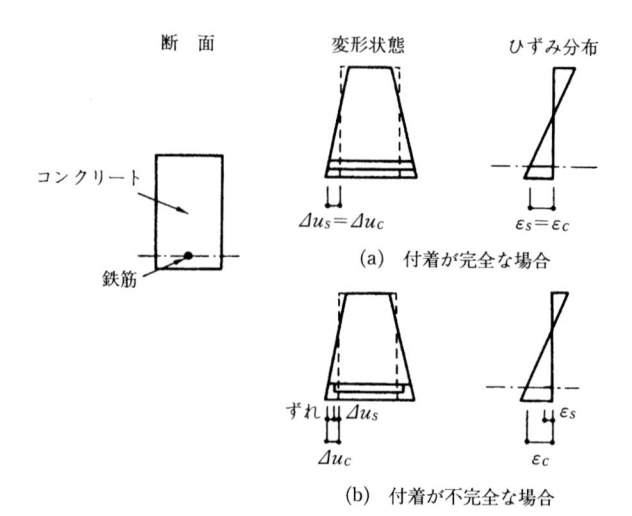

図5.2 鉄筋コンクリート断面のひずみ分布[1]

め，ε_c より小さなひずみしか生じず，その結果，引張力も小となって同じ変形時の支持荷重が小さくなる．なお付着とは，2物体面が互いに接着して力を伝達する仕組みのことで，鉄筋コンクリートの一体性は鉄とコンクリートの付着によってももたらされる．

図5.3は，単純支持された4種の梁に中央集中荷重が作用したとき，付着の良否が梁の荷重-変形関係に及ぼす影響を模式的に示したものである．梁(a)は無筋コンクリート，梁(b)はコンクリートとの付着を切るため表面にグリースなどを塗布した鉄筋を配筋したもの，(c)は(b)と同じ表面処理した鉄筋の端部に折れ曲がり（フック）をつけたもの，(d)はフックのついた鉄筋を付着を切らずに配筋した梁である．

コンクリートが引張応力に弱いため，梁(a)は梁下縁のコンクリート

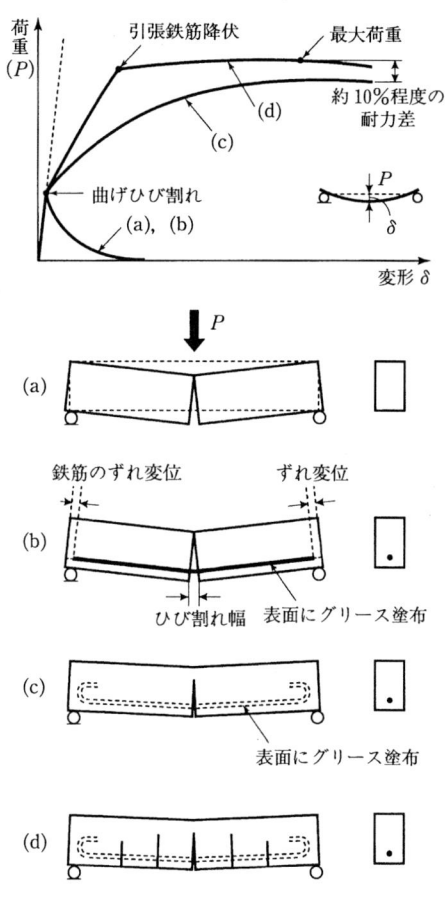

図5.3 RC梁の荷重-変形関係に及ぼす付着の影響

の引張応力が引張強度に達すると，ポキッと折れて支持荷重は急減する．梁(b)は鉄筋とコンクリートが付着によって一体化されていないため，(a)と同じように折れると，鉄筋はひび割れ部のひび割れ幅の分だけ端部でずれて，応力は全く分担しない．梁(c)は(b)と同じように折れるが，鉄筋はフックでコンクリートに定着されているので，端部でずれることができない．その結果，ひび割れ幅の分だけ両端部間で鉄筋は平均的に伸ばされて引張力を生じる（分担する）ので，梁(c)は梁(d)に比べ同じ荷重時に大きな変形を起こすが，ひび割れ荷重より大きな荷重を支えることができる．梁(d)は鉄とコンクリートが付着で一体化されているので，コンクリート応力が引

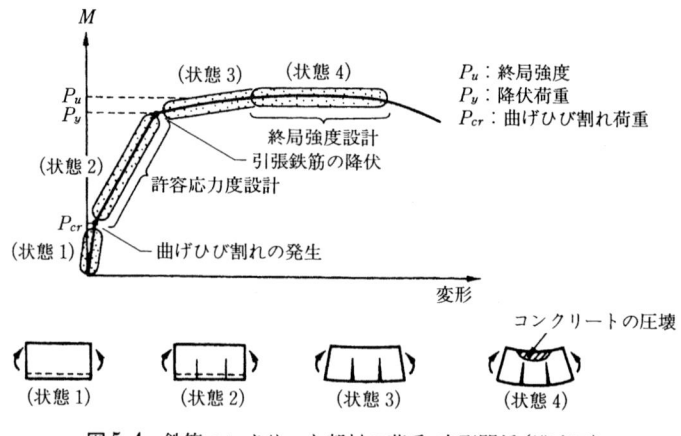

図 5.4 鉄筋コンクリート部材の荷重-変形関係(模式図)

（図中ラベル）
P_u：終局強度
P_y：降伏荷重
P_{cr}：曲げひび割れ荷重

(状態1) 曲げひび割れの発生
(状態2) 許容応力度設計
(状態3) 引張鉄筋の降伏
(状態4) 終局強度設計
コンクリートの圧壊

張強度に達してひび割れが入っても，鉄筋はずれずにひび割れ位置で局部的にひずみが大きくなる．したがって，鉄筋には大きな応力が生じ，梁は大きい荷重を支持することができる．付着が良い場合，付着によって鉄筋から応力が伝達されるので，コンクリートに入るひび割れの間隔は狭くなるため，同じ荷重時のひび割れ幅は付着が良くない場合に比べて小さくなる．

b. 部材の荷重-変形関係

鉄筋コンクリート部材の荷重-変形関係は，図 5.4 に模式的に示すように，① 曲げひび割れ発生，② 引張鉄筋降伏，③ 終局強度，④ 耐力低下域で特徴づけられる．全断面のコンクリートが有効な状態 1 から，曲げひび割れの発生によって状態 2 になると剛性は低下するが，鉄筋およびコンクリートはまだ弾性状態で，許容応力度設計法の対象域である．引張鉄筋が降伏する状態 3 に入ると耐力はあまり増加せずに大きな変形を生じる．さらに変形が進み終局強度設計の対象領域の状態 4 になると，コンクリートの圧壊，圧縮鉄筋の座屈などによって終局強度に達し，その後部材は耐力低下を生じて破壊していく．

コラム

コンクリートで船がつくれる？

一般の鉄筋コンクリートのように，船体構造は，鉄筋の配筋，コンクリート打設によってつくることができる．1849 年フランス人ランボーによる長さ 2.7 m の小艇が最初である．第 1 次世界大戦の勃発により，製鋼設備がなく鋼材が不足したノルウェーで 200 重量トンのナンセンフィヨルド号という航洋コンクリート船が初め

てつくられ，さらに北海横断にも成功した1000重量トンの船も建造された．大型船では，1918年に4500重量トンで大西洋横断も果たしたアメリカのフェイス号がある．第2次世界大戦中も鋼材不足に対処するため，日本でも1942年頃からつくられた．しかし，載荷トン数と船体重量との比が鋼船に比べ小さいという欠点のため戦後はつくられず，現在広島県安浦町で防波堤として余生を送っている貨物船がある．最近は，ものづくり教育としてコンクリートボートやカヌーが製作され，競技大会も行われている．

5.2.2 鋼 構 造

鉄骨構造は小規模の個人住宅から超高層建築，大スパン構造などのような大規模建築までに用いられており，着工面積では鉄筋コンクリート構造を上回り，近年では木造を追い越した．このような鉄骨造建物の隆盛の背景には，以下のような要因が考えられる．

1) 鉄骨構造用の鋼材としては，比較的小規模な建物を対象とした軽量形鋼のようなものから，超高層建物のように大規模な建物にも対応できる厚肉圧延鋼材までが製造されており，幅広い用途の建物に対応できるような生産体制がとられている．

2) 鉄骨構造は，工場で製作した柱，梁などの部材を現場で溶接，高力ボルトによって組み上げていくという一種のプレファブリケーション方式が採用されているため，現場作業が鉄筋コンクリートと比較すると少ない．

一方，鉄骨構造の力学的な特性と設計に際しての留意点を列挙すると以下のようになる．

1) 鋼のヤング係数は $2.05 \times 10^5 \, \text{N/mm}^2$ であり，その剛性（変形しにくさ）はコンクリートの約10倍である．降伏点は材種によって異なるが，引張強度の下限値が $400 \, \text{N/mm}^2$ の材ではおおよそ $240 \sim 350 \, \text{N/mm}^2$ の値をとる．これは通常用いられるコンクリート圧縮強度の約10倍である．鋼の比重はコンクリートの3.4倍であるから，その比強度（＝強度/比重）はコンクリートの約3 (10/3.4) 倍である．また，鋼は塑性変形能力にも富んでおり，破断時のひずみは20～30%にも達する．

2) 鋼は1)で述べたように，強度，剛性，塑性変形能力のいずれの点でもきわめて優れた性能を有している．このようなことから，鋼構造の部材には鉄筋コ

ンクリートと比較すると，肉厚が薄く断面積が小さい外見上「きゃしゃ」な材が用いられる．

3) 肉厚の薄い材を用いた場合，圧縮を受ける材では局所的に湾曲する局部座屈，全体的に湾曲する曲げ座屈が起こる可能性がある．一方，曲げを受ける材では，材が横方向に湾曲する横座屈を起こすおそれがある．座屈による破壊は，急激な耐力喪失を伴うためきわめて危険である．したがって，設計に際しては，このような破壊を回避するような十分な配慮が必要である．

4) 鉄骨造建物では，大きな応力が作用する柱梁などの接合部に溶接が多用され，そのディテールもかなり複雑である．溶接部は焼入れ効果，焼きなまし効果などによって金属組織が複雑に変化しているため，この部位での破壊は脆性的である場合が多い．したがって，耐震設計に際しては，溶接部の破壊を回避しなくてはならない．

5) 鋼材は不燃材ではあるが耐火材ではない．鋼の降伏点は350℃に加熱されると降伏点下限値の約2/3となる．**長期許容応力**は，**長期荷重**(常時作用する荷重)に対する建物の安全性をチェックするときに用いられる許容値であり，その値は(2/3)×(降伏点下限値)に設定されている．火災によって降伏荷重がこの長期許容応力を下回ると，長期荷重に対する建物の安全性に問題が生じる．このようなことから，鉄骨部材は適切な耐火被覆を施し，鋼材の温度上昇を抑制する必要がある．

コラム

建築構造に生ずる変形はどの程度？

鉄筋コンクリートスラブでは，クリープの影響も含めた長期たわみの許容限界はスパン l の1/250以下とされているので，l を6mとすると，たわみは24mm以下となる．しかし，日常の使用状態でのたわみはもっと小さい．鉄骨造では，断面が600×300×12×20mmの通常よく使用される，スパンが8mのH形鋼単純梁が日常的な荷重に対して示すたわみは14mm程度(1/570程度)である．

普通の鉄筋コンクリートラーメン構造では，中小地震時における層間部材角は1/200程度以下となるので，階高を3mとすると床位置で15mm程度の水平変位しか生じない．大地震時でラーメン構造が壊れると推定されるときでも，層間変形角で1/50程度(床位置の水平変位で60mm程度)とごく小さい．

5.2.3 木質構造

◆◇◆ ポイント

- 木材の強度/比重（比強度）は，コンクリートや鉄と比べてはるかに優れている．
- 木質構造では，部材（木材）では壊れず，接合部で壊れる．
- 木材は脆性的な破壊を示すが，接合部に靱性があると，構造物全体では靱性的な性質を示す．
- 木造住宅は壁式構造であり，必要壁量≦存在壁量を満たすことにより，構造安全性が確保されている．
- 木造の構造設計は，接合部や接合具の性能を半剛接バネにモデル化して構造解析を行う．

a. 木質構造の特性

木製の飛行機はあっても鉄やコンクリート製の飛行機がないのは，木材は重量当たりの強度（比強度）が高いからである．一方，阪神・淡路大震災の約6000人の死亡者の大部分は，倒壊した木造住宅の下敷きになり即死状態であったといわれている．木造住宅は本当に地震に弱いのか．鉄筋コンクリート構造や鉄骨構造と木質構造の大きな相違点は，木質構造では，部材間の接合強度が部材強度を上回ることが不可能なことである．つまり，比強度が高いことは地震に対して有利

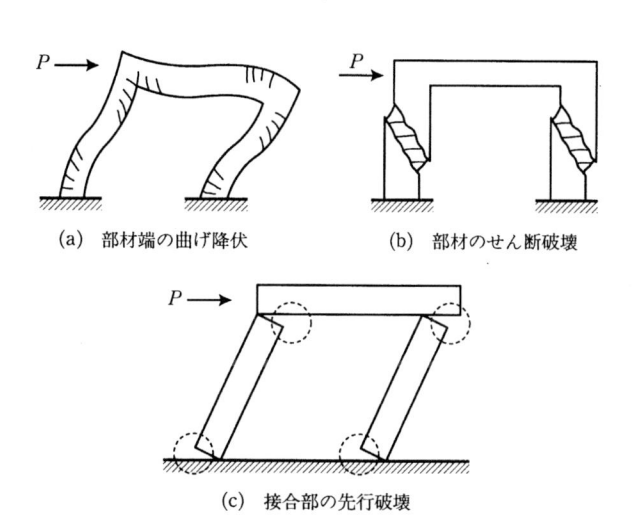

(a) 部材端の曲げ降伏　　(b) 部材のせん断破壊

(c) 接合部の先行破壊

図5.5　門型ラーメンの破壊パターン

であるが，構造物の強度が，材料強度ではなく接合強度で決まるため，阪神・淡路大震災で倒壊した木造住宅では，接合部がはずれて耐力を失い倒壊したものが多かった．逆説的な言い方をすると，木質構造は，接合部の強度を十分確保できれば，耐震的な構造物をつくることができる可能性をもっている．

例えば水平力を受けるラーメン構造を考えると，鉄筋コンクリート構造や鉄骨構造では，図 5.5(a) と (b) に示すように梁や柱が曲げモーメントやせん断力によって破壊するが，木質構造では，図 5.5(c) に示すように接合部が先行破壊し，梁や柱などの部材では壊れないことが多い．そのため，このような門型ラーメンの水平剛性を構造解析により求める場合，鉄筋コンクリート構造や鉄骨構造では，梁と柱を剛接合として解析するが，木質構造では，梁と柱を剛接合と仮定して解析すると門型ラーメンの水平力と変形の関係は，実験結果より数倍硬いものが得られる．このことは，梁や柱の曲げ変形よりも接合部の破壊による変形の方が数倍大きいことを意味している．

現代型の木造住宅の大部分は**壁式構造**であり，水平力に対しては主として耐力壁で抵抗する．**耐力壁**は，筋かい耐力壁と面材耐力壁に分けられる．筋かい耐力

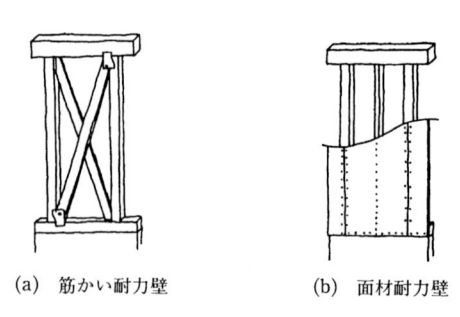

(a) 筋かい耐力壁　　　　(b) 面材耐力壁

図 5.6　耐力壁の種類

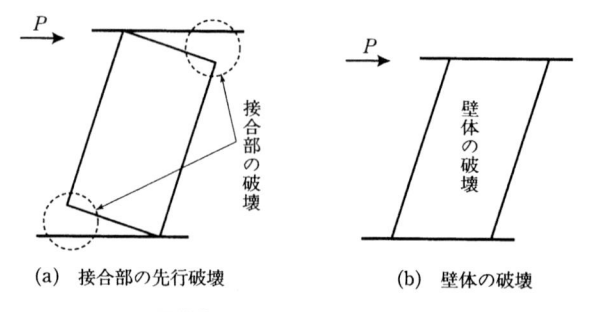

(a) 接合部の先行破壊　　　　(b) 壁体の破壊

図 5.7　耐力壁の破壊パターン

壁は図5.6(a)に示すようにトラス構造である．一方，面材耐力壁は，図5.6(b)のように柱と梁および土台からなる軸組に面材（合板や石こうボードなどのボード類）をくぎで打ちつけた壁である．耐力壁が水平力を受けると，図5.7に示すように，耐力壁の両側に取り付く柱の柱頭と柱脚の接合部が先行破壊する場合と，壁体自体が破壊する場合がある．壁体自体が破壊する場合では，面材耐力壁の破壊は図5.8のような仕組みで壁は壊れる．すなわち，軸組は平行四辺形に変形するが，面材はほとんど変形しないので，軸組と面材の間でくぎがせん断方向に抜け，耐力壁が破壊するときにおいても，面材や軸材が破壊するのではなく，それらを接合しているくぎが抜けることにより壁体は壊れる．

　次に，力学的な性質（荷重-変形の関係）について見てみよう．図5.9は鋼材と木材の引張時の応力-ひずみ曲線であるが，木材は，鋼材と比べて塑性変形能力に乏しい脆性材料である．しかしながら，図5.10(a)のように木材どうしをボルトやくぎなどを用いて接合した場合の接合部の挙動は，同図(b)のように接合

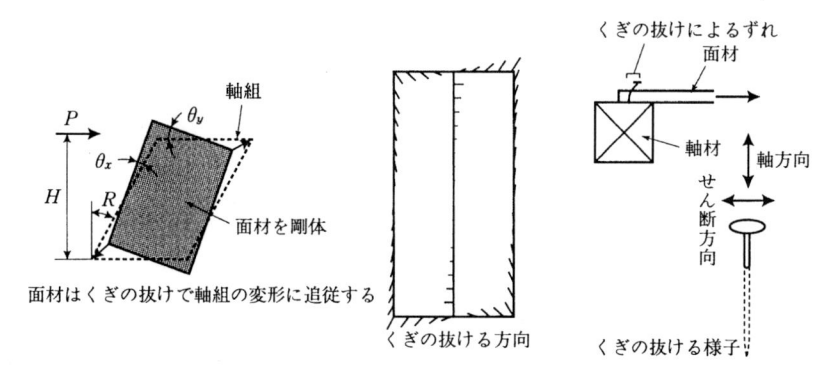

図5.8　面材耐力壁の破壊の様子

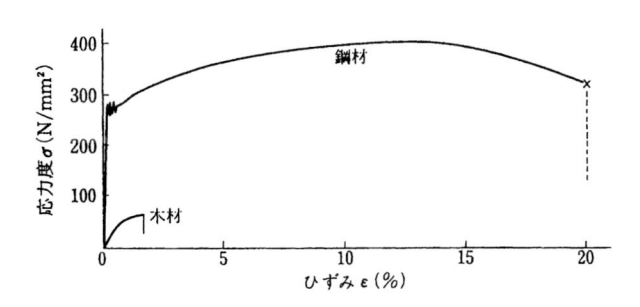

図5.9　鋼材と木材の応力-ひずみ曲線[2]

(a) 引張を受ける接合部

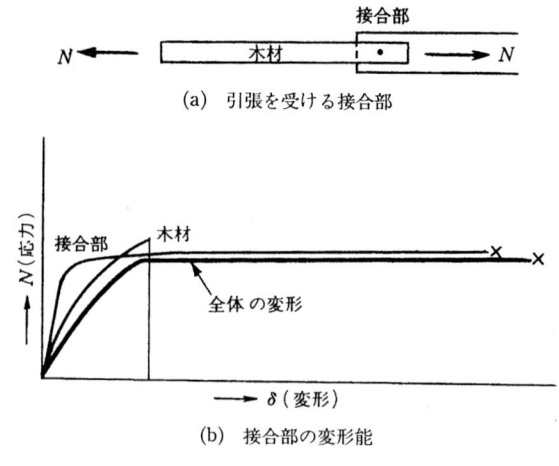

(b) 接合部の変形能

図 5.10 接合された木材の性質[2]

部が先に壊れるため，塑性変形能力のあるきわめて粘りのある性質を示す．すなわち，木質構造の力学的性質は，木材の性質よりもむしろその構造を構成している接合部の性質といっても過言ではない．

b. 木質構造の設計法

[許容応力度設計法]

木質構造は，主として集成材のラーメン架構で形成される大断面木造建築物と小規模住宅建築物に分けられる．大断面木造建築物は**許容応力度設計法**で設計され，小規模住宅建築物は壁量計算で設計される場合が多い．なお，3階建ての木造住宅では，許容応力度計算を行うこととなっているが，そこで行われている計算法は，大断面木造建築物の計算法とは異なったものである．木質構造の剛性や耐力は，部材強度ではなく，接合強度により決まる場合が多く，また，部材の接合方法は，構法に依存しているため鉄骨造や鉄筋コンクリート造のように容易に推定することは難しい．**接合具**（くぎ，ボルト，ドリフトピンなど）単体やそれらの集合体である**接合部**の強度については，「木質構造計算規準・同解説 — 許容応力度・許容耐力設計法」[2]で述べられている．そこでは，各種接合具の許容応力度を，理論的に誘導された設計式を用いる方法と実大試験から統計的に評価する方法が示されている．

木造住宅で行う許容応力度計算には，**枠組壁工法**（ツーバイフォー工法）[3]と**在来軸組工法**[4]（付図 1.4，1.5 参照）で用いる計算法がある．いずれの場合も，接

合具(くぎなど)の剛性や許容耐力から耐力壁などの構造要素の剛性や耐力を算定する方法と，耐力要素(特に耐力壁)の許容耐力や壁倍率を実大実験で評価する方法が示されている．このように，構造要素の剛性や耐力を実大実験から評価する方法が示されていることが，鉄骨造や鉄筋コンクリート造にない特徴である．現状では，各設計法により設計思想や設計法確立の背景が異なり，試験評価法は設計法と密接な関係にあるため，同一の接合部を上記の各設計法で示されている試験評価法で評価した結果の整合性はとれていない．

[壁量計算]

　階数2以上で延べ面積50 m²を越える木質系建築物の耐震・耐風安全性については，建築基準法施行令第46条により，各方向の**必要壁量**が定められている．ここで，壁量とは，筋かいなどを入れた軸組(耐力壁)の長さのことである．地震時と暴風時の必要壁量は，それぞれの単位面積当たりの必要壁長として表5.1のように定められている．地震時の必要壁量は，「床面積×単位面積当たりの必要壁長」であり(表5.1(a))，暴風時では，「風圧力を受ける壁面の見付け面積×単位面積当たりの必要壁長」である(表5.1(b))．

　木造住宅は壁式構造であり，耐力壁は図5.11に示すように面内力で水平力に対して抵抗する．そのため，水平力に対する建物全体の抵抗力を耐力壁の単位長さ当たりの強度(**壁倍率**)と耐力壁の総長との積としてとらえることができる．壁倍率とは，耐力壁の単位長さ当たりの相対強度を示す指標であり，法令などで定められている[5,6]．耐力壁は筋かい耐力壁と土壁や面材の耐力壁に区分できる．それぞれ壁体のつくり方が詳細に決められ，各仕様に応じた壁倍率が，表5.2のように与えられている．建物がもつ壁量を**存在壁量**と呼び，存在壁量＝Σ(耐力壁の壁倍率×当該壁の壁長)で算出され，各階各方向について「必要壁量≦存在壁量」を検定することとしている．

　在来軸組構法の木造住宅では，耐力壁をバランスよく配置するように制限を設けている[7]．

　耐力壁に取り付く柱の柱頭・柱脚の接合部や筋かい端部の接合部および，横架材(梁など)間の接合部についても，それらの接合部が取り付く耐力要素の強度に応じた接合金物で補強するように，具体的に示されている[8]．

表 5.1 単位面積当たりの必要壁長[5]

(a) 床面積にかける単位面積当たりの必要壁長

屋根の種類	階数	階	係数 (cm/m²)
軽い屋根	平屋		11
・金属板 ・スレート葺など	2階建	2階	15
		1階	29
重い屋根	平屋		15
・土蔵造 ・瓦葺など	2階建	2階	21
		1階	33

(b) 見付け面積にかける単位面積当たりの必要壁長

	係数 (cm/m²)
特定行政庁が特に強い風が吹くとして定めた地域	50～75 の間で特定行政庁が定めた値
その他の地区	50

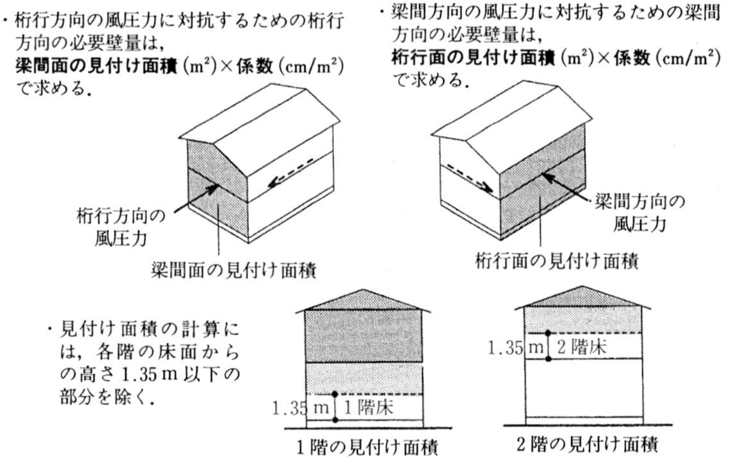

- 桁行方向の風圧力に対抗するための桁行方向の必要壁量は，
  梁間面の見付け面積 (m²) × 係数 (cm/m²) で求める．

- 梁間方向の風圧力に対抗するための梁間方向の必要壁量は，
  桁行面の見付け面積 (m²) × 係数 (cm/m²) で求める．

- 見付け面積の計算には，各階の床面からの高さ 1.35 m 以下の部分を除く．

1階の見付け面積　　2階の見付け面積

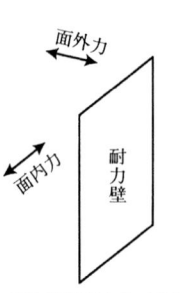

耐力壁は面内力で水平力に対して抵抗する

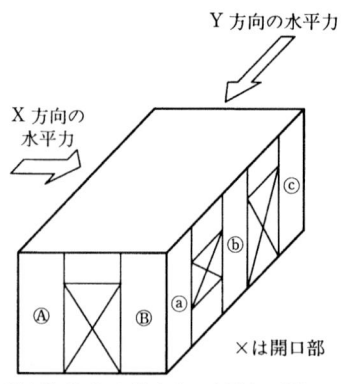

耐力壁 Ⓐ Ⓑ は X 方向の水平力に対して，
耐力壁 ⓐ ～ ⓒ は Y 方向の水平力に対して抵抗する

×は開口部

図 5.11 水平力に対して有効な耐力壁

5.2 各種構造の特徴

面材をくぎ打ちした耐力壁のつくり方

- 横架材間に貼られている
- 面材の四周にくぎ打ち
- 面材の継ぎ目には受材を設ける

表5.2 耐力壁のつくり方と壁倍率

建築基準法施行令第46条

種 類		工 法	倍 率
壁によるもの	a. 土塗壁		0.5
	b. 木ずり等を打った壁（片面）		0.5
	c. 木ずり等を打った壁（両面）		1.0
筋かいによるもの	d. 厚さ1.5cm×幅9cmの木材		1.0（たすき掛のとき 2.0）
	e. 径9mmの鉄筋		
	f. 厚さ3cm×幅9cmの木材		1.5（たすき掛のとき 3.0）
	g. 厚さ4.5cm×幅9cmの木材		2.0（たすき掛のとき 4.0）
	h. 9cm角の木材		3.0（たすき掛のとき 5.0）
併用のもの	i. a〜とd〜hの併用		それぞれの倍率の和
建設大臣が定めるもの	昭和56年建設省告示第1100号によるもの		0.5〜5.0の範囲内で大臣の定める数値

耐力壁として建設大臣が定めるもの

種 類		材 料	最低厚さ	規 格	くぎ打ちの方法			倍 率
					種類	間隔(cm)		
面材をくぎ打ちした壁を設けた軸組	(1)	JAS構造用合板	(特類)7.5	JAS/S 51 告示第894号	N 50	15以下		2.5
			(特類)5					
	(2)	パーティクルボード又は構造用パネル	5	JISA 5908-1994	N 50	15以下		2.5
	(3)	ハードボード	12	JAS/S 62 告示第360号				
			—					
	(4)	硬質木片セメント板	5	JISA 5907-1997	N 50	15以下		2.0
	(5)	フレキシブル板	12	JISA 5417-1985				
	(6)	石綿パーライト板	6	JISA 5403-1989				2.0
	(7)	石綿ケイ酸カルシウム板	12	JISA 5413-1989				
	(8)	炭酸マグネシウム板	8	JISA 5418-1989	GNF 40 又は GNC 40	15以下		
	(9)	パルプセメント	12	JISA 6701-1983				1.5
	(10)	石膏ボード（屋内壁）	8	JISA 5414-1988				1.0
	(11)	シージングインシュレーションボード	12	JISA 6901-1983	SN 4	15以下	*1	1.0
	(12)	ラスシート（亜鉛鉄板の厚さ0.4mm以上メタルラスの厚さ0.6mm以上）		JISA 5905-1979	N 38	15以下		1.0
併用した軸組	(13)	胴縁（厚さ1.5cm以上、幅4.5cm以上）(1)〜(12)の材料のくぎ打ちしたもの		JISA 5524-1977	*2	1.5以下		0.5
	(14)	(1)〜(13)のうち二つを併用した場合						各々の和
	(15)	上の建築基準法施行令第46条の表と本表とを併用した場合						*3

* 1…1枚の建築外周部は10以下、その他20以下。 * 2…胴縁の間隔31cm以下、N 50のくぎ打ち、面材はN 32のくぎ打ち

― **コラム** ―

　各種耐力壁の**壁倍率**と**短期許容せん断耐力**は，以下のような方法で求めることができる．耐力壁の場合は，図 5.12 に示すように仕口が壊れないように補強された軸組を用いて，壁自体が壊れるような試験体を製作し，地震力を想定した正負くり返しの荷重を与える．そして，計測されたせん断力と変形角の関係から，図 5.13 のように荷重-変形曲線の包絡線を定められた方法により**完全弾塑性モデル**に置き換え，以下の条件式より壁倍率と短期許容せん断耐力を求める[3,4]．

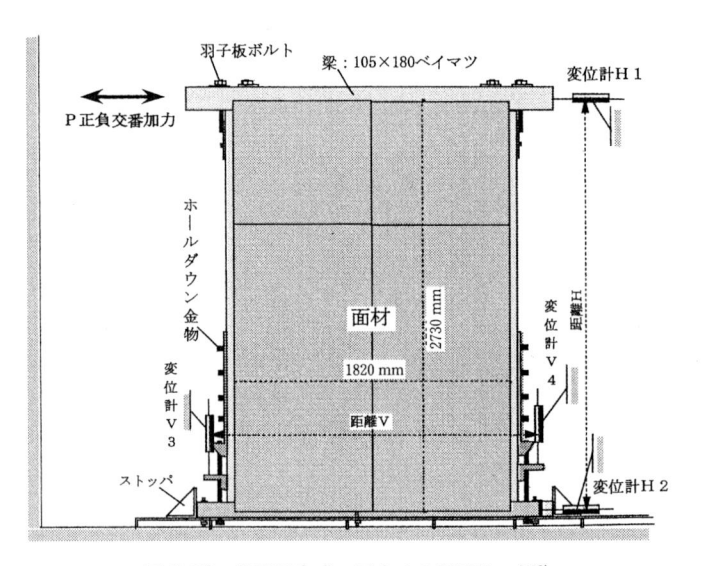

図 5.12 柱脚固定式の面内せん断試験の例[9]

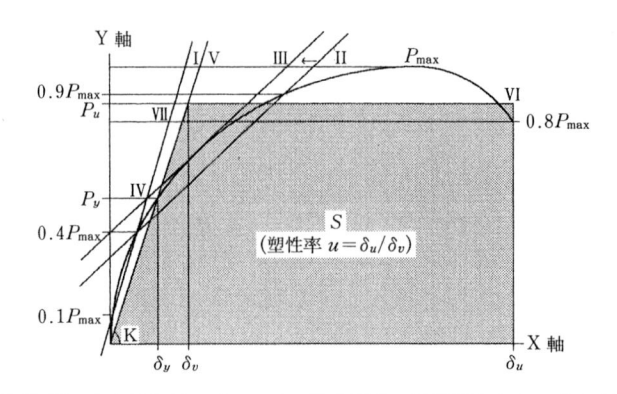

図 5.13 完全弾塑性モデルによる降伏耐力，終局耐力などの求め方[9]

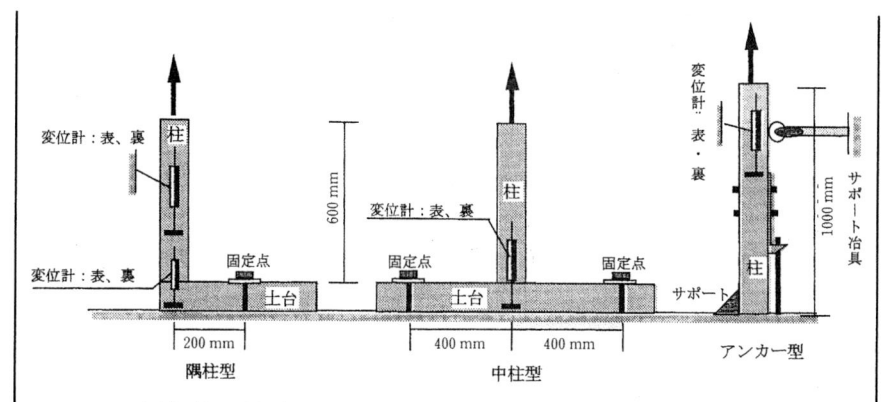

図 5.14 耐力壁が取り付く柱の仕口の試験体と引張試験方法の例[9)]

壁倍率＝短期許容せん断耐力/(1.96 KN×壁長 (m))
短期許容せん断耐力＝$P_0×α$
P_0：実験により決定された耐力壁の短期基準せん断耐力で，以下の①〜④の最小値
$α$：耐力に影響を及ぼす係数で，耐力壁の構成材料の耐久性・使用環境の影響，施工性の影響，壁量計算の前提条件を満たさない場合の影響などを勘案して定める係数

① 降伏耐力 P_y
② 終局耐力 $P_u×0.2×\sqrt{(2μ-1)}$
③ 最大荷重 P_{max} の 2/3
④ 特定水平変形時 (1/120 または 1/150 rad.) 時の耐力

3体の実験結果の平均値に対して，それぞればらつきの係数を乗じて①〜④の値を求める．

ばらつきの係数は母集団の分布系を正規分布と見なし，統計的処理に基づいて信頼水準 75％の 50％下限値を求めるための値である（第II編 3.5 節参照）．なお，柱頭・柱脚接合部の短期引張耐力は，図 5.14 のような方法で引張試験を行い，実験結果を壁倍率の評価法と同様の方法で評価する．

Ⅱ編
主要な建築構造材料

　近代の建築を構成する構造材料は，コンクリート，鋼および木質材料といっても過言ではなく，これからも発展しながらこの傾向は続くであろう．

　第Ⅱ編では，建築の構造・施工面においてこれら材料と関わり合うとき，少なくとも知っておきたい基本的知識について述べる．具体的にはセメント，コンクリート，鋼および木質材料の製造方法と種類，それら材料の応力－ひずみ関係，疲労，クリープなどの力学的性質と試験方法，コンクリートの中性化，鋼の発錆および木質材料の腐朽や蟻害などが関わる耐久性，火災や煙突・低温貯蔵庫などで必要となる耐火・耐熱性，さらには実際に建築構造をつくるときに関係する，コンクリートのワーカビリティー，鋼の溶接性や木質材料の接合具に代表される施工性などについて述べる．

1. コンクリート

　コンクリートとは，コンクリート強度と関連する結合剤としての**セメントペースト**をつくるセメントと水，ならびにヤング係数，密度などと関連する増量剤・充填材としての**細骨材（砂）**，**粗骨材（砂利）**，および必要に応じて加える混和材料によって構成され，これらを練混ぜなどの方法で一体化した粒子分散強化型の複合材料である．図 1.1 からわかるように，粗骨材どうしの間を細骨材が埋め，さらに残った小さな隙間をセメントペーストが埋めて固めるので，一般的なコンクリートは，絶対容積比で約 70% の骨材，約 30% のセメントペーストおよび数%の空気で構成される．なお，粗骨材がなく，セメントペーストと細骨材で構成されるものを**モルタル**という．

　構造用コンクリートに要求される主な性能は，強度・施工性・耐久性の 3 種である．すなわち，まだ固まらないフレッシュな状態では，適当な流動性と材料分離抵抗性をもつ良好な作業性（ワーカビリティー）を示し，硬化後は構造耐力および耐久性確保に必要な所要の強度，剛性を有し，かつ経済的なものとされてい

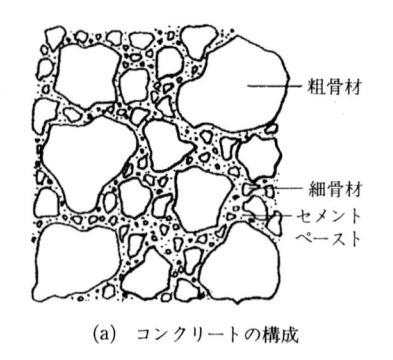

　　(a) コンクリートの構成　　　　(b) コンクリートの構成材料とその割合

図 1.1　コンクリートの構成[1,2]

1. コンクリート

表 1.1 主なコンクリートの種類

コンクリートの種類		概　要
使用骨材による	普通コンクリート	密度が 2.4～2.6 (t/m³) の範囲の普通骨材を用いるコンクリート
	軽量コンクリート	人工軽量骨材を一部または全部に用いて，単位容積質量を小さくしたコンクリート．粗骨材のみが人工軽量骨材のものを 1 種，細・粗骨材ともに人工軽量骨材のものを 2 種という．
施工条件による	寒中コンクリート	コンクリート打込み後の養生期間にコンクリートが凍結するおそれのある時期に施工されるコンクリート
	暑中コンクリート	気温が高く，コンクリートのスランプの低下や水分の急激な蒸発のおそれのある時期に施工されるコンクリート
	マスコンクリート	部材断面の最小寸法が大きく，かつセメントの水和熱による温度上昇で，有害なひび割れが入るおそれがある部分のコンクリート
	水中コンクリート	場所打ち杭および連続地中壁など，トレミー管などを用いて安定液または静水中に打ち込むコンクリート
要求性能による	流動化コンクリート	あらかじめ練り混ぜられたコンクリートに流動化剤を添加し，これを撹拌して流動性を増大させたコンクリート
	高流動コンクリート	フレッシュ時の材料分離抵抗性を損なうことなく，ほとんど締固めを必要としないほど流動性を著しく高めたコンクリート
	高強度コンクリート	設計基準強度が 36 N/mm² を越える場合のコンクリート
	水密コンクリート	特に水密性の高いコンクリート
	遮蔽用コンクリート	主として生体防護のために γ 線・X 線および中性子線を遮蔽する目的で用いられるコンクリート
環境条件による	海水の作用を受けるコンクリート	海水または海水滴の劣化作用を受けるおそれのある部分のコンクリート
	凍結融解の作用を受けるコンクリート	凍結融解作用により凍害を生じるおそれのあるコンクリート

る．コンクリートの主な種類を表 1.1 に示す．

コンクリートの長所と短所を以下にあげる．

長所：① 一般の建設用構造材料として使用することが十分に可能な強度・剛性をもつ．実用的には圧縮強度は 18～120 N/mm² 程度まで，ヤング係数は 20～40 kN/mm² 程度まで得られる．② 適正に製造・使用されれば数十年から 100 年

以上にわたってほとんどメンテナンスフリーで使用できる．③もう1つの代表的構造材料である鋼と線膨張係数がほぼ等しく，両者による優れた構造——鉄筋コンクリートやプレストレストコンクリートなど——がつくれる．④任意の形状・寸法の構造物を任意の場所における鋳造プロセスで一体的に施工できる．⑤原材料がセメント，骨材，水で普遍的・経済的である．

短所：①圧縮強度に比べ引張強度が小さく，ごく小さい変形でひび割れを生じるため，鉄筋などの補強材が必要となる．②比強度(強度を単位容積質量で除した値)が小さいので，構造物の重量が大となる．③硬化後の乾燥収縮や大断面構造物における温度応力によってひび割れを生じやすい．④不要になったとき解体・廃棄・再利用が難しい．⑤強度を得るまでに日数がかかり，現場での品質管理が必要である．

1.1 セメント

◆◇◆ ポイント

- ポルトランドセメントの主成分は，エーライト，ビーライトと呼ばれるケイ酸カルシウムである．
- セメントに加水して練り混ぜて放置すると，始発から終結の凝結過程を経て硬化する．この反応を水和反応といい，強アルカリ性を示す水酸化カルシウムと水和熱が伴う．
- セメント硬化体の主な収縮形態には，凝結始発から始まる自己収縮と乾燥開始から始まる乾燥収縮とがある．
- セメントにはポルトランドセメント，混合セメント，特殊セメントがある．

広い意味でセメントとは，物質と物質の結合材の総称である．狭い意味では無機質の結合材を指す．水との反応で生成される硬化物が，焼き石こうのように空気中では硬化するが水中では安定でない気硬性セメントと，水中，空気中のいずれでも安定な水硬性セメントに分類される．ここでは現在，一般的にセメントといわれる後者について述べる．

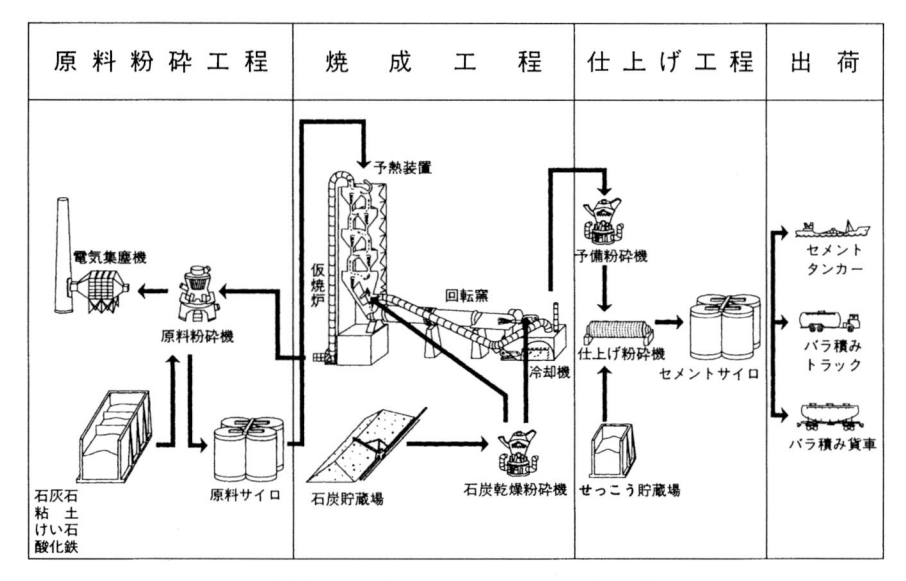

図1.2 ポルトランドセメントの製造工程[1]

1.1.1 セメントの製造

1) 原料 最も一般的なポルトランドセメントの主な原料は，石灰石，粘土，けい石，スラグ，石こうである．

2) 製造 図1.2に示す原料粉砕工程，焼成工程，仕上げ工程の3工程を経て行われる．

① 原料粉砕工程：質量100のセメントを生産するには，石灰石が120，粘土が25，けい石が3，スラグが2必要で，それら原料を調合して細かく粉砕する．

② 焼成工程：セメント製造の中心的な工程である．混合粉体原料を回転窯（ロータリーキルン）によって1450℃程度の高温にまで焼成し，セメントとして必要な水硬性を得るための所定の化学変化が終了した後，回転窯から冷却機に入れて急激冷却し，クリンカーというセメントになる一歩手前の中間製品を取り出す．

③ 仕上げ工程：クリンカーにセメントの硬化速度を調節するための石こうを，クリンカーの3～6%加えて粉砕し，分級機を経て所定の細かさにしたものをセメントとして取り出す．なお混合セメントをつくる場合もこの工程で高炉スラグ，フライアッシュなどの混合材を加える．

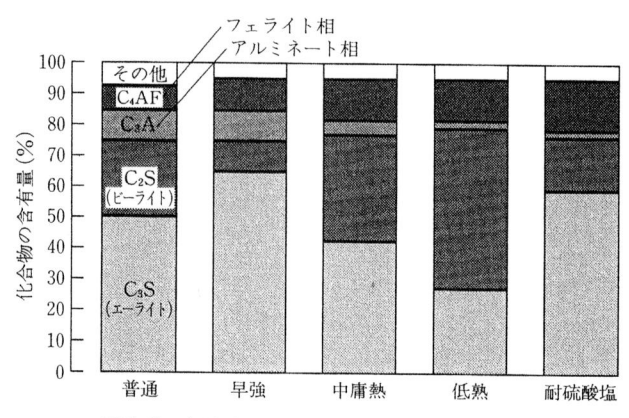

図1.3 各種ポルトランドセメントの化学組成

1.1.2 セメントの化学組成

セメントは，ケイ酸カルシウムと呼ばれ，セメント全体の70～80%を占めるエーライトとビーライト，およびケイ酸カルシウムの隙間（間隙相）を埋めるアルミネート相とフェライト相（セメント全体の15～18%）とで構成される（図1.3）．以上の主な化合物の性質を以下に示す．

1） エーライト　　$3CaO \cdot SiO_2$（略号C_3S），アリットともいう．C_3Aに比べると水和速度は遅いが，短期・長期とも水和による強さの発現は大きく，水和熱もC_3Aについで大きい．化学抵抗性，乾燥収縮に及ぼす影響は中程度である．

2） ビーライト　　$2CaO \cdot SiO_2$（略号C_2S），ベリットともいう．C_3Sよりも水和は遅いが，長期にわたって強度が増進する．水和熱，収縮などが少なく，28日以後の強度に影響を与える．

3） アルミネート相　　$3CaO \cdot Al_2O_3$（略号C_3A）．水と接すると急速に水和し，瞬結性を示す．石こうを添加するのはこの現象を緩和するためである．水和熱は最も大きい．収縮は大きく，化学抵抗性は比較的低い．

4） フェライト相　　$4CaO \cdot Al_2O_3 \cdot Fe_2O_3$（略号$C_4AF$）．水和速度が遅く，短期・長期の強さも低い．化学抵抗性が大きく，低発熱性，低収縮性である．

1.1.3 セメントの水和反応

a. 水和反応と凝結・硬化

セメントに水を加えてよく練り混ぜてから放置すると，セメント中の水硬性化

合物の反応によって，粘土のように形が変えられる初期の状態から，時間の経過に伴って徐々に硬くなり，さらには完全な固体になる．徐々に硬くなって変形できなくなる過程を**凝結**，固まりがさらに強固なものになる過程を**硬化**といい，この凝結・硬化の反応を総称して**水和反応**と呼ぶ．

水和反応には，次の C_2S，C_3S の例に示すように，ケイ酸カルシウム水和物（$nCaO \cdot SiO_2 \cdot mH_2O$, $n=1.2\sim2.0$）を主体とする微細結晶のセメントゲル，pHが12強の強いアルカリ性を示す水酸化カルシウム（$Ca(OH)_2$）および水和熱が生じる．

$$(C_2S, C_3S) + H_2O \rightarrow \\ nCaO \cdot SiO_2 \cdot mH_2O + 3Ca(OH)_2 + 水和熱 \tag{1.1}$$

b. 結合水とゲル水

硬化したセメントペーストは，未水和セメント粒子，セメントゲル（水和生成物），自由水および空隙からなる．セメントゲルは，セメント成分とそれに化学的に結合した水（**結合水**），ゲルの表面に強固に吸着している水（**ゲル水**）を含んでいる．完全水和の状態では，結合水およびゲル水は水和セメント質量の約25%および15%といわれているので，水和に必要な水量はセメント質量に対して約40%となる．なお，セメント水和物の硬化体が所要の強さを発現するには，セメント粒子の表層の水和物が互いに隣接する水和物と3次元的に強固に結合した構造になればよいので，全粒子が完全に水和する必要はない．近年この考え方による高強度コンクリートが製造されている（1.7.2項のコラム参照）．

c. 水和熱

水和熱は化学反応における反応熱の一種で，セメントの種類，粉末度，水セメント比などによって異なるが，その過半は材齢7日程度までに発生する．水和熱は，寒冷地工事における凍結予防などには役立つが，マスコンクリートなどでは蓄積された水和熱による温度上昇によって温度ひび割れを発生させる可能性を高める．したがって，使用する条件によっては，セメントの水和熱の影響を考慮してセメントの種類の選択と調合上の対策が必要である．

1.1.4 収　縮

セメント硬化体の収縮の主な形態には，図1.4に模式的に示すように，自己収縮と乾燥収縮がある．

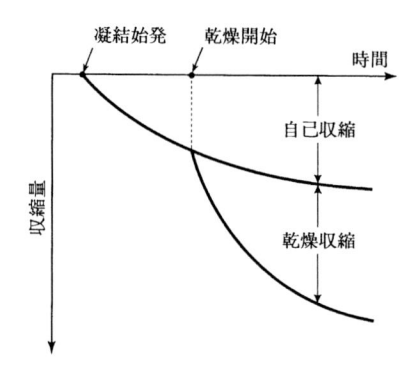

図 1.4 自己収縮と乾燥収縮（概念図）

1) 乾燥収縮　セメントゲルの周囲にある微細な毛細管の中のキャピラリー水が蒸発または拡散するとき，毛細管張力が作用して硬化体が収縮する．各種セメントを用いたモルタルの乾燥収縮は，中庸熱＜フライアッシュ＜早強＜普通＜A種高炉＜B種高炉の順に大きい．

2) 自己収縮　セメントの水和により凝結始発以後に巨視的に生ずる体積減少をいう．硬化体の空隙水に発生する負圧により起こり，水セメント比の低下，セメント中の C_3A および C_4AF の増加，セメント粉末度の増加，シリカフュームの添加などにより大きくなる．高流動コンクリート，高強度コンクリートなどで考慮が必要である．

1.1.5　物理的性質

各種セメントの水和熱試験結果および物理試験結果を表 1.2 に示す．

密度は，ポルトランドセメントで 3.1〜3.2 程度（3.15 としてよい），混合セメントは 3.0〜3.1 程度で，混合材の多い方が小さい．セメントの**粉末度**は単位質量当たりの表面積（比表面積）で表される．粉末度が高いほど水と接触する表面積が増えて水和反応を早く起こすため早強性を示し，水和発熱速度および乾燥収縮も増大する．凝結時間は水和反応の進行を表現するもので，ビカー針装置を用いて凝結の始発と終結を測定するが，コンクリートの施工（運搬・打込み・締固め・仕上げ）上の重要な指標である．

強度試験結果は，質量比でセメント 1，標準砂 3，水セメント比 50％のモルタルによる 40×40×160 mm の試験体を 20±3℃の水中で養生して，所定の材齢で

表 1.2　各種ポルトランドセメントの水和熱試験結果および物理試験結果

セメントの種類		密度	水和熱 (J/g)		粉末度	凝結		圧縮強さ (N/mm²)			
			7日	28日	比表面積 (cm²/g)	始発 (h·min)	終結 (h·min)	1日	3日	7日	28日
ポルトランドセメント	普通	3.15	303	373	3380	2-25	3-40	—	15.9	25.5	41.5
	早強	3.13	350	398	4650	2-06	3-01	16.0	28.0	37.8	47.4
	超早強	3.14	372	410	5490	1-33	2-32	23.1	32.9	38.6	46.2
	中庸熱	3.22	257	313	3200	4-07	5-22	—	9.4	14.7	34.3
	耐硫酸塩	3.21	255	314	3300	3-39	5-06	—	13.7	20.9	32.9
混合セメント	高炉セメント A種	3.08	284	355	3750	2-25	3-20	—	13.9	22.6	45.3
	高炉セメント B種	3.04	272	334	4010	2-53	3-55	—	13.7	22.3	45.2
	高炉セメント C種	2.96	230	294	4020	2-49	3-51	—	9.6	18.8	35.1
	シリカセメント A種	3.11	278	326	3480	2-40	3-30	—	13.9	23.2	37.5
	フライアッシュ B種	2.96	247	314	3430	3-02	3-59	—	14.3	22.3	37.4

求めたものである．

1.1.6　セメントの種類

JIS (R5210～5213) に規定されていて，建築・土木工事によく用いられるセメントには，以下のようなものがある．また，JIS には規定されていないが，特殊な目的に使われるものとして，アルミナセメント，超速硬セメント，膨張セメント，白色セメントなどがある．

a. ポルトランドセメント

ポルトランドセメントの種類と化合物の構成比を図 1.3 に示す．

1) 普通ポルトランドセメント　　土木・建築構造物の建設用として，全国どこでも入手できる最も汎用性の高いセメントで，現在，国内で使用されるセメントの約7割がこのセメントである．

2) 早強ポルトランドセメント　　初期強度の発現性に優れるエーライト (C_3S) の含有率を高め，水と接触する面積を多くするためにセメント粒子を細かく砕いて，普通セメントのほぼ7日強度を3日で発現するようにしたセメントである．この特性を利用して，緊急工事用，寒冷期の工事用，コンクリート製品用などに使用される．

3) 超早強ポルトランドセメント　　C_3A を多く，C_2S を少なくして，粉末

度をさらに高めて，普通セメントの材齢7日強度を1日で発現するようにしたセメント．

4) 中庸熱ポルトランドセメント　C_3S と C_3A の含有量を少なく，C_2S（ビーライト）を多くしたセメントで，水和熱が低いだけでなく，① 乾燥収縮が小さい，② 硫酸塩に対する抵抗性が大きいなどの特徴がある．ダムや大規模な橋脚工事などマスコンクリート用に使われている．

5) 低熱ポルトランドセメント　40% 以上の C_2S を含み，中庸熱ポルトランドセメントより水和熱が低い高ビーライト系セメントの一種で，最近，新たに登場したセメントである．材齢初期の圧縮強さは低いものの，長期において強さを発現する特性をもつ．なお，高ビーライト系セメントは，流動性に優れたコンクリートをつくりやすい特性も合わせもっていて，高流動，高強度，低発熱と三拍子そろった自己充塡型のコンクリートがつくれる．それゆえ，施工の合理化と温度ひび割れ防止を目的として，高層建築物用の高強度鉄筋コンクリートやプレストレストコンクリートなどの大型構造物に使用される．

6) 耐硫酸塩ポルトランドセメント　硫酸塩に対する抵抗性が弱い C_3A の含有量を極力少なくしたセメントで，海水，温泉地付近の土壌，みょうばんを使用する工場廃水など，硫酸塩に対する抵抗性が要求される海洋構造物，工場排水施設などに使われる．

7) 低アルカリ形のポルトランドセメント　使用する骨材のアルカリシリカ反応性が無害であると判定できない場合などに用いるセメントで，全アルカリ量を低く抑えたもの．なお，前記 1)〜6) のポルトランドセメントには，それぞれ低アルカリ形のものがある．

b. 混合セメント

ポルトランドセメントのクリンカーと石こうのほかに，JIS 規格で定める高炉スラグ，フライアッシュ，シリカ質混合材などを混合してつくったセメントである．

1) 高炉セメント　混合材として高炉水砕スラグ (1.3 節参照) を用いたセメントである．高炉スラグの混合量により，A 種 (5〜30% 以下)，B 種 (30〜60% 以下)，C 種 (60〜70% 以下) の 3 種がある．

高炉水砕スラグは，セメントの水和反応で生じた水酸化カルシウム ($Ca(OH)_2$) に対する潜在水硬性をもつので，高炉セメントの強度は初期では小さいが，長期

では大きい．また，海水に対する抵抗性や化学抵抗性に優れる，水和組織が緻密であり，水和熱が低くなるなどの特徴がある．

2) フライアッシュセメント　火力発電所のボイラー排ガス中に含まれる石炭灰の微粉末であるフライアッシュを混合材に用いたセメントである．混合するフライアッシュの量により，A種(5～10％以下)，B種(10～20％以下)，C種(20～30％以下)の3種がある．フライアッシュは球形で，さらにポゾラン反応性(1.3節参照)を有するので，コンクリートの流動性をよくし，混練水を少なくできる．また，水和熱を低くし，乾燥収縮も小さくするので，緻密で大量なコンクリートに対して用いられる．

3) シリカセメント　混合材として，二酸化ケイ素(SiO_2)を60％以上含んでいるポゾラン反応性のある天然の物質を混合したセメントである．混合材の量によって，A種(5～10％以下)，B種(10～20％以下)，C種(20～30％以下)の3種に分類されるが，実際につくられているのはごく少量である．このセメントは，耐薬品性に優れる反面，初期の強度発現が低く，強度発現に長期間を要するなどの特性がある．

c. 特殊なセメント

1) エコセメント　廃棄物問題の解決を目指して研究開発されたセメントで，都市ごみ焼却灰や下水汚泥を主原料としており，すでに需要開拓の段階に達している．

原料の都市ごみ焼却灰中に含まれる塩素を利用し，通常のセメントとは異なったカルシウムクロロアルミネート鉱物を生成させるタイプのエコセメントは，速硬性がある．セメント中には約1％の塩素が含まれるため，用途は無筋コンクリート分野が主である．また，クリンカー焼成中の脱塩素技術が進歩し，塩素量を大幅に低減した普通セメントに近いタイプも開発され，幅広い用途拡大が期待されている．

2) 高ビーライト系セメント　水和熱の大きなエーライト(C_3S)を少なくし，水和熱の小さなビーライト(C_2S)を主成分とすることによって，発生する水和熱を中庸熱セメントより下げたセメントで，マスコンクリート工事などに適する．使用目的によりC_2Sの含有量や比表面積を変えて製造される．

3) 膨張性のセメント　ポルトランドセメントに膨張性の混和剤を混合したもの．膨張性の混和剤には，カルシウムサルフォアルミネート(CSAと略称さ

れる）系のものと，生石灰系のものの2種類がある．トンネル工事の岩盤と覆工との裏込め用やグラウト工事（小さな隙間に充塡する工事）などに使用される．

4) **白色ポルトランドセメント**　白色であるが，着色成分といえる酸化第二鉄（Fe_2O_3）をできるかぎり含まないようにした点以外は，普通ポルトランドセメントの物性とほとんど同じである．各種建造物の表面仕上げ用モルタルや装飾材料として使用され，また，顔料を加えた「カラーコンクリート」としての用途も増えている．

5) **ジオセメント**（セメント系固化材）　土あるいはこれに類するものを固めることを目的に，ポルトランドセメントの成分，粒度の構成を変更し，土質に応じてさらに有効成分を添加したもの．水を多量に含む軟弱地盤の改良，有機質土壌の安定化，川や池の底にたまるヘドロの固化処理，下水汚泥の固化などに使用されている．

6) **超速硬セメント**　ポルトランドセメントの成分と類似のもので構成されているが，2～3時間の短期間で $10\ N/mm^2$ 以上の圧縮強度を発現する．

凝結，硬化が速いため，凝結を遅延させる「制御材」を添加して硬化までの作業時間を適切に設定して使用する．緊急工事用として使用されるが，他に「吹付けコンクリート」や「グラウト」などにも使用される．

7) **アルミナセメント**　アルミニウムの原料であるボーキサイトと石灰石からつくったセメント．練混ぜ後6～12時間でおよそ普通ポルトランドセメントの材齢28日の強度を発現する．また，耐火性，耐酸性にも優れているため，緊急工事，寒冷期の工事のほか，耐火物，化学工場などの建設工事にも使用される．

8) **リン酸セメント**　リン酸と酸化亜鉛またはアルミノシリケートガラスの粉末を混練するものは，数分で固まり，耐水性があるので歯科用に一部用いられている．リン酸とシリカやアルミナ系の耐火骨材を混合したものはキャスタブル耐火物として使用されている．

1.2　骨　　材

◆◇◆ ポイント

- 骨材には5mmふるいで区分される細骨材と粗骨材があり，その粒度は粒度分布，粗粒率および最大寸法で表される．

- コンクリートの調合設計は表乾状態を基準とするため，含水率および吸水率の把握は重要である．
- コンクリート中の水酸化アルカリと骨材中のアルカリ反応性鉱物が反応して，コンクリート表層部にひび割れなどを発生させる現象をアルカリ骨材反応という．

セメント単体では次のような欠点を有するため，骨材を用いてコンクリートやモルタルとして使用される．①凝結硬化に伴う収縮が大きい，②ひび割れが分散せずに数個所に集中してひび割れ幅が大きくなる，③強度のばらつきが大きく不安定である，④価格的に不経済であるなど．

骨材はコンクリート容積の約70%を占めるため，その品質はコンクリートの諸性質に大きな影響を及ぼす．骨材は表1.3に示すように分類されるが，日本建築学会 鉄筋コンクリート工事標準仕様書(JASS 5)では，「骨材は有害量のごみ・土・有機不純物・塩化物などを含まず，所要の耐火性，および耐久性を有するもの」とその一般的性質が規定されている．骨材に関する諸性質を以下に説明する(表1.4参照)．

1.2.1 密度

内部に微細な多数の独立した気泡，表面に密実な硬いガラス質層の被膜をもつ

表1.3 骨材の分類と種類

分類の仕方	骨材の種類
大きさ	細骨材：5 mmふるいを質量で85%以上通過する骨材 (JASS 5)
	粗骨材：5 mmふるいに質量で85%以上とどまる骨材 (JASS 5)
絶乾密度 (kg/l)	重量骨材 (4〜8 (kg/l)，磁鉄鉱，褐鉄鉱，バライト)
	普通骨材 (2.5〜2.8 (kg/l)，玄武岩，石灰岩，砂岩，安山岩)
	軽量骨材 (2.0 (kg/l)以下，人工軽量骨材，天然軽量骨材)
生産方法	天然骨材 (川砂利・砂，山砂利・砂，海砂利・砂，火山れきなど)
	砕石，砕砂
	人工骨材
	副産骨材 (スラグ骨材など)
	再生骨材
用途	構造用骨材，非構造用骨材

人工軽量骨材ばかりでなく，外見上緻密な普通骨材であっても，内部には空隙が存在する．したがって骨材の密度には，空隙を含んだ見かけ容積による見かけの値を用い，また，含水状態(絶対乾燥(絶乾)状態，表面乾燥飽水(表乾)状態)を考慮する．表1.4中に各種骨材の絶乾密度の例を示す．

人工軽量骨材は，膨張けつ岩，膨張粘土，フライアッシュなどを原料として高温焼成してつくられる．骨材粒の内部は多孔質で，絶乾密度は通常1.6程度であるが，1.0以下の超軽量骨材も製造されている．また，産業廃棄物のリサイクル化の一種として，建設泥土や下水汚泥を処理して製造する試みもある．

表1.4 各種骨材の品質

骨材の種類	細骨材						粗骨材			
	川砂	砕砂	人工軽量骨材	海砂	山砂	高炉スラグ骨材	川砂利	砕石	人工軽量骨材	高炉スラグ骨材
絶乾密度 (kg/l)	2.5~2.6	2.5~2.8	1.6~1.8	2.5~2.8	2.5~2.6	2.5~2.9	2.5~2.7	2.6~2.9	1.25~1.3	2.1~2.7
吸水率 (%)	1~2	0.3~2.6	4~14	1~5	2~5	0.3~3.3	0.45~1.5	0.6~1.2	2~10	1~6
単位容積質量 (kg/l)	1.55~1.75	1.50~1.75	1.0~1.2	1.20~1.70		1.45~1.80	1.55~1.70	1.55~1.70	0.7~0.9	1.25~1.65

1.2.2 吸水率・含水率

コンクリートの性質は，コンクリート中に含まれる水の量によって大きく影響されるので，骨材の含水状態の把握は重要である．図1.5に骨材の含水状態を模式的に示す．コンクリートの調合設計での単位水量は，理想的な表乾状態を基準とするので，含水状態が表乾状態でない通常の現場配合の練混ぜ水量は，有効吸水量や表面水量を補正して定める．吸水率および含水率は，吸水量および含水量を絶乾質量で除して求める．

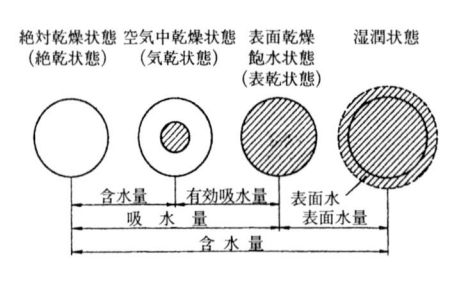

図1.5 骨材の含水状態[3]

（絶対乾燥状態（絶乾状態），空気中乾燥状態（気乾状態），表面乾燥飽水状態（表乾状態），湿潤状態；含水量，有効吸水量，表面水量，吸水量，含水量）

普通骨材の場合，密度や吸水率は，骨材の品質を知る重要な目安となる．密度が小さく吸水率の大きい骨材は一般に低品質で，このような骨材を用いたコンクリートは，強度やヤング係数が小さく，乾燥収縮は大きい．また，中性化や凍結融解作用は劣る傾向がある．

1.2.3 粒度・粒度分布・粗粒率

粒度とは骨材の大小粒が混合している程度をいい，ふるい分け試験によって求める．粒度はふるい目の大きさと通過率との関係である粒度分布，粗粒率(F.M)および骨材の最大寸法で表す．粗粒率は，図1.6に示すように，0.15, 0.3, 0.6, 1.2, 2.5, 5, 10, 20, 40 mm のそれぞれのふるいに残留する骨材の，全骨材に対する質量百分率の総和を100で除した値で，砂の粗粒率は2～3，砂利は6～7程度の値である．参考までに，図1.6中の実線で示される細骨材の粗粒率は，$(95+84+60+38+16+5+0+0+0)/100=2.98$ である．最大寸法は質量で90%以上通過するふるい目のうち，最小のふるい目の寸法で示され，建築では砂利および砕石の最大寸法はそれぞれ25, 20 mm とされることが多い．

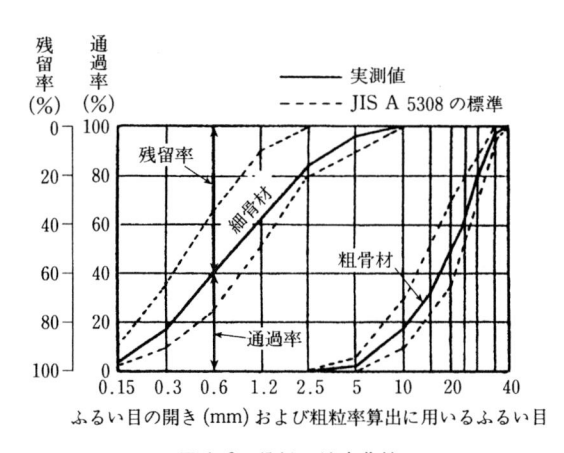

図1.6 骨材の粒度曲線

1.2.4 実績率・単位容積質量

実績率は骨材を容器に詰めた場合，どの程度，隙間なく充填されているかを表す指標で，単位容積質量は，容器に満たした骨材の絶乾質量を単位容積当たりに換算したものである．したがって，骨材の密度が同じであれば単位容積質量が大

きい骨材ほど実績率が大きく,粒形もよくて充填度が高いことを示す.

1.2.5 含有不純物

骨材中の不純物としては,シルト・粘土・雲母などの泥分,フミン酸や糖類などの有機不純物,塩分などがある.泥分は骨材の表面に付着してセメントペーストと骨材の付着性を阻害するため,コンクリート強度の低下,凍結融解のくり返し作用に対する抵抗性の低下,乾燥収縮によるひび割れなどを生じさせる.山砂,陸砂などにはフミン酸,糖分が含まれている場合があるが,前者はセメントの石灰分と化合して水和反応を阻害し,後者は凝結を遅らせ,強度発現に影響を及ぼす.

海砂・海砂利の使用によってコンクリート中に塩分が多量に含まれるとき,鉄筋の腐食が促進されて,鉄筋コンクリート構造の耐久性に大きな影響を与える.骨材の塩分含有量を低減させるため,海砂では水洗いや陸砂との混合などが行われる.細骨材では,塩化物量はNaClに換算した値で,その絶乾質量の0.04%以下と規定されている.

1.2.6 アルカリ反応性

コンクリート中の水酸化アルカリと,図1.7に示すような骨材中のアルカリ反応性鉱物とが反応し,反応生成物(アルカリ・シリカゲル)の生成や吸水に伴う膨張によってコンクリート表面にポップアウトやひび割れが発生する現象を**アルカ**

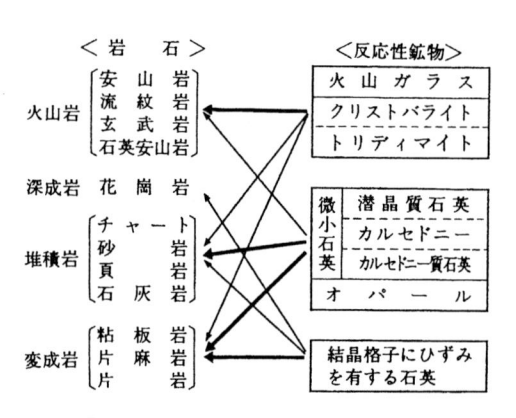

図1.7 アルカリ骨材反応を起こす反応性鉱物[3]

リ骨材反応という．アルカリ骨材反応による膨張が最も大きくなるときの，骨材中に含まれている反応性骨材の割合を**ペシマム量**といい，この量は，セメント中のアルカリ量，骨材の種類や粒度などによって変化する．

この反応による有害な膨張は，次の3つの条件が同時に成立して初めて起こる．① コンクリート中における十分な水酸化アルカリの存在，② 反応性骨材の存在，③ 多湿または湿潤環境．逆にいえば，1つの条件でも取り除けば反応は防止できる．

アルカリ骨材反応によるひび割れは部材内部にまで達していないことが多いため，構造耐力をただちに低下させることはないが，凍害や化学的浸食に対する抵抗性が劣化するため，コンクリート中の鋼材が腐食する可能性は増大する．

―― コラム ――

骨材余話

市街地高層住宅などに対応するため，構造用コンクリートをさらに軽量化する，絶乾比重が1.0以下の超軽量人工骨材が製造されている．気乾単位容積質量が$1.0〜1.4 t/m^3$のコンクリートが得られるが，圧縮強度は水セメント比の大幅な低下によっても $36 N/mm^2$ 程度からあまり増大しない．

コンクリート廃材を破砕し，コンクリート用骨材として再利用を図る**再生骨材**があるが，通常の砕石・砕砂の規定に適合するものは少ない．所要単位水量および細骨材率は，普通コンクリートに比べ，再生骨材置換率が大きいほど顕著に増加する．一方，圧縮強度は置換率の増加に応じて減少し，全骨材を置換すると，強度低下が30％に達する場合がある．

高炉スラグ粗骨材および細骨材とは，高炉で銑鉄を製造する際の副産物である金属以外の溶融滓（スラグという）を徐冷，あるいは水，空気などで急冷して破砕し粒度調整したものをいう．スラグ骨材を用いたコンクリートの所要単位水量は普通コンクリートのそれに比べ増加し，ワーカビリティー改善のためにはAEコンクリートとするのが望ましい．圧縮強度などの力学的性質は実用的には普通コンクリートと同程度と考えてよい．

天然骨材の地域的な現状は，中部地区ではいまでも河川産骨材の割合が比較的高い．粗骨材については，東日本では河川，山・陸からの天然骨材が比較的多いのに対し，西日本では砕石が多い．細骨材については，東日本では山・陸からの砂が多いのに対し，西日本では海砂の割合が高い．

1.3 混和材料

◆◇◆ ポイント

- モルタルやコンクリートにおいて，セメント，水および骨材以外の材料で，量が少なくて調合設計に際して考慮しないものを混和剤，量が多くて考慮するものを混和材という．
- 広範な用途の混和剤があるので，その使用にあたっては性質・性能を十分に検討する．
- AE剤はコンクリート中に多数の微細な独立した球状の空気泡を連行し，ワーカビリティーや凍結融解抵抗性を改善する．
- 減水剤を使用すると，静電気的な反発作用でセメント粒子を個々に分散させて，セメントペーストの流動性を向上させるので，同じ流動性を得るための水量が減少する．
- 主な混和材には，フライアッシュ，高炉スラグ微粉末，シリカフュームなどがある．

モルタルやコンクリートに各種の機能を付与するために使用するセメント，水および骨材につぐ第四番目の材料を混和材料と呼ぶ．使用量が比較的少量のものを**混和剤**，比較的多量に使用し，調合設計において無視できないものを**混和材**という．コンクリート施工の合理化，新しい施工技術の開発ならびにコンクリート構造物の耐久性向上などを目的として，多くの種類の混和材料が使用されている．以下に，主な混和材料の作用，効果について述べる．

1.3.1 混和剤

混和剤の主成分はいずれも界面活性剤で，その界面活性作用およびその他の添加物質の作用によってフレッシュコンクリートの性質（ワーカビリティー，ブリーディング，凝結時間など），あるいは硬化したコンクリートの性質（強度，中性化，凍結融解抵抗性などの耐久性，および水和熱など）を改良または調整するために使用する．

1) **AE剤**　多数の微細で独立した球状の空気泡（連行空気；**エントレインドエア**）を，界面活性作用によって表面張力が下がった水の攪拌に伴ってコンク

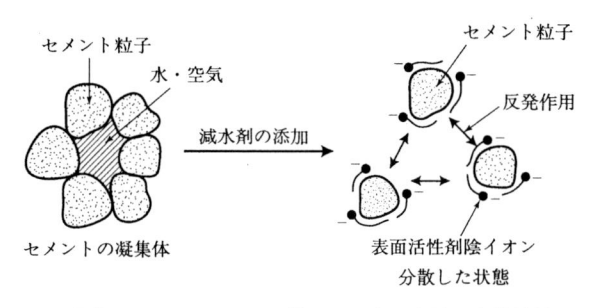

図1.8 セメント粒子の凝集に及ぼす減水剤の分散効果

リート中に一様に連行し，ワーカビリティーおよび凍結融解抵抗性を向上させるために用いる混和剤をいう．セメント質量の0.001～0.35％使用する．なお，混和剤を用いないコンクリートでも，比較的粗大で形状も不整な気泡が1～2％含まれるが，これを**エントラップトエア**(混入空気)という．

2) **減水剤** 練混ぜ水中で解離した陰イオンが図1.8に示すように，互いに凝集し集塊となったセメント粒子の界面に吸着して，静電気的な反発作用でセメント粒子を個々に分散させる作用をもつ界面活性剤である．それによってセメントペーストの流動性を向上させるので，コンクリートに所要のコンシステンシーおよび強度を付与するために必要な単位水量を減少させる効果をもつ．セメント質量の0.2～4％使用する．

3) **AE 減水剤** セメント分散作用，空気連行作用，コンクリートの凝結硬化速度の調節作用を併有する混和剤で，コンクリートのワーカビリティーの向上，材料の分離傾向の減少に対する効果が顕著である．セメント質量の0.1～2％使用するが，所要のコンシステンシーを得るための単位水量は，プレーンコンクリートに比べ，減水剤では4～6％，AE減水剤では12～16％程度減少させることができる．また，凝結時間をほとんど変化させないものを標準形，夏期などに使用して凝結を遅延させるものを遅延形，初期強度発現の促進に効果のある促進形に分類される．

4) **高性能 AE 減水剤** コンクリートの練混ぜ時に使用するもので，従来のAE減水剤より優れた減水性能，空気連行性能，スランプの経時的保持性能を有する混和剤で，セメント質量の0.25～5％使用する．使用量の増加に応じて減水率が増大するが，適切な範囲では過剰な空気連行性や異常な凝結の遅延性が少ないため，20～30％の大幅な減水効果が容易に得られる．したがって，単位水量

の少ない高強度コンクリートおよび高耐久性コンクリートなどの製造に使用される．

5) **流動化剤**　あらかじめ練り混ぜられた硬練りコンクリート（ベースコンクリート）に添加し，これを撹拌することによって，その流動性を増大させることを主機能とする混和剤．セメント質量の $0.045 \sim 0.15\%$ の使用でスランプを1cm程度増大させる効果がある．流動化剤の流動化効果は，ベースコンクリートの練上り直後から60分程度までで，添加時期による影響をほとんど受けない．流動化コンクリートは軟練りコンクリートに比べ単位水量が少なくて，セメント粒子もよく分散しているので粘度が高く，また経時に伴うスランプ低下が大きいため，流動化後は手早く打ち込む必要がある．

6) **その他の混和剤**

① **防錆剤**：コンクリートに含まれる内在塩化物イオンによる，鋼材の腐食を抑制するために使用される混和剤．

② **水中不分離性混和剤**：粘性を増大させて水中における材料分離を抑え，コンクリートの水中施工性を向上させる混和剤で，増粘剤の一種．

③ **急結剤**：凝結・硬化時間を数秒から数分に著しく短縮する混和剤．主にトンネルや地下空間掘削工事での吹付けコンクリートに用いられるが，漏水個所の止水や補修にも利用される．

④ **促進剤**：セメントの水和を促進させ，凝結時間の短縮や初期強度発現性の改善のために使用される混和剤．減水剤，AE減水剤などと併用されている．

⑤ **遅延剤**：コンクリートの凝結を一般に2時間程度遅らせるもので，暑中コンクリートの施工，夏場のレディーミクストコンクリートの製造やコールドジョイントの防止に利用される．減水剤，AE減水剤，高性能AE減水剤の遅延形にも用いられる．

⑥ **超遅延剤**：モルタルやコンクリートの凝結を数時間から数日間遅らせる混和剤．打継ぎ処理の容易化，打継ぎ目の一体化，洗い出し処理，異常凝結骨材の対策用などに利用される．

⑦ **発泡剤**：金属アルミニウム粉末の使用が一般的で，セメントペースト中のアルカリと反応して生じる水素ガスの発泡と膨張が利用される．プレパックドコンクリートの注入モルタル，逆打ちコンクリート，逆打ち充塡モルタル，間隙充塡モルタルの膨張成分用の混和剤として用いられている．

1.3.2 混 和 材

1) フライアッシュ　　石炭火力発電所において微粉末を燃焼する際，溶融した灰分が冷却されて表面がなめらかな微細な球状となったものをいう．フライアッシュそれ自体には水硬性はないが，これに含まれている可溶性のケイ酸成分がセメントの水和の際に形成される水酸化カルシウムと常温で徐々に反応して，不溶性のケイ酸カルシウム水和物をつくる．この反応を**ポゾラン反応**といい，フライアッシュとセメント硬化体が強固に結合され，長期にわたって強度が増進し，水密性および耐久性が向上する．

2) 高炉スラグ微粉末　　高炉から排出された溶融状態のスラグに高速の水や空気を多量に吹きつけて製造した急冷粉状体を微粉砕し，調整したもの．急冷によって，スラグは結晶化せずガラス質の状態であるので反応しやすく，水酸化カルシウムなどのアルカリ性の溶液で練るとよく硬化する．この性質を潜在水硬性といい，長期にわたる強度増進，水密性および耐久性の向上をもたらす．

3) シリカフューム　　アーク式電気炉において集塵機で回収された副産物である．平均粒径が $0.1\,\mu m$ の完全な球形をした主成分が非晶質の二酸化ケイ素 (SiO_2) の超微粒子で，たばこの煙粒子より細かい．密度は $2.1 \sim 2.2\,g/cm^3$ 程度，かさ密度は $0.25 \sim 0.3\,g/cm^3$ で，色は灰色である．シリカフュームをコンクリートに添加すると，粘性の増大とともに分離抵抗性も増加するが，スランプの低下や同一スランプを得るための単位水量の急増が生じるので，高性能減水剤との併用が不可欠である．シリカフュームがセメント粒子間に充填（マイクロフィラー効果）されて，セメントペーストが密実になって細孔容積が小さくなるため，高強度，水密および高化学抵抗性コンクリートの製造に用いられる．

4) 膨張材　　セメントおよび水とともに練り混ぜた場合，水和反応によってエトリンガイトまたは水酸化カルシウムの結晶を生成し，その結晶の力でモルタルまたはコンクリートを膨張させる作用をもつ混和剤である．膨張材を混入したコンクリートには，コンクリートの乾燥収縮を補償してひび割れの低減を目的とする収縮補償コンクリートと，膨張材の多量混和によってコンクリートに生じる膨張力を鉄筋などで拘束して，ケミカルプレストレスを導入するケミカルプレストレストコンクリートがある．

1.4 調合設計

◆◇◆ ポイント
- 調合設計を決める主要な性能は施工性，強度，耐久性である．
- 調合強度は，設計基準強度および耐久設計基準強度から決まる品質基準強度に，気温による強度補正値，ばらつきに対する強度補正値を加えたものである．
- 水セメント比は，ワーカビリティー，強度，耐久性などと密接に関係するコンクリートの最重要ファクターである．
- 単位水量の増大は，乾燥収縮，ブリーディングを大きくするので，所要のワーカビリティーが得られる条件下でできるだけ少なくする．
- よいコンクリートをつくるには，フレッシュコンクリートの製造時にできるだけ水を少なくし，打込み後，硬化しはじめたらできるだけ多量の水を散水して養生する．

1.4.1 調合および調合設計

コンクリートをつくるときのセメント，水，細骨材，粗骨材，混和材料の割合または使用量のことを**調合**といい，これを計画し，定めることを**調合設計**という．調合設計を決める主要な性能は施工性，強度，耐久性である．

建築物では一般に居住空間を広くとりたいという要望から，柱，梁，壁部材の断面は小さくて配筋状態が過密となる場合が多いので，材料分離を起こさず密実に充填できる良好な施工性をもったコンクリートが必要となる．また，構造体コンクリートの構造安全性には，所要の強度やヤング係数，耐久性・耐火性を有していることが不可欠である．それぞれの性能に関係する詳しい内容を図1.9に示す．

1.4.2 調合設計に関係する主な用語

1) **設計基準強度**（F_c）　構造設計で基準とするコンクリートの圧縮強度で，設計図書に特記される．

2) **耐久設計基準強度**（F_d）　構造物および部材の供用期間に応ずる耐久性を確保するために必要とする圧縮強度．コンクリートの耐久性に関わる性能のう

1.4 調合設計

```
          ┌─────────────────┐
          │   所要の耐久性    │
          │  凍結融解抵抗性   │
          │  中性化抵抗性     │
          │  耐薬品性         │
          │ アルカリ骨材反応抵抗性│
          │  水密性           │
          │  耐熱・耐火性     │
          └────────┬────────┘
                   ↓
┌─────────┐    ╭──────────╮    ┌──────────────────┐
│ 所要の強度 │    │   調合    │    │  適切な施工性      │
│ 圧縮強度  │    │ 設計基準強度│    │ (ワーカビリティー)  │
│ 引張強度  │→  │耐久設計基準強度│ ← │ コンシステンシー(流動性)│
│ 付着強度  │    │ 品質基準強度│    │ プラスティシティー(可塑性)│
│ ヤング係数│    │ 各種制限規定│    │ フィニッシャビリティー(仕上げ性)│
│ 靱性     │    │(単位水量,最小水│   │ ポンパビリティー(ポンプ圧送性)│
└─────────┘    │ セメント比など)│    │スタビリティー(材料分離抵抗性)│
                ╰──────────╯    └──────────────────┘
```

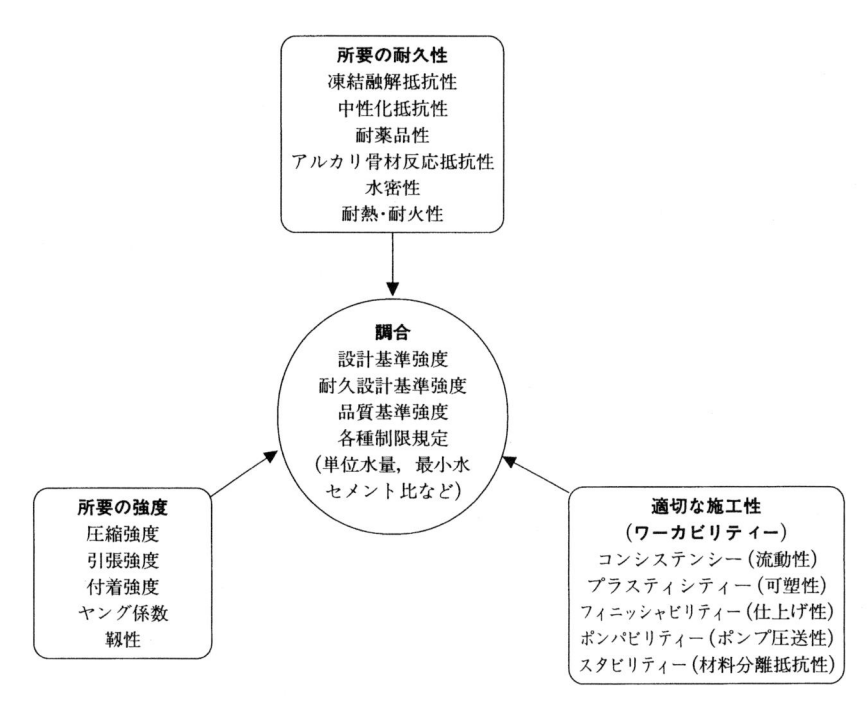

図 1.9 コンクリートに要求される性能と主な性質

ち,中性化,表面劣化,塩化物イオンの浸透,鉄筋腐食などに対する抵抗性は,コンクリートの水セメント比に大きく左右されるが,水セメント比は圧縮強度にも密接に関係するので,耐久性の指標として圧縮強度が用いられている.

3) 品質基準強度(F_q) 構造物および部材の要求性能を得るために必要とされるコンクリートの圧縮強度で,通常,設計基準強度と耐久設計基準強度を確保するために,コンクリートの品質の基準として定める強度をいう.具体的には,次の式で算定される値のうち,大きい方の値とする.

$$F_q = F_c + \Delta F \tag{1.2}$$

$$F_q = F_d + \Delta F \tag{1.3}$$

ΔF は,構造体コンクリート強度と供試体強度との差を考慮した強度補正値で,通常 $3\,\mathrm{N/mm^2}$ が用いられる.

4) 構造体コンクリート コンクリートが型枠内に打ち込まれて締め固められ,所要の養生を受けて構造体として実現したコンクリートのこと.

5) 気温による強度の補正値(T) コンクリートの打込みから 28 日までの

予想平均気温によるコンクリート強度の補正値で，$0 \sim 6 \mathrm{~N/mm^2}$ の値が採用される．

6) **強度のばらつきの標準偏差** (σ)　使用するコンクリートの強度のばらつきに関する標準偏差で，レディーミクストコンクリート工場の実績によるが，実績によらない場合は，$2.5 \mathrm{~N/mm^2}$ または $0.1 F_q$ の大きい方の値とする．

7) **調合強度** (F)　コンクリートの調合を定めるときに目標とする圧縮強度のこと．

1.4.3　調合強度の決め方

JASS 5 では調合強度 (F) は，図 1.10 に示されるように，設計で想定する強度・耐久性を下回る確率があまり大きくならないように，設計基準強度，耐久設計基準強度に基づく品質基準強度を，構造体コンクリートとの強度差，養生温度，強度のばらつきなどの影響を考慮して，割り増しして決める．また，F は標準養生した供試体の材齢 28 日強度で表される．

具体的には，調合強度は次の 2 式で算定される値のうち，大きい方の値とする．

$$F \geq F_q + T + 1.73\sigma \mathrm{~(N/mm^2)} \tag{1.4}$$

$$F \geq 0.85(F_q + T) + 3\sigma \mathrm{~(N/mm^2)} \tag{1.5}$$

式 (1.4) は品質基準強度（または品質基準強度＋気温補正強度）を下回る確率が 4% 以下になる条件である．式 (1.5) は，図 1.11 に示すよ

```
設計基準強度 (Fc)
耐久設計基準強度 (Fd)
    │
+ΔF │  構造体コンクリートと
    ↓  供試体との強度差 (ΔF；通常 3 N/mm²)

品質基準強度 (Fq)=Max(Fc+ΔF, Fd+ΔF)

+T    気温による補正値 (0～6 N/mm² の値)

      ばらつきに対する補正
        (標準偏差 σ；工場実績，もしくは
         2.5 N/mm² または 0.1 Fq の大きい方)

+1.73σ  不良率
        4% 以下

+3σ   0.85(Fq+T) を
      割り込まない  0.85(Fq+T) F
      強度の最小限界値

調合強度 (F)=Max{(Fq+T)+1.73σ,
              0.85(Fq+T)+3σ}
```

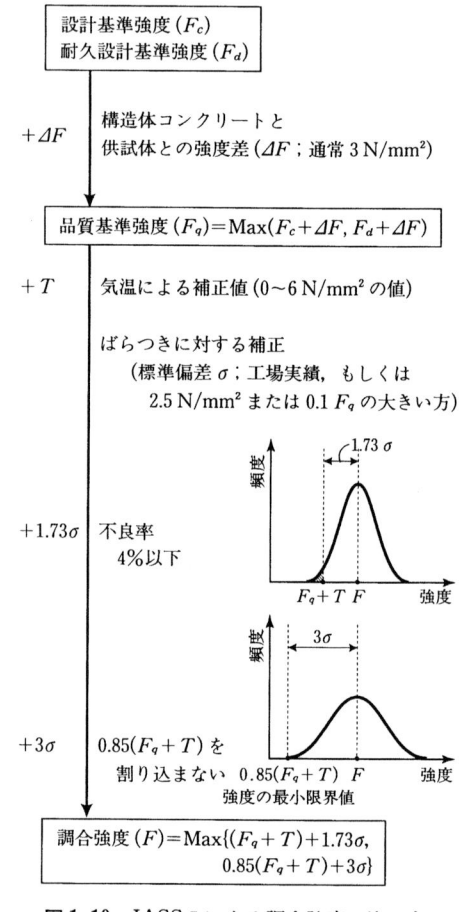

図 1.10　JASS 5 による調合強度の決め方

1.4 調合設計

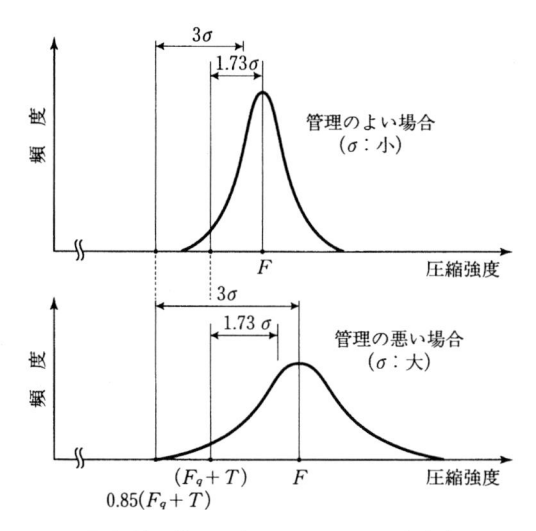

図1.11 管理の良否による調合強度 (F)

うに，コンクリート強度のばらつきが大きい場合に，F_q（または F_q+T）に対して非常に低い強度のコンクリートがつくられることを防止するための条件である．具体的には，F_q（または F_q+T）の0.85倍を下回る確率がほとんどゼロ，すなわち $0.85 F_q$（または F_q+T）を強度の最小限界値とする条件である．

1.4.4 調合設計の手順

調合設計は，所要の性能が得られるように通常，以下の手順に従って決められる（付録参照）．しかし，骨材品質，混和剤などの選択も多様であるので，最終的には工事に使用する材料を用いて**試し練り**を行い，調合が適当かどうかを確認することを原則とする．

① 使用材料の選定→② スランプ，空気量の選定→③ 調合強度の決定→④ 水セメント比の決定→⑤ 単位水量，混和剤量の決定→⑥ 単位セメント量，混和材量の決定→⑦ 細骨材量・粗骨材量の決定

なお，JASS5 では，コンクリート構造の品質，特に耐久性を確保するため，調合設計において以下のような制限を設けている．

1) 単位水量　単位水量（フレッシュコンクリート $1\,m^3$ 中に含まれる水量）は，$185\,kg/m^3$ 以下とする．コンクリートの単位水量の増大は，乾燥収縮，ブリーディング，打込み後の沈降などを大きくするため，所要のワーカビリティー

が得られる条件下でできるだけ少なくする．制限値は乾燥収縮率が 8×10^{-4} を目標値として決められている(図1.12)．

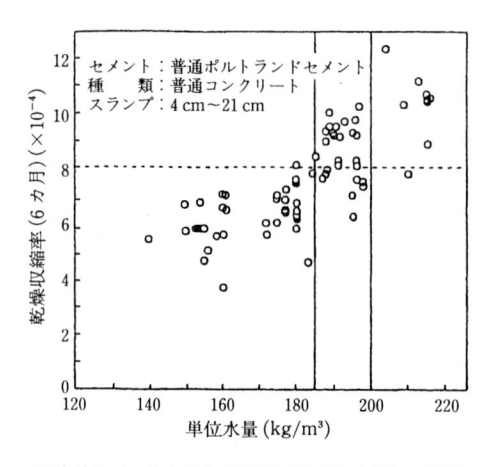

図1.12 単位水量と乾燥収縮率(6ヵ月)の関係

2) 単位セメント量 単位セメント量(フレッシュコンクリート $1\,\mathrm{m}^3$ 中に含まれるセメントの質量)の最小値は $270\,\mathrm{kg/m}^3$ とする．単位セメント量は，所要の性能が得られるならば，水和熱および乾燥収縮によるひび割れを防止する観点からできるだけ少ない方がよい．しかし，過小であるとコンクリートのワーカビリティーが悪くなって充填性が低下し，豆板や巣，打継ぎ部における有害な打込み欠陥部などの発生を招く．

3) 水セメント比 水セメント比(フレッシュコンクリートに含まれるセメントペースト中のセメントに対する水の質量百分率)の最大値は 65% とする．水セメント比が大きいと，強度や耐久性の他にコンクリートのワーカビリティー，均一性に不具合が生じる．

4) 空気量 空気量(コンクリートに含まれる空気容積のコンクリート容積に対する百分率)は特記によるが，特記のない場合は 4.5% とする．AEコンクリートでは，連行空気量を増すとほぼそれに比例して単位水量を減じることができる．しかし，空気量が 6% 程度以上になると，空気量を増してもフレッシュコンクリートの品質はそれほど改善されなくなり，逆に硬化後の圧縮強度の低下，乾燥収縮の増加をもたらすようになる．

5) 細骨材率 細骨材率(全骨材容積に対する細骨材容積の比率)は，所要のワーカビリティーが得られる条件下でできるだけ小さく定める．細骨材率が小さすぎる(砂が相対的に少ない)場合は，粗骨材とモルタルが分離しやすいがさがさのコンクリートとなる．多すぎる場合は，砂の表面積が大きくなるため，単位セメント量および単位水量が増加し，流動性も悪くなる．

6) 塩化物量 フレッシュコンクリート $1\,\mathrm{m}^3$ 中に含まれる塩化物量(塩素イオン換算)は $0.3\,\mathrm{kg}$ 以下とする．塩化物は，コンクリート中の鉄筋の不動態被

膜を破壊したり，不動態化を妨げて，鉄筋に腐食を生じさせる．なお，塩素イオンの0.3 kg/m³は，塩化ナトリウム（NaCl）に換算すると，NaおよびClの原子量がそれぞれ23と35.5であるので，約0.5（＝0.3×(23＋35.5)/35.5）kg/m³に相当する．

1.4.5 計画調合の表し方

コンクリートの計画調合は表1.5のように，1 m³のコンクリートをつくるのに必要な各材料の絶対容積または質量で表す．

表1.5 計画調合の表し方の一例

調合強度 (N/mm²)	スランプ (cm)	空気量 (%)	水セメント比 (%)	粗骨材最大寸法 (mm)	細骨材率 (%)	単位水量 (kg/m³)	絶対容積 (l/m³)			質量 (kg/m³)			化学混和剤の使用量 (ml/m³)または (C*²×%)
							セメント	細骨材	粗骨材	混和剤	セメント	*¹細骨材	*¹粗骨材	混和剤	

*¹ 絶乾状態か，表面乾燥飽水状態かを明記する．ただし，軽量骨材は絶乾状態で表す．混和骨材を用いる場合，必要に応じ混合前の各々の骨材の種類および混合割合を記す．
*² Cはセメント質量

1.5 フレッシュコンクリート

◆◇◆ ポイント
- 主として水量および混和剤によって左右されるフレッシュコンクリートの変形・流動性に対する抵抗性をコンシステンシーという．
- ワーカビリティーとは，コンクリートの練混ぜから打設終了までにおける各作業の容易性と，材料分離に対する抵抗性を含んだ性能の総称．
- スランプ試験においてコーンを引き上げた後の沈下高さをスランプ値という．

練混ぜ直後から凝結・硬化に至るまでの状態にある，まだ固まらないコンクリートのことをフレッシュコンクリートという．フレッシュコンクリートについての重要な性質，用語を以下に説明する．

1) コンシステンシー 施工条件を切り放したフレッシュコンクリートの材

料固有の性質で，主として水量および混和剤によって左右される，フレッシュコンクリートの変形あるいは流動に対する抵抗性についての用語である（従来は，逆の意味の流動性と同義に用いられていた）．

2) **ワーカビリティー**　フレッシュコンクリートのコンシステンシーと，構造部材の寸法や配筋などの施工条件に関わる性能で，練混ぜから打設終了における混練，運搬，打込み，締固め，仕上げなどの各作業の容易性と，材料分離に対する抵抗性を含んだ性能の総称である．

ワーカビリティーを細かく表現する用語として次のようなものがある．①プラスティシティー（可塑性：可動性，安定性を支配する粘り強さ），②フィニッシャビリティー（仕上げ性），③ポンパビリティー（ポンプ圧送性），④コンパクタビリティー（締固め性），⑤スタビリティー（安定性：材料分離とブリーディングに対する抵抗性），⑥モビリティー（可動性：粘性，凝集力，内部抵抗に対する流動・変形のしやすさ）．

3) **スランプ試験**　図1.13に示すように，上円および下円の直径がそれぞれ10および20 cmで高さが30 cmのコーン状の容器にコンクリートを詰め，コーンを引き上げた後に沈下する高さ（スランプ値）を測定する試験である．装置や試験方法が簡便であるにもかかわらず，コンクリートが崩れたり，材料分離

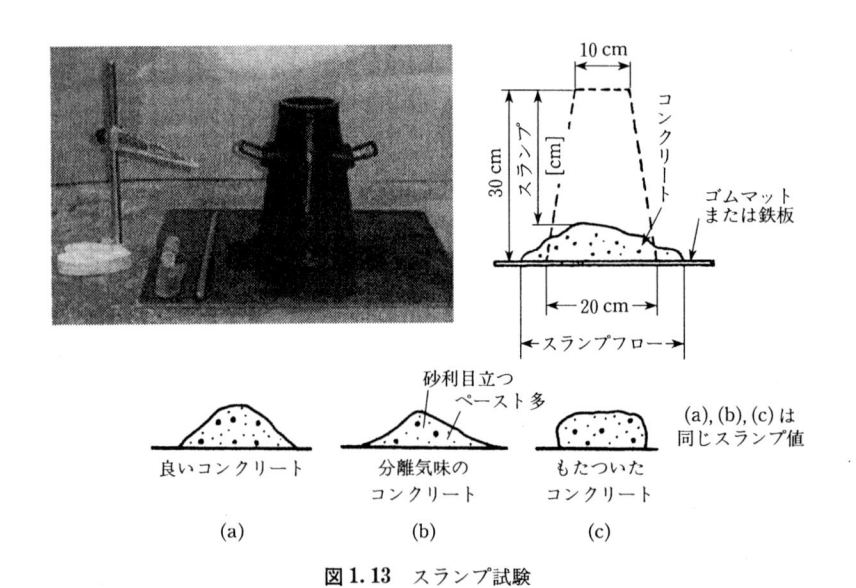

図1.13　スランプ試験

しない範囲ではコンシステンシーを鋭敏に表すため，コンシステンシーを測定する最も一般的な試験法として用いられる．

フレッシュコンクリートの軟らかさ（硬さ）を表現する重要な指標であるスランプ値は，各種要因によって次のような影響を受ける．① 流動性を有する唯一のコンクリート構成成分である水が増加するとスランプは増大する．極端な硬練り，あるいは軟練りでない場合，単位水量が 1.2% 増すとスランプはほぼ 1 cm 増す．② 変形に対する抵抗性のない空気が増すとスランプは増す．コンクリート中の空気量が 1% 増加すると，スランプは約 2.5 cm 増す．すなわち，空気量 1% の増減は単位水量 3%（1.2 %/cm×2.5 cm）の増減に相当する．③ 単位水量および単位セメント量が等しい場合，細骨材の粗粒率が小さいほど，また細骨材率が大きいほど骨材の表面積が大きくなり，セメントペーストの必要量が増すのでスランプは小さくなる．④ フライアッシュはボールベアリングの作用によってスランプを増す．⑤ コンクリート温度が高いほどスランプは小さくなる．

なお，スランプ試験で表現できない性状を把握するために，フロー試験，VB 試験，スペレッド試験など数多くのコンシステンシー試験が開発・実用化されている．

4) **ブリーディング**　打設後，密度が水より大きい骨材やセメント粒子が**沈降**し，水が時間とともにコンクリート上面に向かって上昇する現象をいい，次のような問題を引き起こす．① 水の上昇に伴って比較的軽い微細な物質が浮上し，コンクリート表面に薄層をなして沈積する．これを**レイタンス**というが強度がほとんどないため，除去しないとコンクリートの打継ぎに対する障害となる．②

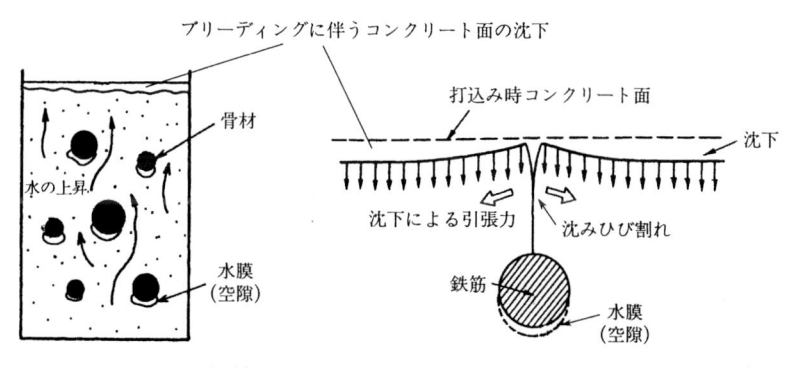

図 1.14　ブリーディングに伴う空隙やひび割れ

水の上昇に伴ってコンクリートは若干沈下するため，図1.14に示すように，水平鉄筋や粗骨材の下面に水膜や空隙を形成し，鉄筋とコンクリートあるいは骨材とセメントペーストとの付着力の低下，コンクリートの水密性の低下などを引き起こす．③沈下が鉄筋によって拘束されるとその上面に**沈みひび割れ**を生じることがあり，硬化を始める前にタンピング(再打法)によって締め固める必要がある．

なお，コンクリート中に結合水とゲル水のみで余剰水がない場合，理論上ブリーディングは起こらない．

5) **材料分離** コンクリートは数μmから20ないし40mmまでの粒径を有する固体と液体の混合物であり，さらにそれらの成分の密度が1.0から3.15 g/cm^{3}と大幅に相違するため，①コンクリートの運搬・打設中に粗骨材が局部的に集中したり，②打設後にブリーディングを生じたりして，コンクリート中における構成成分の分布が不均一になることをいう．次のコンクリートは材料分離を起こす傾向が大きい．①単位水量が大きくスランプの大きいコンクリート，②モルタルの粘着力が不足する単位水量が極端に少ないコンクリート，③大粒な粗骨材，形状が扁平な粗骨材を用いたコンクリートなど．また，粗骨材の分離は，強度・水密性などに劣る打込み欠陥部(豆板，はちの巣，ジャンカなどという)を生じさせる．

6) **コールドジョイント** 凝結がある程度進行しているコンクリートに新しいコンクリートを打ち継ぐとコンクリートの一体化が阻害され，コールドジョイントと呼ばれる施工不良が生じる．防止策としては，始発(振動限界)時以前での再振動，下層コンクリートへの適当な遅延剤の使用などがある．

7) **レオロジーモデル** フレッシュコンクリートは，固体粒子である粗骨材や細骨材がセメントペーストで包み込まれた高濃度サスペンション(固体溶液)である．したがって，そのコンシステンシーは骨材の粒形と同時に，骨材間に介在するセメントペーストの流動性に大きく関連するので，フレッシュコンクリートの流動性質がレオロジー解析によって調べられている．

フレッシュペーストの流動性質は，レオロジーモデルの1つである図1.15(a)に示すようなビンガムモデルの性状，すなわち，セメントペーストは，作用する力がある値(降伏値)に達するまで流動しないが，流動(降伏)後は超過せん断応力と塑性粘度(直線の勾配)とによって流動速度が決まる性状を示す．レオロ

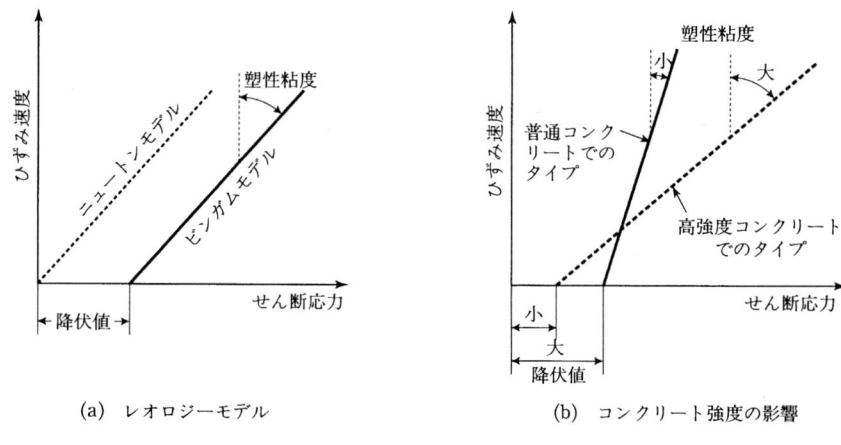

(a) レオロジーモデル　　　　　　(b) コンクリート強度の影響

図 1.15　レオロジーモデル（ビンガムモデル）

ジー定数である降伏値は，材料を変形させるために必要な最小の応力で，その大小はコンクリートのスランプ値の小および大に対応する．降伏値が同じであればスランプ値はほぼ同じ値を示すが，塑性粘度は流動変形の速度を支配するので，スランプコーンを引き上げてからスランピングが停止するまでの時間に対応する．セメント量が多くペースト量も多い高強度コンクリートでは普通コンクリートに比べ，図 1.15(b) に示すように，降伏強度は小さく，塑性粘度が大きくなる．流動化剤，高性能 AE 減水剤などは，降伏値と塑性粘度を低下させる効果があるが，降伏値に対する効果に比べれば，塑性粘度の低下割合は少ないという特徴がある．

1.6　レディーミクストコンクリート

◆◇◆ ポイント
- 呼び強度とは，品質基準強度に強度管理材齢までの気温による補正値を加えた強度で，通常，20 ± 3℃ の水中養生での材齢 28 日または指定の材齢における値で示される．
- 製造者側と購入者側の品質検査として，スランプ，空気量，強度，塩化物量などが調べられる．

コンクリートは，一般に工事現場ごとにその品質・使用量などが異なるので，一部の大規模工事や特殊工事を除いて，現場でコンクリートを製造することはほとんどなくなった．現在では，コンクリートの製造設備をもつ工場でつくられ，まだ固まらない状態でミキサー車によって工事現場に運搬・配達されるのが主流である．このコンクリートは生コンクリートあるいは生コン，またはレミコンとも呼ばれる．

レディーミクストコンクリートは，**呼び強度**（品質基準強度に強度管理材齢ま

表 1.6 レディーミクストコンクリートの種類（JIS A 5308-2003 より抜粋）

コンクリートの種類	粗骨材の最大寸法 (mm)	スランプまたはスランプフロー* (cm)	呼び強度 (N/mm²)											
			18	21	24	27	30	33	36	40	42	45	50	55	60
普通コンクリート	20, 25	8, 10, 12, 15, 18	○	○	○	○	○	○	○	○	—	—	—	—	—
		21	—	○	○	○	○	○	○	○	—	—	—	—	—
軽量コンクリート	15	8, 10, 12, 15, 18, 21	○	○	○	○	○	○	○	—	—	—	—	—	—
高強度コンクリート	20, 25	10, 15, 18	—	—	—	—	—	—	—	—	—	○	—	—	—
		50, 60	—	—	—	—	—	—	—	—	—	—	○	○	○

* 荷卸し地点の値であり，50 cm および 60 cm がスランプフローの値である．

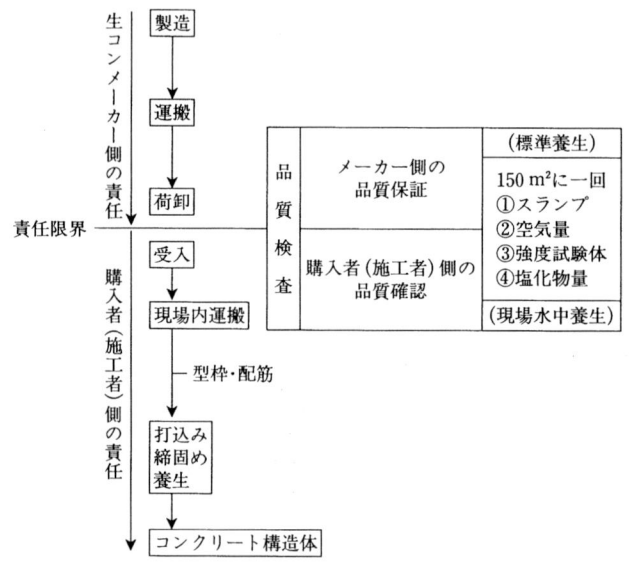

図 1.16 レディーミクストコンクリートの品質検査と責任区分

での気温による補正値を加えた強度)で区分され，発注は呼び強度によって行われる．なお，呼び強度の強度値は，20±3℃の水中養生での材齢28日または指定の材齢における値である．

普通および軽量コンクリートの規格品の例を表1.6に示す．また図1.16に，半製品であるレディーミクストコンクリートの製造者側と購入者側の品質検査と責任区分の概略を示す．

1.7 硬化コンクリートの力学的性質

◆◇◆ ポイント
- コンクリートの応力-ひずみ関係は圧縮強度，骨材種類，横拘束力など種々の要因によって変化する．
- 圧縮強度の大きいコンクリートほどヤング係数は大きくなり，応力下降勾配(壊れ方)も急激になるが，圧縮強度時ひずみは0.2%程度であまり変わらない．
- 力学的性能，耐久性と密接に関係する圧縮強度を決める主要因は水セメント比で，同比が小さいほど圧縮強度は大きく，耐久性はよくなる．
- 引張強度は，圧縮強度の約1/10程度と小さく，この比は圧縮強度の2乗根に比例してさらに小さくなる．
- ヤング係数は圧縮強度の3乗根に，気乾単位容積質量の2乗に比例して大きくなる．

鉄筋コンクリートが圧縮に強いコンクリートと，引張に強い鉄筋を有効利用した構造であるため，コンクリートについては圧縮応力下における性質が中心として調べられてきた．対象となる力学的性質は，鉄筋コンクリートの設計法が許容応力度設計法，終局強度設計法から限界状態設計法へと，構造・部材の強さだけでなく変形も考慮する設計法に移行するに従って，圧縮強度，ヤング係数に加えて終局ひずみ度，曲げ圧縮部のストレスブロック係数，応力-ひずみ関係などと多様化してきた．

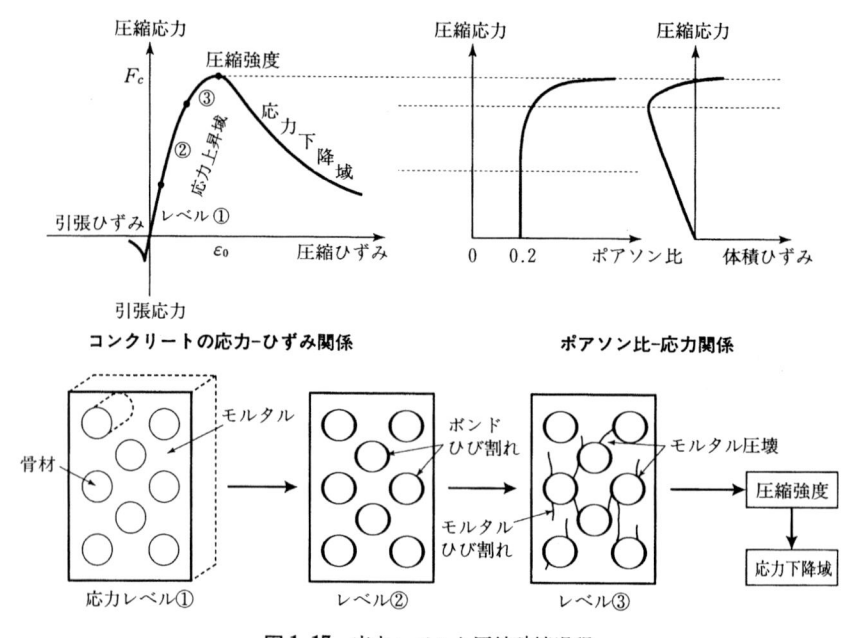

図 1.17 応力レベルと圧縮破壊過程

1.7.1 一軸圧縮応力下における応力-ひずみ関係

a. 応力-ひずみ関係

鉄筋コンクリート梁の圧縮部コンクリートの応力分布は応力-ひずみ関係と相似形になるので，応力-ひずみ関係の性状把握は部材設計の基礎知見である．

コンクリートの応力-ひずみ関係は，圧縮応力の増大に従って発生する内部ひび割れ（図 1.17）によって変化していく．①応力レベル 1：圧縮応力が圧縮強度の 30% 程度になると，一体であった粗骨材とモルタルの境界層にボンドひび割れが発生してひずみが生じやすくなるので，応力-ひずみ関係は少し湾曲しヤング係数が低下する．②応力レベル 2：圧縮応力が 50% 程度になると，ボンドひび割れがモルタルの中に進展しはじめて，応力に直交する方向のひずみが大きくなるのでポアソン比が増加しはじめる．③応力レベル 3：応力が増加して圧縮強度の 80% 程度になると，モルタルひび割れが連結して応力軸に対する直交方向の変形が大きく増加するため，圧縮応力下では減少するべき体積ひずみが増加に転じる（このときの応力を**臨界応力**という）．この領域での応力-ひずみ関係は大きく湾曲し，試験体（コンクリート）全体としての強度破壊（**圧縮強度**点）を示

す．圧縮強度以降の**応力下降域**(崩壊過程)は，骨材間モルタルの圧壊やそれとボンド・モルタルひび割れとの連続化などによるすべり面の形成などに起因して生じる．

b. 応力-ひずみ関係に及ぼす諸要因の影響

1) 骨材の混入　セメントペーストに骨材が混入されてモルタルやコンクリートになると，応力-ひずみ関係の上昇域では硬い骨材の添加によってヤング係数は増大するが，骨材界面という弱点のために，非直線性の増加，圧縮強度の減少，応力下降勾配の緩和が生じる(図1.18(a))．

2) 圧縮強度　高強度コンクリートは，低強度コンクリートに比べヤング係数は大きく，圧縮強度時ひずみも少し大きい．しかし，圧縮強度以降の破壊は急激で，応力下降域の勾配は大きい(図1.18(b))．

3) 骨材の種類　人工軽量骨材コンクリートは，同じ強度をもつ普通コンクリートと比べると，応力上昇域での低いヤング係数，顕著な直線性，大きい圧縮強度時ひずみ，および急激な応力下降勾配などを特徴とする(図1.18(c))．

4) 養生方法　養生とは，コンクリートの硬化作用を十分に発揮させるため，打込み直後からの一定期間，適当な温度と湿度を保つと同時に，振動や衝撃などの有害な作用から保護することである．水中養生されたコンクリートの応力-ひずみ関係は気中養生された場合のそれよりも，ヤング係数，圧縮強度および応力下降勾配は大きいが，圧縮強度時ひずみは小さい(図1.18(d))．

5) 形状・寸法　コンクリート構造体から抜き取ったコア試験体などで問題となる，供試体の高さ直径比(H/D)の影響を図1.18(e)に示す．H/Dが小さいほど，圧縮強度およびそのときのひずみは大きく，応力下降域の勾配は緩やかになる．

6) 横拘束力　コンクリートは圧縮応力を受けると，図1.17に示した内部ひび割れの発生などによって応力軸と直交する横方向に膨張する．この横方向変形を拘束すると二軸応力状態となって強度および変形能力は増大する．図1.18(f)は，スパイラル筋やフープ筋が荷重の作用方向と直角方向に配筋され横方向変形を拘束する，**コンファインド(横拘束)コンクリート**の応力-ひずみ関係を示したものである．断面積や降伏点の大きい横補強筋を密に配筋するほど，また，角形横補強筋ではサブタイを密に入れるほど，圧縮強度およびそのときのひずみは増大し，下降勾配も緩やかになって，粘り強い応力-ひずみ関係となる．

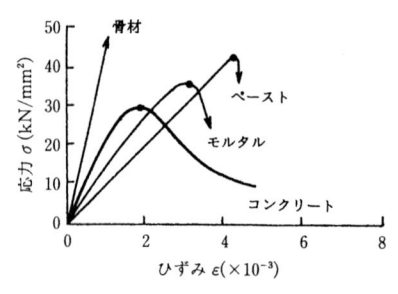

80　　　　　　　　　　　　　1. コンクリート

(a) σ-ε 曲線に及ぼす骨材混入量の影響

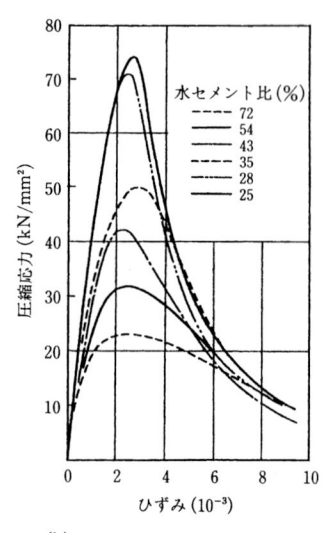

(b) コンクリート強度の影響

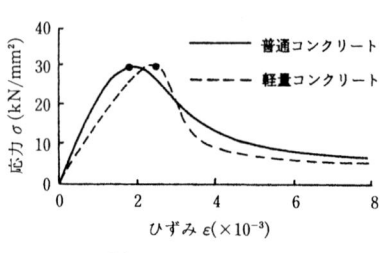

(c) 骨材種類の影響

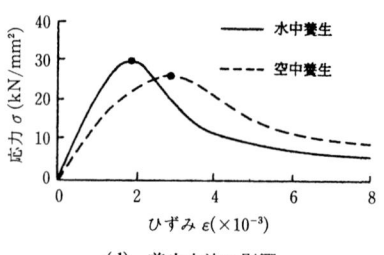

(d) 養生方法の影響

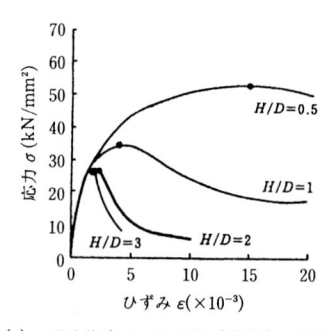

(e) 試験体高さの直径比 (H/D) の影響

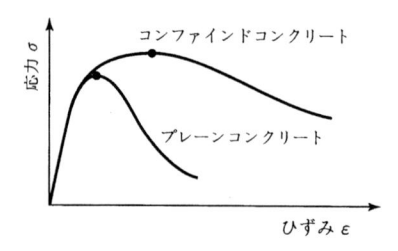

(f) 横拘束応力の影響 (模式図)

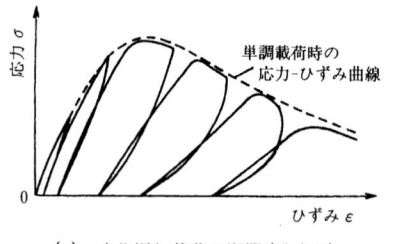

(g) くり返し載荷の影響 (模式図)

図 1.18 応力-ひずみ関係に及ぼす各種要因の影響

7) くり返し載荷 くり返し荷重を受けるコンクリートの応力-ひずみ関係には，図1.18(g)に示す次のような特徴がある．① その包絡線が単調載荷時の応力-ひずみ関係にほぼ等しい，② 除荷開始ひずみが大きいほど再載荷時の応力上昇勾配が小さくなる．

1.7.2 圧縮強度
a. 圧縮強度理論

1) 水セメント比説 1919年にD. A. Abramsが提唱した説で，簡明な実用性から広く用いられている．すなわち，堅硬な骨材を用いたプラスチックでワーカブルなコンクリートの圧縮強度(F_c)は，強度に対し負の要因となる水の質量と正の要因となるセメントの質量との比，水セメント比(W/C)によって定まり，式(1.6)のように与えられる，とする説である．

$$F_c = A/B^{(W/C)} \tag{1.6}$$

2) セメント水比説 実用的なコンクリート範囲では式(1.7)のように，水セメント比の逆数，セメント水比が圧縮強度とほぼ線形関係を示すことを1925年にI. Lyseが提唱し，これをセメント水比説という（図1.19）．

$$F_c = A + B(C/W) \tag{1.7}$$

3) 空隙比説 施工性の悪いコンクリートでのエントラップトエア，AEコ

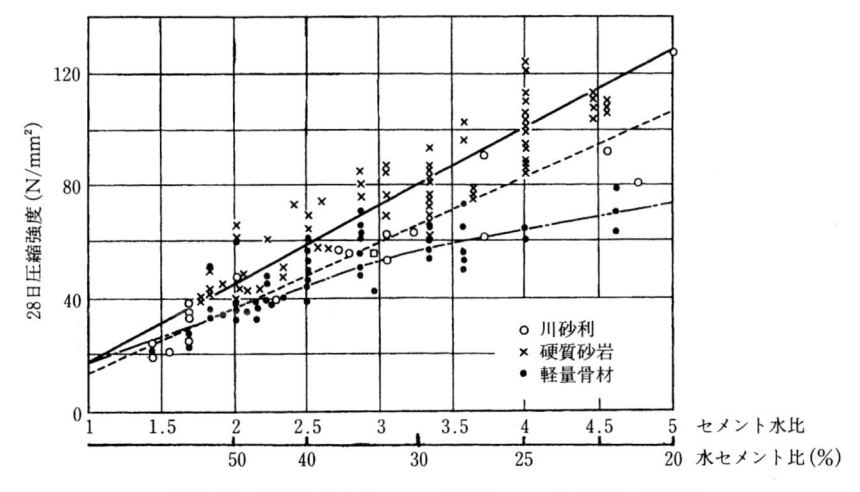

図1.19 圧縮強度と水セメント比(セメント水比)の関係[4]

ンクリートでのエントレインドエアあるいは余剰水が蒸発して生じた空隙などコンクリート中には種々の空隙が存在する．1921年 A. N. Talbot は，水と空気の容積の和を空隙 (v) と見なし，圧縮強度は空隙セメント比で決まることを提唱し，次式を与えた．

$$F_c = A/(1+v/c)^B \tag{1.8}$$

式 (1.6)～(1.8) で，A, B は定数，C および W はセメントペースト中のセメントおよび水の質量，v はコンクリート単位容積当たりの空隙，c はセメントの絶対容積を示す．

4) **ゲル空隙比説** コンクリート中の空隙は水和の進行によって生成されるセメントゲルによって充填されるが，圧縮強度とこの充填度が関係するという説で，1946年に T. C. Powers によって提唱された．1.7節のコラム (後述) におけるDSP技術やRPC技術の背景をなす，現状では最も進んだ理論である．なお，ゲル空隙比とは，(水和セメントペーストの容積)/(セメントの容積＋毛細空隙の容積) である．

b. 圧縮強度に及ぼす諸要因の影響

1) **材料の品質** ①結合材としてのセメントの圧縮強度とコンクリートの圧縮強度 (F_c) は比例する．②粗骨材の強度がそれを取り巻くモルタルの強度より小さい場合，セメント水比を増加させても圧縮強度はあまり増大せず，頭打ちの減少が見られる (図1.20)．③粗骨材の表面性状が粗なとき，セメントペーストとの付着がよいため圧縮強度は増大する．④富配合のコンクリートでは，粗骨材最大寸法が大になると強度は低下する．

2) **調合** 図1.19に示すように，セメント水比の増大によって圧縮強度はほぼ直線的に増大する．セメント水比が一定のとき，1％の空気量の増加は強度を4～6％減少させる．

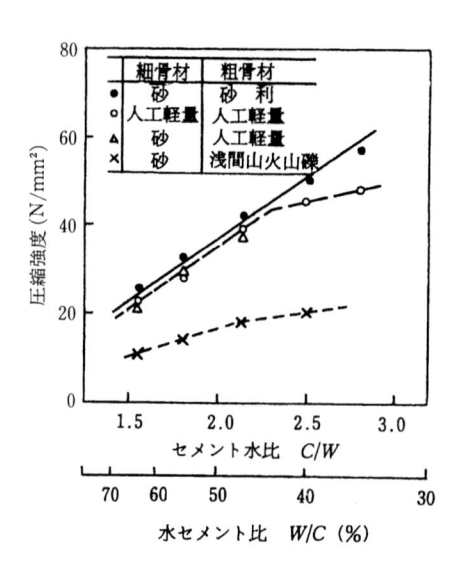

図1.20 圧縮強度に及ぼす骨材の影響[2]

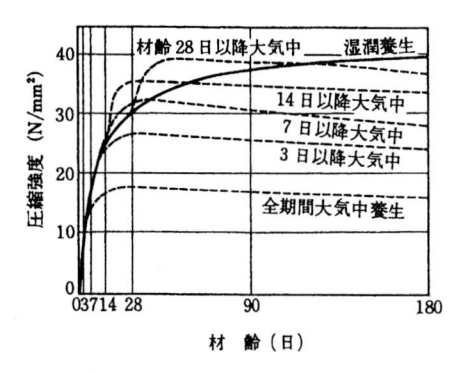

図 1.21 湿潤養生期間と圧縮強度の関係[5]

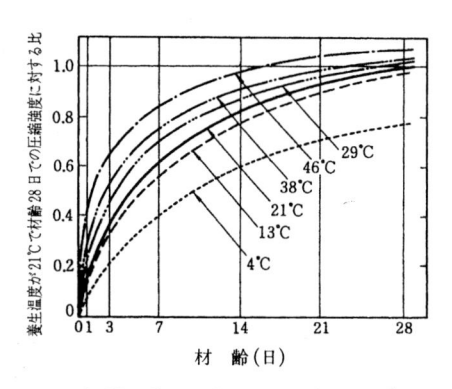

図 1.22 養生温度と圧縮強度の関係[5]

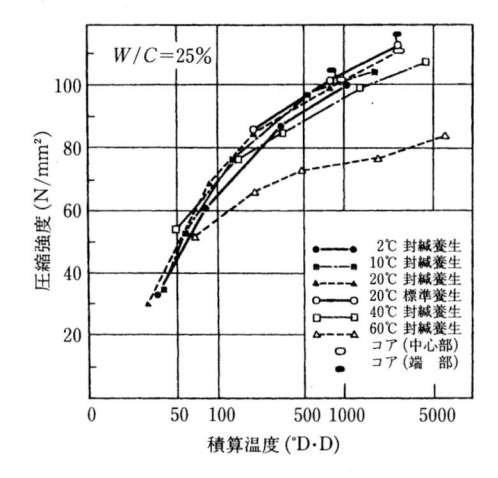

図 1.23 積算温度と圧縮強度の関係[4]

3) 材齢 図1.21中の湿潤養生の場合に示されるように，コンクリート強度の材齢による強度増進は，若材齢において顕著だが，その後は徐々に減少して材齢1年以上の強度増進は一般に小さい．

4) 養生方法 ①養生湿度の影響は図1.21に示すように，初期の湿潤養生期間が短いほど長期材齢における圧縮強度は小さい．打設後全期間空中養生を行った試験体の強度は湿潤養生の1/2以下である．②養生温度の影響は図1.22に示すように，水和反応が化学反応であるため温度が高いほど初期材齢での強度発現は速い．28日における圧縮強度は13～46℃の養生温度ではほとんど差はないが，4℃の場合には顕著な差が認められる．③高温養生による早期強度の増加は顕著であるが，長期強度は標準養生の場合に比べ小さくなり，85℃以上の高温養生は有害である．④－3℃以下になるとコンクリートは凍結するが，初期材齢での凍結による凍害は著しい．これに対し，ある程度硬化した後に凍結した場合，強度発現は遅れるものの，その後の十分な養生によって強度は回復する．

コンクリートの初期圧縮強度の推定には，養生温度と材齢を関数とし

表1.7 高さ直径比による圧縮強度の補正係数 (JIS A 1107)

高さと直径の比	2.00	1.75	1.50	1.25	1.00
補正係数	1.00	0.98	0.96	0.93	0.89

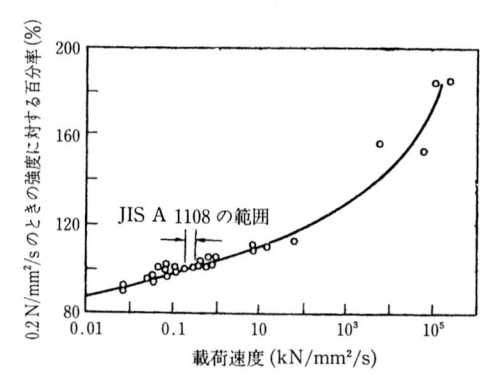

図1.24 載荷速度が強度に及ぼす影響[6]

た積算温度 (M) を用いることができる．JASS 5 では，打込み後凍結するおそれのある場合に施工される寒中コンクリートの調合設計は，積算温度に基づいてよいとしている (図1.23)．

$$M = \sum_{z=1}^{n}(\theta_z + 10) \quad (°\mathrm{D} \cdot \mathrm{D}) \tag{1.9}$$

ここで，z：材齢 (日；Day)，θ_z：材齢 z 日における日平均気温または日平均コンクリート温度 (℃；Degree)

5) **供試体の形状・寸法** 圧縮強度は，① 供試体の形状によって異なり，立方体，円柱供試体，角柱供試体の順に小さくなる．② 供試体の形状が相似であれば，供試体寸法が大きいほど小さくなる傾向が見られる．高さ/直径が 2 の円柱供試体では，直径のほぼ10乗根に反比例して低下し，直径が 450～600 mm と大きくなると圧縮強度はほぼ一定になる．また，直径が 100 mm と 150 mm の場合の圧縮強度は，同程度であるとみなされている．③ 供試体の高さ/直径が小さくなると圧縮強度は大きくなる．構造体から採取した高さ/直径が 2 以下のコア供試体の圧縮強度に対する補正係数は，表1.7のように与えられている．

6) **載荷速度** 図1.24に示すように，載荷速度が速いほど時間依存性の変形や内部破壊の進行が遅れるため，圧縮強度は大きくなる．

―― コラム ――

コンクリートはどこまで高強度化するか？

　古くは1935年，吉田徳次郎によって材齢28日で102 N/mm^2 の高強度コンクリートが加圧成形方法によって製造されている．一方1980年代には，高性能AE減水剤によって画期的な流動性が付与された結合材と，シリカフュームなどの超微粉末材料(DSP系材料という)のセメント粒子間への充填による，組織の緻密化によって超高強度を得る技術が開発された．近年，その技術によって冷蔵庫の大きさが標準といわれる超高層RC住宅の柱断面が，普通ポルトランドセメント，スラグ，石こう，シリカフュームで構成される結合材，高い強度が得られる石英系などの砕石・砕砂，および高性能AE減水剤を用いて水結合材比を25%以下とした，現場施工による 150 N/mm^2 級のコンクリートによって実現されている．さらに，RPC技術(DSP＋繊維補強)や(エトリンガイト＋DSP)技術によって，鋼の強度にも近づく200 N/mm^2 級のコンクリートを目標にした研究がなされている．余談だが，緻密な超高強度コンクリートでは火災時の爆裂(1.8.2項b参照)防止対策に，ポリプロピレン繊維が用いられている．

　DSP：Densified System containing homogeneous arranged ultra-fine Particles
　RPC：Reactive Powder Concrete

1.7.3　圧縮強度以外の強度

1) 引張強度 (F_t)　　通常使われるコンクリートの引張強度は，圧縮強度の1/10(1/8～1/13)程度ときわめて小さく，圧縮強度のほぼ2乗根に比例する．したがって，脆度係数(引張強度/圧縮強度)は，コンクリート強度が高いほど小さくなり，圧縮強度が 100 N/mm^2 のコンクリートでは 1/18 程度になる．なお，一般にコンクリートの引張強度(F_t)は図1.25に示すように，円柱供試体を横にして圧縮し，供試体の割裂破断時の荷重 P から次式により算出する．

$$F_t = 2P/\pi dl \tag{1.10}$$

2) 曲げ強度 (F_b)　　図1.26に示すようにコンクリート角柱を3等分点載荷する曲げ試験での最大曲げモーメントを角柱の断面係数(第Ⅰ編4.2節参照)で除した値を曲げ強度という．この値は引張強度の1.5～2倍になる．これは，コンクリートの引張応力下における応力-ひずみ関係は，完全弾性ではなく破断近くで少し塑性を示すことによる．

$$F_b = M/Z \quad (Z；断面係数,\ M；破壊時最大曲げモーメント) \tag{1.11}$$

図1.25 割裂引張強度試験

図1.26 曲げ試験

図1.27 直接せん断試験[5]

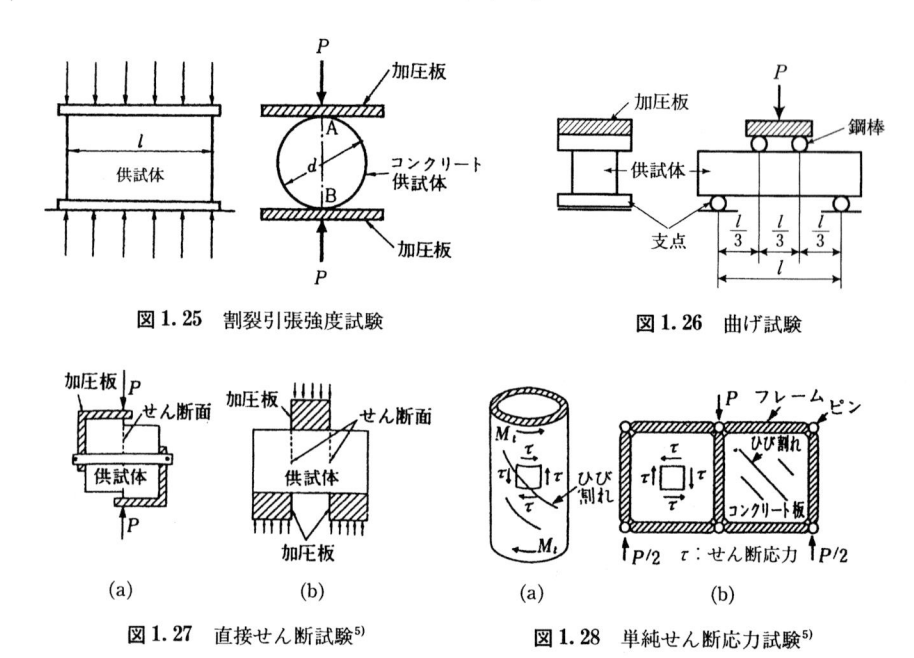

図1.28 単純せん断応力試験[5]

3) せん断強度(F_s)　図1.27に示すような直接せん断試験によるコンクリートのせん断強度は，圧縮強度の1/3～1/8程度になるが，せん断強度/圧縮強度の値は圧縮強度が高い方が小さくなる．また，引張および圧縮強度とモールの応力円に基づいてせん断強度を次式で推定する場合もある．

$$F_s = \sqrt{F_c \cdot F_t}/2 \tag{1.12}$$

なお，図1.28に示す単純せん断試験によるせん断強度は，せん断応力の作用面と45°の角度をなす斜張力によって引張破壊を生じるため，コンクリートの引張強度と等しくなる．

4) 支圧強度　橋台の支承部やプレストレストコンクリートの緊張材定着部などでは，図1.29に示すように，支承コンクリート面の一部に荷重が作用する．このような局部荷重を受ける場合のコンクリートの圧縮強度を支圧強度(F_c')といい，F_c'は一般に次式によって推定され，F_cより大きな値となる．

$$F_c' = \kappa \cdot \sqrt[n]{A_c/A_1} \cdot F_c \tag{1.13}$$

ここで，A_1；支圧面積，A_c；支承面積，κ；普通コンクリートで1.0，人工軽量コンクリートで0.6～0.8，n；1.5～3，F_c；コンクリートの圧縮強度.

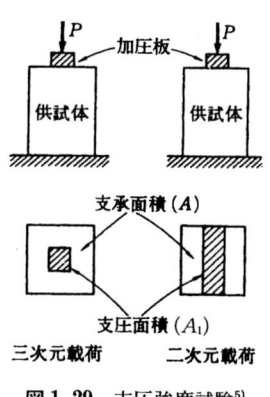

1.7 硬化コンクリートの力学的性質

図1.29 支圧強度試験[5]

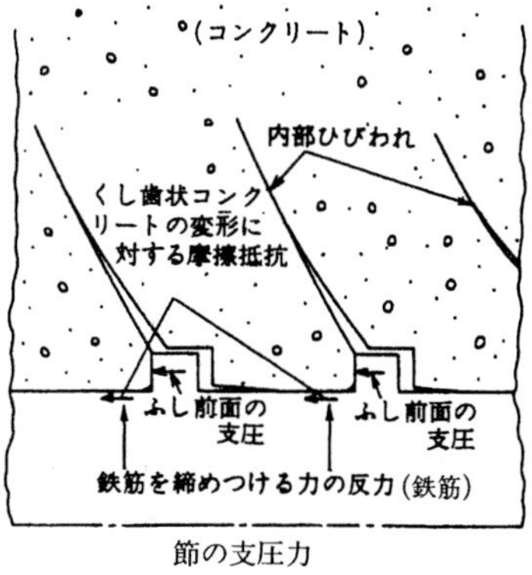

図1.30 引抜き試験体の内部ひび割れ発生後の状態[2]

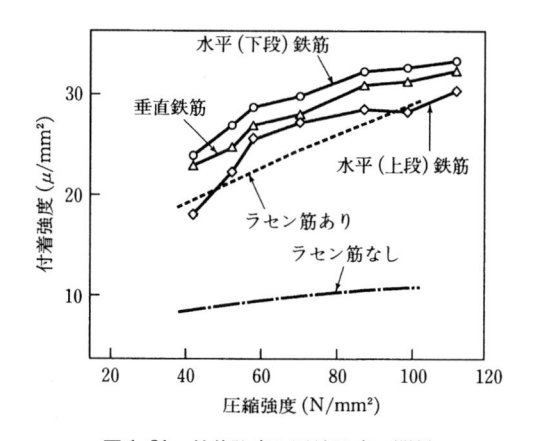

図1.31 付着強度と圧縮強度の関係

5) 疲労強度（第Ⅰ編1.4節参照）　コンクリートでは金属材料と異なり疲労限度はないといわれ，200万回疲労強度を疲労限度の指標値としている．その値は静的強度の55～65％程度である．疲労強度に対する圧縮強度の影響は小さいが，水中における飽水状態での疲労強度は，水のポンピング作用により気乾状態のそれよりも小さい．

6) 付着強度　鉄筋コンクリートでは，鉄筋とコンクリート間の力の移行がスムーズに行われるための付着が必要（第Ⅰ編5.2節参照）で，そのための突起（節など）を表面に設けた異形鉄筋が一般に用いられる．異形鉄筋とコンクリート間の付着強度は，図1.30に示すように，節前面の支圧によってコンクリー

は引張応力を受けるので，① 引張強度(圧縮強度) が大きいコンクリートほど大きい．② 鉄筋まわりに内部ひび割れによる膨張を抑制するラセン筋が配置された場合の方が大きい．③ コンクリートの沈降による空隙が鉄筋下部に生じにくい梁の水平下段鉄筋の方が上段鉄筋よりも大きい(図 1.31)．

1.7.4 その他の力学的性質

1) ヤング係数 (E_c)　　コンクリートを弾性と仮定する場合における重要な力学的性質で，通常は圧縮強度の 1/4 または 1/3 の応力点における割線ヤング係数が用いられる (第 I 編 1.2 節参照)．

ヤング係数は，図 1.32 に示すように，圧縮強度の 3 乗根，気乾単位容積質量の 2 乗に比例して大きくなる傾向を示す．日本建築学会 RC 規準では，ヤング係数の推定式として式 (1.14) を提示しており，例えば，圧縮強度が 24 および 40 N/mm² のコンクリートのヤング係数は 2.5 および 3×10^4 N/mm² 程度で，高強度ほど増加割合は小さい．

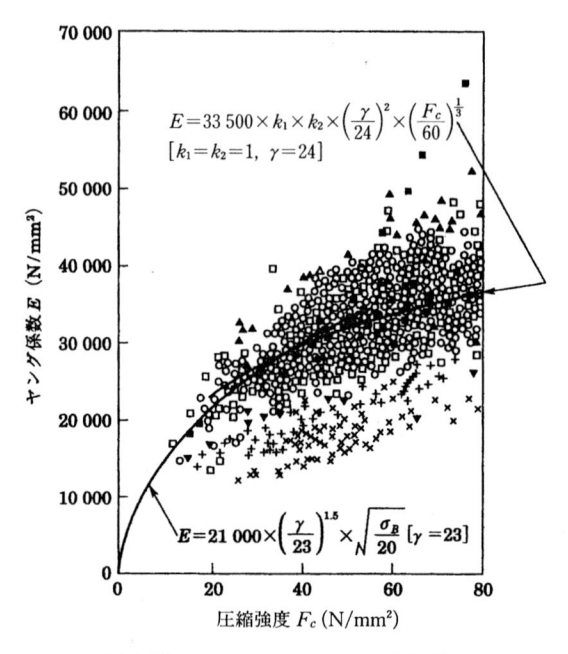

$$E = 33\,500 \times k_1 \times k_2 \times \left(\frac{\gamma}{24}\right)^2 \times \left(\frac{F_c}{60}\right)^{\frac{1}{3}}$$
$$[k_1 = k_2 = 1,\ \gamma = 24]$$

$$E = 21\,000 \times \left(\frac{\gamma}{23}\right)^{1.5} \times \sqrt{\frac{\sigma_B}{20}}\ [\gamma = 23]$$

図 1.32　コンクリートのヤング係数[7]

$$E_c = 3.35 \times 10^4 \times \kappa_1 \times \kappa_2 \times (\gamma/24)^2 \times (F_c/60)^{1/3} \qquad (1.14)$$

ここで，γ；コンクリートの気乾単位容積質量(kN/m^3)，F_c；コンクリートの圧縮強度(N/mm^2)，κ_1, κ_2；使用骨材，混和材により決まる定数(普通は両値とも1)．

2) **ポアソン比**(ν)　　コンクリートの場合，ヤング係数と同様，ポアソン比も応力レベルによって変化する(1.7.1項参照)．低応力の弾性域ではほぼ一定値を示すが，圧縮強度の80%程度から急増して0.5に近づく．弾性域でのポアソン比として，普通，人工軽量骨材，高強度コンクリートに対しそれぞれ，0.18～0.2，0.2～0.22および0.2～0.23という値が示されているが，平均的には0.2と考えてよい．

3) **せん断弾性係数**(G)　　弾性論より次式で求められる．ヤング係数の約40%程度で，例えば圧縮強度が24および40 N/mm^2 のコンクリートの G は1.0および$1.2 \times 10^4 \, N/mm^2$ 程度である．

$$G = 0.5 \, E/(1+\nu) \qquad (1.15)$$

4) **圧縮強度時ひずみ**　　水中養生されたコンクリートの圧縮強度時ひずみ

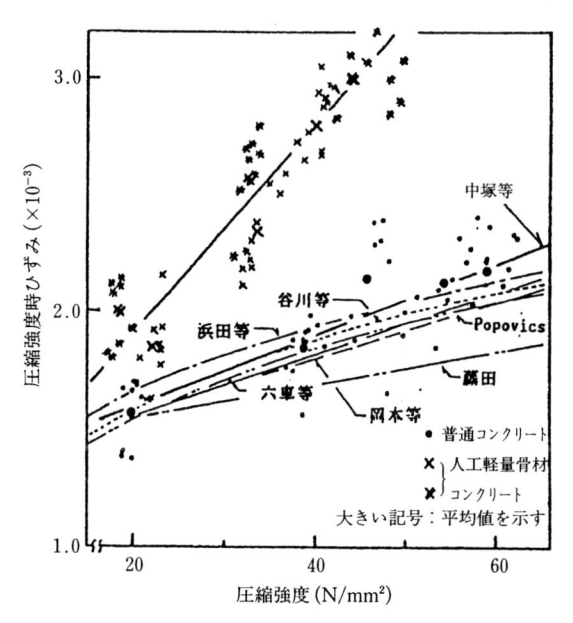

図1.33　水中養生を受けたコンクリートの圧縮強度時ひずみ

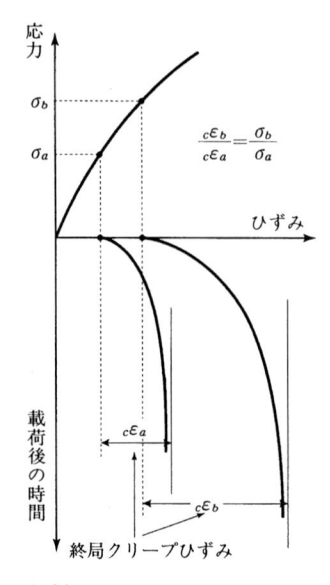

図 1.34 デービス-グランビルの法則 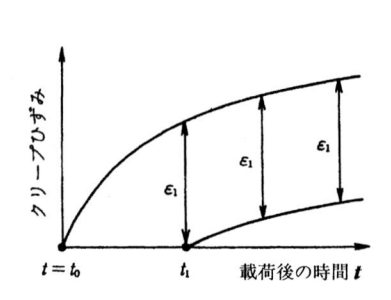　　　**図 1.35** ホイットニーの法則

は，図 1.33 に示すように，圧縮強度の増大に対し増加する傾向が見られる．その増加率は，普通コンクリートに比べ人工軽量コンクリートの方が大きい．気中養生された普通コンクリートの圧縮強度時ひずみは大きくばらつくが，平均的には圧縮強度にかかわらず約 0.2% を示す．

5) **クリープ**（第Ⅰ編 1.3 節参照）　コンクリートのクリープは，以下の場合ほど大きい．① 載荷材齢が若いほど，② 載荷応力が大きいほど，③ 水セメント比が大きいほど，④ セメントペースト量が大きいほど，⑤ 骨材の密度が小さいほど，⑥ 湿度が低いほど，⑦ 温度が高いほど，⑧ 部材の寸法が小さいほど，大きい．

また，コンクリートのクリープ進行については次のような性質がある．

① デービス-グランビル(Davis-Granville)の法則：図 1.34 に示すように，持続載荷応力が小さい（圧縮強度の 0.4 以下の）範囲では，収束値である**終局クリープひずみ**は載荷応力に比例する．

② ホイットニー(Whitney)の法則：同じコンクリートにおいて，材齢 t_1 で載荷された場合のクリープの進行は，図 1.35 に示すように，材齢 t_0 で載荷された場合の材齢 t_1 以後におけるクリープの進行状況と等しい．

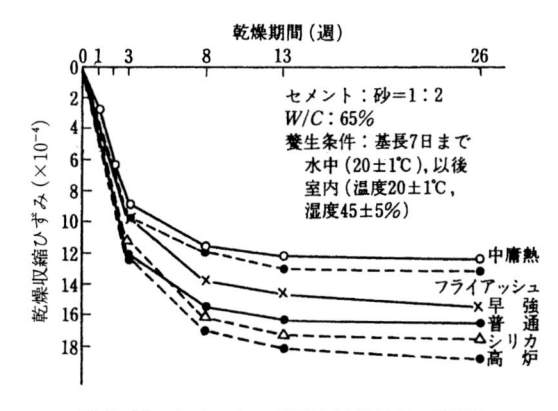

図1.36 セメントの種類と乾燥収縮の関係[8]

持続荷重を受ける鉄筋コンクリート部材の設計では，**クリープ係数**(ϕ_t)と呼ばれるクリープひずみの弾性ひずみに対する比によって，初期のヤング係数(E_0)を次式に示すように低減した**有効弾性係数**(E_t)を用いて，クリープを考慮している．なお，普通コンクリートのクリープ係数としては，1～4の値が採用されている．

$$E_t = E_0/(1+\phi_t) \tag{1.16}$$

6) 線膨張係数 常温における普通コンクリートの線膨張係数は，一般に$1.2～1.5\times10^{-5}/℃$といわれるが，設計上は簡単のために一般の鋼材の線膨張係数と同じ$1.0\times10^{-5}/℃$とされる．

7) 乾燥収縮 コンクリートの乾燥収縮は，セメントペーストの乾燥収縮に起因して生じるので次のような特徴をもつ．①セメントの種類に対しては，図1.36に示すように，中庸熱＜フライアッシュ＜早強＜普通＜シリカ＜高炉の順に大きい．②モルタルの方がコンクリートの2～3倍大きい．③単位水量が多いほど大きい(1.4.4項参照)．④水セメント比が大きいほど，⑤セメントペースト量が多いほど，⑥骨材の密度が小さいほど，⑦湿度が低いほど，⑧部材の寸法が小さいほど，⑨同じ断面積でも外気に接する周長が長いほど，大きい．

乾燥収縮の進行は，乾燥開始の初期に速く，例えば20年の収縮ひずみに対し，その20～25%が最初の2週間で，50～60%が3カ月で，75～80%程度が1年で起きるといわれている．

なお，セメント量が多く，かつシリカフュームのような超微粒子をもつ，最近

開発されている高強度コンクリートや高流動コンクリートでは,乾燥収縮に匹敵するような大きな自己収縮(1.1.4項参照)が生じるので,注意が必要である.

1.8 硬化コンクリートのその他の性質

◆◇◆ ポイント
- コンクリートの劣化現象には,塩害,中性化,化学的浸食,アルカリ骨材反応,凍害,電食などがある.
- コンクリート中の塩化物イオンが鉄筋や PC 鋼材に腐食を起こして,コンクリート構造物をひび割れさせ,耐久性を低下させることを塩害という.
- 中性化とは,セメントの水和反応による水酸化カルシウムが空気中の二酸化炭素と反応して,コンクリートのアルカリ性が低下することで,鉄筋発錆を引き起こす.
- コンクリートの強度とヤング係数は加熱温度が高いほど低下する.

1.8.1 耐久性

コンクリートの耐久性とは,使用に耐えうる年数によって評価されるコンクリートの性質で,見方を変えれば劣化に対する抵抗性のことである.コンクリートの劣化現象には,塩害,中性化,化学的浸食,アルカリ骨材反応などの化学的なものと,凍害,電食などの物理的なものがある.この劣化現象の理解には,次の2点を留意しておく必要がある.①コンクリート中では化学反応が長期にわたって進行している.②コンクリートは連続した微細な空隙を有する多孔質物質で,この空隙を通って二酸化炭素や酸素などの気体,塩化物イオンなどのイオン,水分などの浸透や移動が生じる.以下に耐久性の主な劣化原因について述べる.

a. 塩害

コンクリート中に存在する塩化物イオン(Cl^-)の作用により,鉄筋や PC 鋼材などを腐食させて,コンクリート構造物に損傷を与え,耐久性を低下させる現象をいい,次のようなプロセスをたどる.①コンクリート中に塩化物イオンが一定量以上存在すると不動態被膜が部分的に破壊される.ここで,**不動態被膜**と

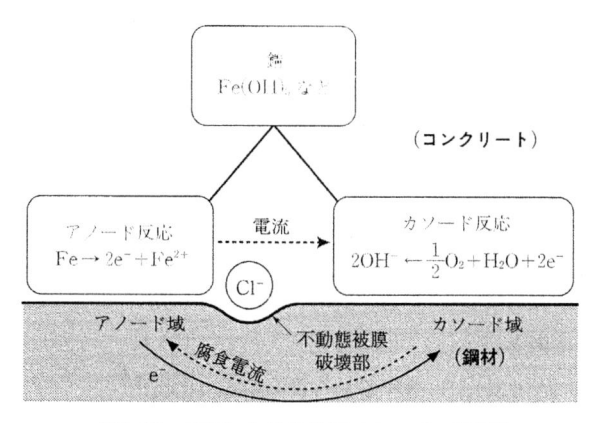

図1.37 塩害における発錆メカニズム(概要)

は，コンクリートのアルカリ性によって鋼材表面に形成される，鉄の酸化物またはオキシ水酸化物による緻密な薄膜で，腐食抑制作用がある．②不動態被膜が破壊されると，塩化物やアルカリ濃度の不均一性，鋼材表面の化学的不均一性などのために，鋼材表面の電位差は不均一となって，アノード部(陽極)とカソード部(陰極)が生じて電流が流れ，腐食が生じる(図1.37)．③鋼材は腐食すると体積が2～3倍になるので，その膨張圧によって鋼材に沿ってコンクリートのひび割れが発生する．④ひび割れが生じると，酸素と水の供給は容易になり腐食は加速され，耐久性は急激に低下する．

なお，コンクリート中の塩化物イオンには，海砂，混和剤などの最初から含まれているもの，および海水飛沫や飛来塩化物，凍結防止剤などの塩化物がコンクリート表面から浸透したもの，などがある．

b. 中性化

コンクリートの中性化とは，式(1.17)に示すように，セメントの水和反応により水酸化カルシウムが空気中の二酸化炭素と反応して中性の炭酸カルシウムを生じて，コンクリートのアルカリ性が低下することをいう．コンクリートが中性化すると，それに囲まれている鉄筋は不動態被膜が破壊されるため，水や空気の浸透により錆びて，構造物の耐久性が損なわれる．

$$Ca(OH)_2 + CO_2 \rightarrow CaCO_3 + H_2O \tag{1.17}$$

1) 中性化に及ぼす諸要因の影響　①材料面からは，普通ポルトランドセメントに比べ高炉セメント，シリカセメント，フライアッシュセメントを用いた

場合の方が中性化しやすい．密実なコンクリートの方が，また軽量骨材に比べ普通骨材を用いた場合の方が，水セメント比が小さく AE 剤・減水剤などを用いたコンクリートの方が中性化の進行は遅い．②環境条件では，二酸化炭素濃度が高いほど，湿度が高いほど，温度が高いほど中性化しやすい．例えば，二酸化炭素濃度が高い屋内の方が，屋外に比べ一般的に中性化速度は速い．

2) 中性化速度式　欠陥がないコンクリートの大気中における中性化速度式の例（水セメント比$\leqq 60\%$の場合）を示すが，かぶり厚さxと$\sqrt{耐久年数}$は比例する．これを$\sqrt{t}$則という．

$$t = 0.3(1.15 + 3W/C)x^2/R^2(W/C - 0.25)^2 \tag{1.18}$$

ここで，W/C；水セメント比，x；中性化深さ (cm)，t；耐久年数，R；中性化比率（細・粗骨材，表面活性剤およびセメントの種類によって決まる係数）．

図 1.38 は，水セメント比が 60% のコンクリートを例にとって，中性化深さがxになる期間を示したものである．同図によれば JASS 5 に規定される最小かぶり厚さ 30 mm は普通コンクリートの場合，通常の RC 構造物の耐用年数とほぼ等しい約 65 年となっている．しかし最近，コンクリート構造のおかれる環境条件が平均的に厳しくなっていること，コンクリートの使用材料，製造方法，施工法が変化していることなどは十分考慮しておく必要がある．

3) 中性化の測定法　中性化は一般に構造物から採取したコアやコンクリー

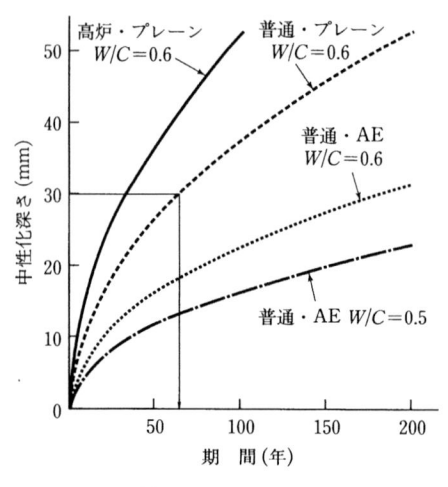

図 1.38　中性化深さの計算例

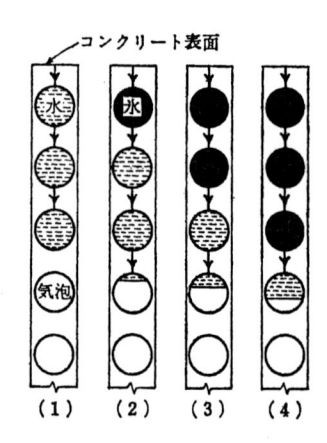

図 1.39　凍結融解抵抗メカニズム（模式図）[9]

トを張った面にフェノールフタレイン1%アルコール溶液を噴霧し，赤変部を判定する方法で測定される．

c. 化学的浸食

コンクリートは，工業廃水，温泉，地下水，土壌，排気ガス，海水などに含まれる浸食性物質によって劣化を受ける．

コンクリートは酸に対する抵抗性が基本的に低い．特に，硫酸，塩酸など強い酸にはセメント水和物が分解されて著しく浸食される．また，窒素酸化物や硫黄酸化物に起因する酸性雨（pH 5.6以下）の影響も指摘されている．硫酸塩はコンクリートを膨張させ，硫酸マグネシウムや塩化マグネシウムはコンクリート中の石灰と化合して可溶性となり，コンクリートを劣化させる．

d. アルカリ骨材反応

第II編1.2節「骨材」を参照すること．

e. 凍　害

コンクリートの凍害には，フレッシュコンクリートにおける水和反応が低温によって阻害されてコンクリート強度が出ない初期凍害と，硬化コンクリートの経年による**凍害**がある．後者は，コンクリート中の水分の一部が凍結すると体積膨張（約9%）によって内部圧力が発生して微細なひび割れを発生させ，それがくり返されることに起因するもので，コンクリートは表層剥離（スケーリング，ポップアウト）など表層部分から破壊し徐々に劣化する．**凍結融解**に対する抵抗性は，図1.39に模式的に示すように，独立気泡の存在によって凍結による内部圧力が緩和されることによって増大するので，寒冷地ではAEコンクリートが使用される．

f. 電　食

鉄筋コンクリートにおいて，電流が鉄筋からコンクリートに流れると，鉄筋の酸化（錆の発生）による体積膨張が起こり，コンクリートにひび割れを生じさせる．これを電食といい，鉄道，メッキ工場，化学工場など，直流電源を使用する設備から地中に漏れた迷走電流によって引き起こされることがある．なお，逆にコンクリートから鉄筋に過大な電流が流れると，鉄筋の付着強度が低下したり，PC鋼材では発生する水素によって脆化する．

1.8.2 耐火性

800〜1000℃の高温に短時間(30分から3時間程度)，しかもくり返しがない火災時のような加熱に対して，構造性能に必要な強度およびヤング係数などの性能を保有している性質をいう．コンクリートおよびコンクリート部材の耐火性には次のような特徴がある．

a. コンクリートの耐火性

① 図1.40に，圧縮強度およびヤング係数の常温時性能に対する比の，加熱温度による低下状況を示す．加熱温度が高いほど強度とヤング係数の低下率は大きいが，その度合は後者の方が顕著である．

② 400℃以下での強度低下は，低強度コンクリートより高強度の場合の方が著しいが，400℃以上ではいずれのコンクリートも大きく強度低下する．

③ 加熱を受けた後の再使用性に関わる圧縮強度およびヤング係数の残存率は，図1.41に示すように，前者の方が後者より大きい．

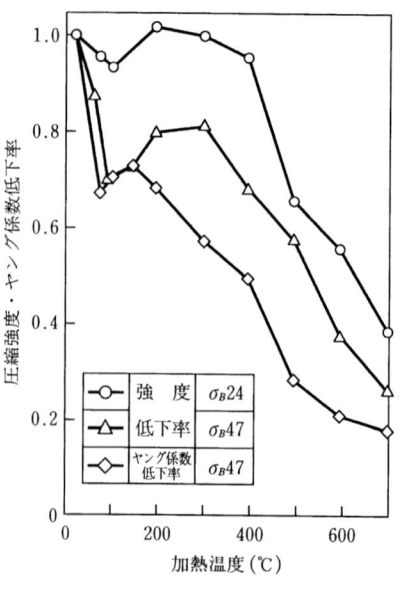

図1.40 加熱による強度・ヤング係数の低下率

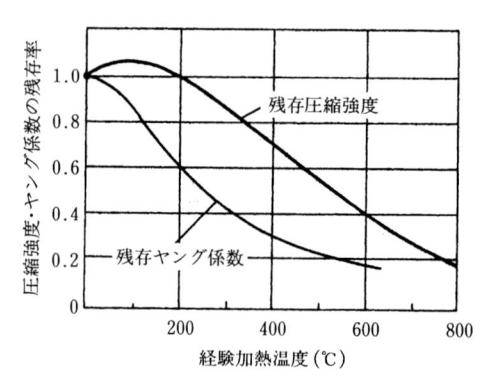

図1.41 圧縮強度・ヤング係数の残存率

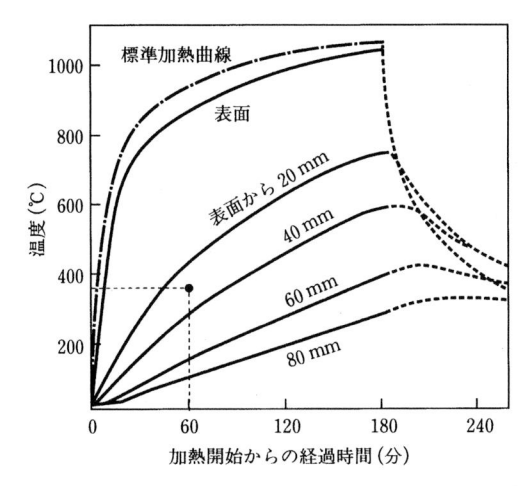

図1.42 耐火加熱試験におけるコンクリートの内部温度

b. コンクリート部材の耐火性

1) **かぶりコンクリート**　図1.42はコンクリートの耐火加熱試験時における,表面からの深さと温度の関係を示したものである.鉄筋および鋼材が高温による強度低下のために構造材料としての役割を果たせなくなることを防止するため,必要な厚さのかぶりコンクリートをとる.例えば,鉄筋コンクリート部材で規定される30 mm以上のかぶり厚さは,1時間後の鉄筋表面温度を約400℃以下とするものである.

2) **コンクリートの爆裂破壊**　火災初期にコンクリート部材の表面層が急激に剥落して,鋼材が露出する破壊現象の生じることがあり,これをコンクリートの**爆裂破壊**と呼ぶ.この破壊は,急激な加熱によってコンクリート中の水分が水蒸気となり,それによる内部応力がコンクリートの引張強度以上になるために起こる.普通骨材を使用した通常のコンクリートは,火災時と同様の加熱を受けても爆裂などの損傷を生じない場合が多い.しかし,吸水率の大きい軽量骨材を用いた場合や,コンクリート組織が緻密で水蒸気が逃げにくい低水セメント比の高強度コンクリートでは爆裂を生じることがある.

1.8.3 耐 熱 性

煙突,一般の工業炉や原子炉の圧力容器などのように,70～80℃から1000℃以上の高い温度の範囲まで10年ないし20年以上も長期間連続的に,しかも加熱

と冷却がくり返して作用する環境下で，所定の強度・耐久性を保有している性質をいい，次のような特徴を示す．

1) 長期加熱　普通ポルトランドセメントを使用したコンクリートの，長期加熱下における性能低下は強度よりヤング係数の方が著しい．110℃前後で10数年間連続加熱した場合，構造材料としての利用が困難になる．

2) 冷熱サイクル　加熱冷却のくり返しを受けると，継続的に加熱される場合より強度・ヤング係数の低下が顕著である．

1.8.4　耐　冷　性

冷凍倉庫やLPG圧力容器などにおけるコンクリートは常温に比べきわめて低い温度にさらされるが，低温下での力学的性質には次のような特徴がある（図1.43，1.44）．

1) 含水率の影響　強度変化の状況は調合条件などによって異なるが，含水率の多いコンクリートの場合，$-60℃～-110℃$ の温度範囲で常温における強度の2.0～3.0倍の

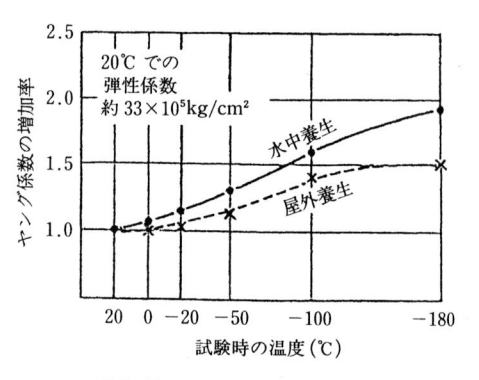

図1.43　ヤング係数の冷熱特性

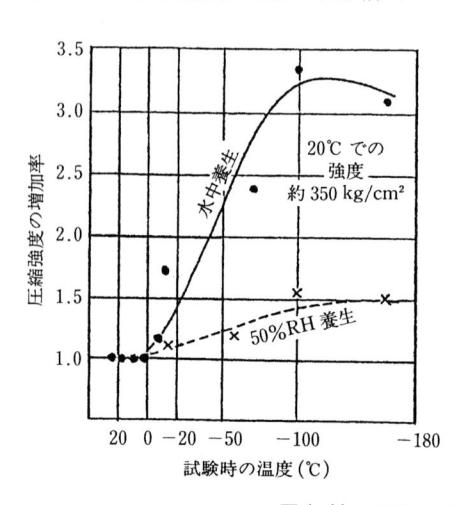

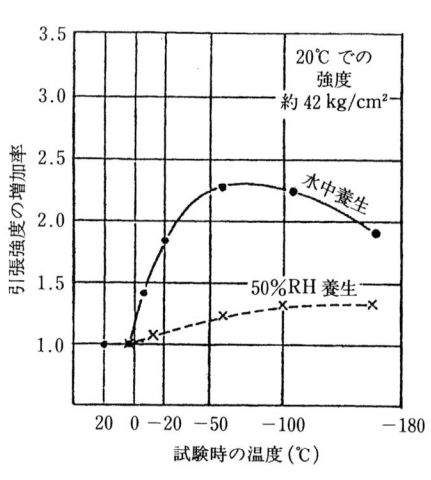

図1.44　圧縮・引張強度の冷熱特性[10]

強度を示す．ヤング係数の温度低下に伴う増加率は強度の場合に比べ小さく，−100℃〜−180℃の温度範囲で常温におけるヤング係数の1.5〜2.0倍となる．

2) 急冷サイクル　急激な冷却を数回くり返しても，圧縮強度と弾性係数はほとんど変化しないが，引張強度は冷却前より著しく低下する．

── コラム ──

わが国のコンクリート建築物は世界遺産になれるか？

　答えは，まずなれないだろう．わが国の一般建築物の平均寿命は欧米諸国の約1/3程度で，鉄筋コンクリート事務所で38年，鉄骨造事務所で29年，木造住宅で40年といわれている（参考までに，超高層ビルの構造軀体の耐久性は200年で設計されている）．通常のかぶり厚さをもつ鉄筋コンクリートの中性化の限界は普通コンクリートで70年程度だから38年は短いが，建築物の寿命は物理的・空間的な機能や経済的価値によっても決まるためである．

　一方，少子高齢や環境負荷問題を抱える現代社会では，計画や設備の柔軟性を高めるスケルトン＆インフィルの考え方を導入できる構造軀体の開発，環境負荷を一気に減少させるコンクリートの高耐久化などは，再資源問題とからむ重要な課題である．これらに対して，アンボンドPC鋼材による圧着プレストレストコンクリート構造の研究や，奥多摩砕石，天然砂，普通セメントを用いた千年コンクリートによるプレキャスト部材とスーパーステンレス異形鉄筋を使用した千年住宅の開発などが試みられている．

2. 鋼材

2.1 鋼材の製造

◆◇◆ ポイント

- 鋼の製造法は，高炉でつくられた銑鉄を精錬する転炉製鋼法とスクラップ（屑鉄）を電気炉によって溶解，精錬して得られる電気炉製鋼法に大別できる．
- 鉄骨造建物に用いられる形鋼，棒鋼などの鋼製品は，適当な大きさに鋳造された鋼片を圧延して製造される．
- 圧延には鋼片を約900〜1200℃に熱した状態で行う熱間圧延と常温の状態で行われる冷間圧延がある．熱間圧延は，①小さな力で加工でき鋼製品製造に伴う残留ひずみが小さく粘りが上昇する，②組織が緻密になる，③正確な寸法を確保することができない，などの特徴がある．冷間圧延は，①加工は大きな力を要する，②加工硬化によって引張強度がかなり上昇するが伸びが減少する，③薄板の圧延，薄肉鋼管，鋼線の引抜きのような正確な寸法を必要とする製品の製造に適している，などの特徴がある．

　鉄骨造建物に用いられる形鋼，棒鋼などの鋼製品は，図2.1に示すように，①高炉による製銑，②転炉，電気炉による製鋼，③鋳造を経て，最終的に④圧延などによって製造される．本節では①〜④で述べたそれぞれの工程について説明する．

2.1.1 製銑

　製銑とは高炉の中で鉄鉱石を還元，溶融させることによって鉄分を抽出する工程であり，この工程を経てできたものを**銑鉄**という．製銑には，主原料として磁鉄鉱（Fe_3O_4），赤鉄鋼（Fe_2O_3）のような鉄鉱石，燃料・還元剤としてはコークス，

2.1 鋼材の製造

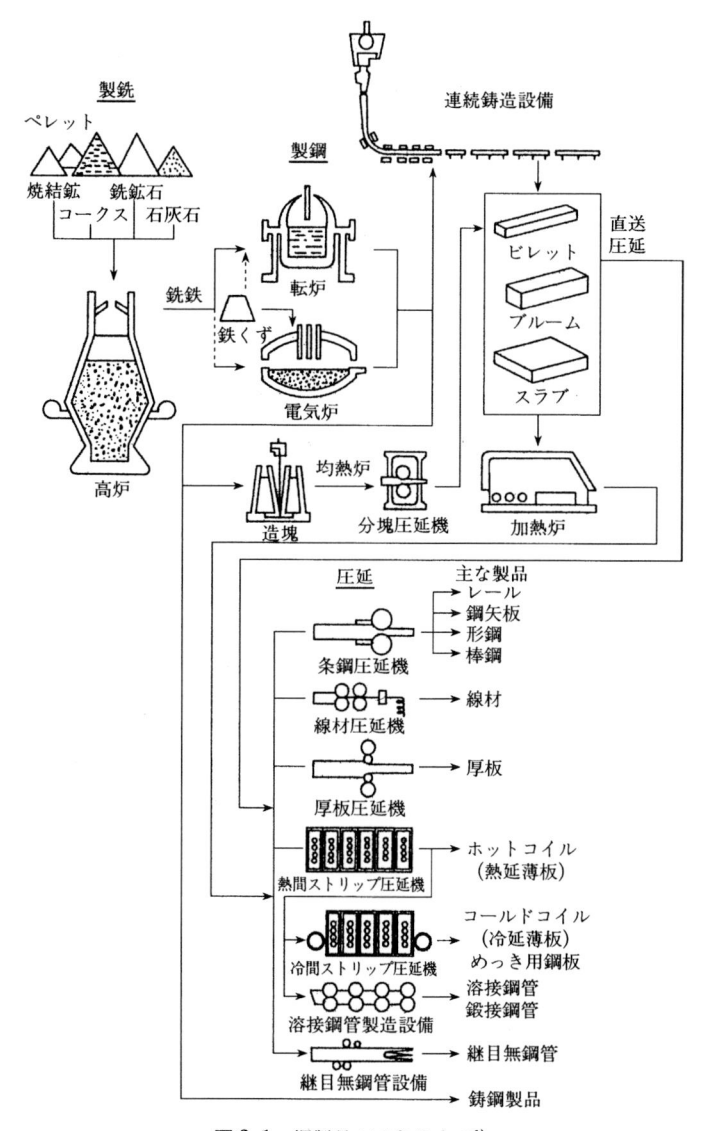

図 2.1 鋼製品ができるまで[1]

溶剤(銑鉄以外の不純物を鉱滓として分離させる働きをするもの)には石灰石が用いられる．コークスは高炉下部から吹き込まれた高温の空気によって約1500℃の高温で燃焼し，このときに生成する一酸化炭素(CO)が鉄鉱石を還元する．この還元化された鉄が銑鉄と呼ばれるものである．銑鉄は炭素の含有量が

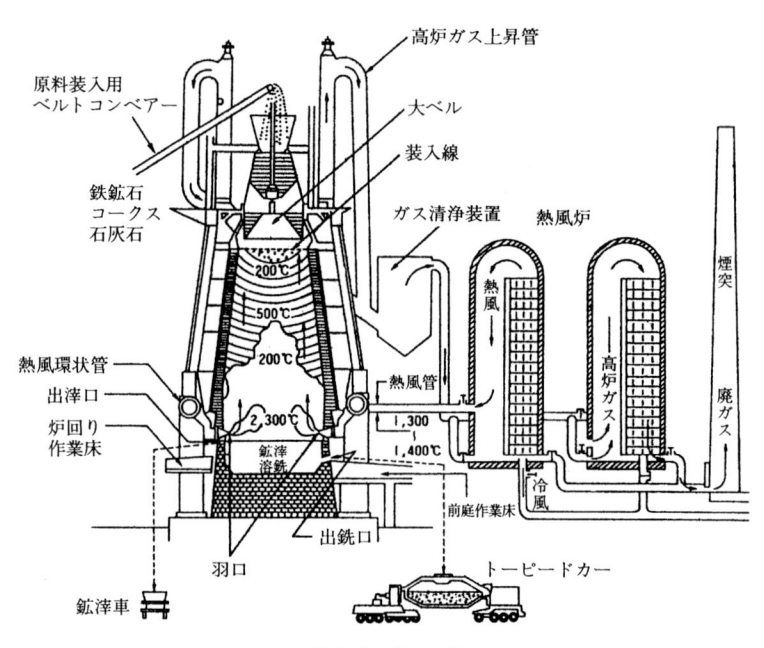

図2.2　高　炉[1)]

2.1～6.67%とかなり高いため硬くて脆い．鉄鉱石やコークスに含まれている銑鉄以外の不純物は，原料中の石灰石と反応し**鉱滓**（スラグ）になる．鉱滓は破砕して高炉セメントや骨材などの原料として用いられる．

コラム

鉱滓（スラグ）

　製銑の過程で生じる鉱滓は，本来は産業廃棄物となる運命にあった．しかし，これを粉砕してセメントと混合すると，硫酸塩や海水に対する抵抗性が大きい性質が付加される．これが高炉セメントであり，海洋構造物，工場廃水施設などに広く用いられている．また，鉱滓は砕石（スラグ砕石）としても用いられており，今日の資源リサイクル時代を先取りしているともいえよう．

2.1.2　製　鋼

　製鋼の方法は，高炉でつくられた銑鉄の精錬を行う**転炉製鋼法**とスクラップ（屑鉄）を精錬する**電気炉製鋼法**に分類できる．

a. 転炉製鋼法

2.1.1項でも述べたように，銑鉄は炭素(C)の含有量がかなり多いため硬くて脆い．また，炭素以外にも，リン0.02～0.5%，イオウ0.01～0.5%などの有害物質を含んでいるため，これらの物質の含有量を調整し，粘りのある鋼につくり変える必要がある．転炉製鋼法は以下に示すとおりである(図2.3)．高炉でつくられた溶銑(高温で溶融状態の銑鉄)は，溶銑予備処理炉内でCaO, CaF_2, Fe_2O_3などを用いて脱リン，脱硫が行われた後，図2.3に示すようなトックリ型の転炉中に少量の屑鉄，石灰とともに転炉に装入される．溶銑に含まれる鉄以外の炭素，マンガン，ケイ素，リンなどの成分は，転炉上方，下方または上下から吹き込んだ高速の酸素ジェットによって高温で燃焼，酸化され，スラグ(鉱滓)として除去される．

b. 電気炉製鋼法

この方式(図2.4)は，電熱を利用して主原料のスクラップ(屑鉄)を溶融し，鋼を製造するものであり，高炉のような大規模な施設を必要としない．また，転

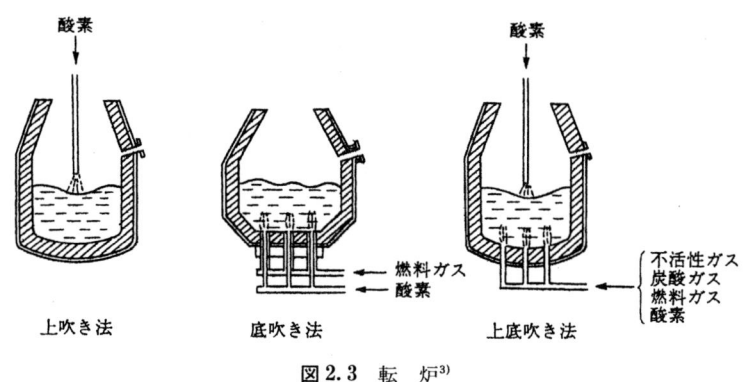

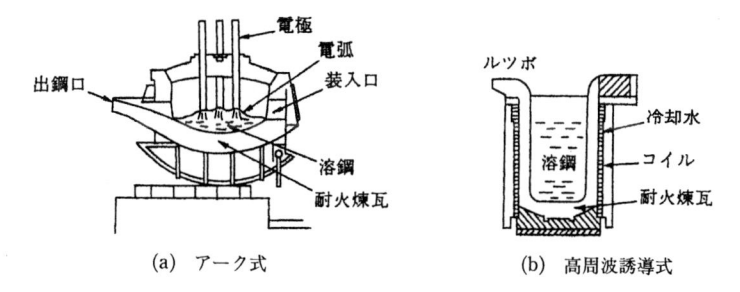

図2.3 転 炉[3]

図2.4 電気炉[2]

炉製鋼と比較すると柔軟性に富んだ工程が組めるため，通常の鋼だけでなく特殊鋼や鋳鋼の製造にも用いられている．電気炉製鋼には**アーク式**と**高周波誘導式**の2つの方法がある．アーク式は電極に電流を通じ，主原料の屑鉄との間に発生する電熱によって屑鉄を溶融させる方式である（図2.4(a)）．この方式に用いられる炉のサイズは，比較的大きく50〜120 t のものが主流を占めており，小サイズの形鋼や鉄筋などがこの方式によって製造されている．これに対して，高周波誘導式は炉のサイズは1 t 内外とかなり小さい．この方式では，周囲に巻いたコイルに高周波の電流を流し，屑鉄の中を流れる誘導電流による熱で溶解精錬させる方式であり，耐熱鋼などの特殊鋼の製造に用いられる（図2.4(b)）．

2.1.3 鋳造

形鋼などの鋼製品は溶鋼から直接製造することができないため，いったん以下に示すような鋼片を製造する必要がある．鋼片を製造することを**鋳造**という．

① **ブルーム**：大型長方形の半製品で，そのまま形鋼などに圧延されるか，さらに分塊圧延して以下に示すような鋼片が製造される．

② **ビレット（小鋼片）**：切断面の一辺の長さ60〜150 mm，長さ1〜12 m の角形の鋼片で，形鋼，線材，帯鋼などの原料となる．

③ **スラブ（板用鋼片）**：厚さ56〜300 mm，幅200〜2000 mm，長さ1000〜9000 mm の扁平断面の鋼片で，鋼板などの原料となる．

過去には，溶鋼から鋼塊（インゴット）を製造し，これを再び1200℃に加熱して上記の半製品を鋳造する方法が採用されていた．しかし現在では，ほとんどが

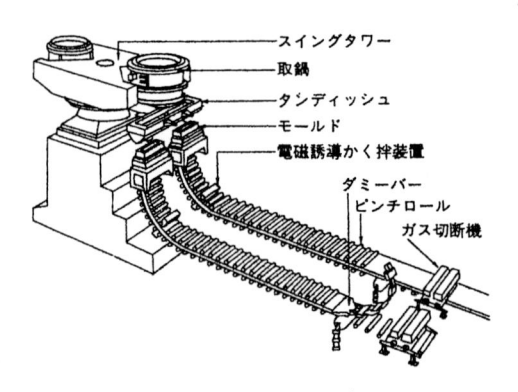

図2.5　連続鋳造法[1)]

溶鋼から直接ビレット，スラブなどの鋼片が自動的に製造できる**連続鋳造法**が採用されている．連続鋳造法による鋼片の製造法は図2.5に示すように，取鍋から底のない鋳型（図2.5中，タンディッシュ）に注入された溶鋼が降下しながら所定の鋼片に鋳造される仕組みになっている．鋼片は冷却後，傷取りなどで精製された後，最終工程である圧延に進む．連続鋳造法は，生産工程の簡略化が図れるだけでなく，製品の歩留まりが95％以上に向上するため経済性にも優れている．さらに，品質面でも均一性に優れている．

2.1.4 圧 延

鋼板，棒鋼，形鋼などの鋼製品は，スラブ，ビレットなどの鋼片を回転するロールの間に入れ，ロールの間隔を徐々に狭めることによって所定の形状，寸法の鋼製品にでき上がってゆく（図2.6）．この工程が**圧延**といわれるものである．圧延には鋼片を約900〜1200℃に熱した状態で行う**熱間圧延**と常温の状態で行う**冷間圧延**がある．

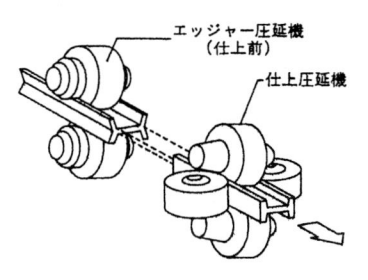

図2.6 圧 延[1]

熱間圧延の特徴は，以下に示すとおりである．

① 小さな力で加工でき，鋼製品の製造に伴う残留ひずみが小さく，粘りが上昇する．

② 組織が緻密になる．

③ 正確な寸法を確保することができない．

冷間圧延の特徴は，以下に示すとおりである．

① 加工には大きな力を要する．

② 鋼製品製造に伴う残留ひずみが大きくなり，その結果，加工硬化によって引張強度がかなり上昇するが，伸びが減少する．

③ 加工に伴い内部ひずみが発生するため腐食が生じやすくなる．

④ 鋼製品の製造精度が高いため，薄板の圧延，薄肉鋼管，鋼線の引抜きのような正確な寸法を必要とし，表面を滑らかにする必要がある製品の製造に適している．

2.2 鋼の金属組織と温度

◆◇◆ ポイント

- 熱処理とは加熱温度と冷却速度を制御し，鋼の機械的性質の改善を図ろうとしたものであり，焼なまし，焼ならし，焼入れ，焼戻しがある．
- 焼なましは，800～1000℃に加熱した鋼を炉中で徐冷することによって鋼に粘りを与える．焼ならしは，800～1000℃に加熱した鋼を空中で徐冷することによって鋼の衝撃特性を向上させる．焼入れは，800～1000℃に加熱した鋼を水または油で急冷することによって鋼に非常に硬く脆い性質を与える．焼戻しとは焼入れした鋼を200～600℃程度にまで熱し，冷却する処理であり，引張強度と硬さが減少し，伸びが増大する．

鋼の金属組織は引張強度，伸びなどの機械的性質を支配する最も重要な要因の1つである．2.2節では，加熱と冷却の速度を限りなく小さくしたとき，鋼の金属組織が温度と炭素含有量によってどのように変化するかについて解説し，さらに，加熱温度と冷却速度を調節することによって鋼の機械的性質を改善する熱処理の方法について述べる．

2.2.1 変態

a．鉄

鉄には微量の炭素が**固溶**（炭素が鉄原子の間に浸入した状態で存在し，鉄とは化学的に結合していない状態）しており，100％純度のものは得られない．鉄は**多結晶材料**であり，結晶内での原子配列の基本単位を**単位格子**という．鉄の単位格子は常温では9個の原子からなる**体心立方格子**（図2.7(a)）の状態で存在す

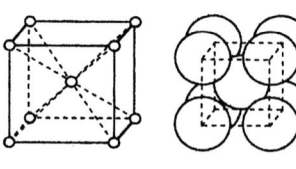

(a) 体心立方格子（α鉄）　　(b) 面心立方格子（γ鉄）

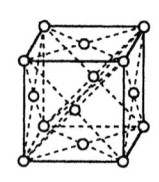

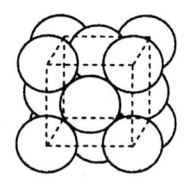

図2.7　鉄の単位格子[3]

る. このような状態のものを **α鉄** と呼ぶ. α鉄を910℃まで加熱すると, 単位格子は体心立方格子から14個の原子からなる **面心立方格子**(図2.7(b))に変わる. このような状態のものを **γ鉄** という. さらに, 加熱し1400℃に達すると単位格子は再び体心立方格子(図2.7(a))に戻る. この状態の鉄を **δ鉄** という. 以上で述べたような単位格子の構造

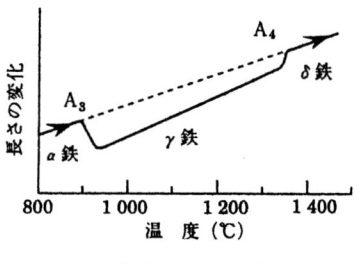

図2.8 鉄の変態[3]

の変化を **変態** という. 図2.8は鉄線の伸びと温度の関係を示したものである. 鉄線の伸びは温度の上昇に伴って増えるが, α鉄からγ鉄に変わる910℃で急激な収縮が起きる. これは面心立方格子のγ鉄の方が体心立方格子のα鉄より原子が密に詰まっていることに起因している.

b. 鉄, 鋼, および銑鉄

鋼は冷却と加熱の速度を限りなく小さくすると, 図2.9に示すような, **Fe-C系平衡状態** が得られる. 各相の特徴は以下に示すとおりである.

A-D-Eより上側の領域は **オーステナイト** といわれ, γ鉄に炭素が固溶したものである.

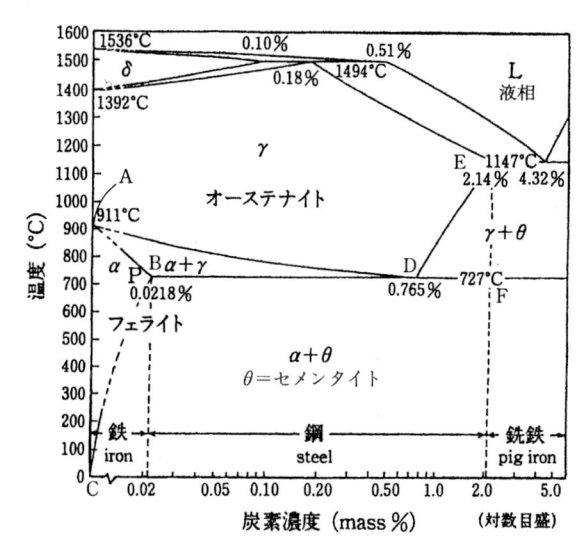

図2.9 鋼のFe-C系平衡状態[4]

A-B-C より左の領域は**フェライト**と呼ばれ，α 鉄に微量の炭素が固溶したものである．フェライトは室温の炭素含有量が 0.04% 以下で，軟らかく延性に富み，引張強度は比較的小さい．この状態のものを**錬鉄**という．

C-B-D-F より下の領域 (温度<727℃) では，フェライトが炭素を固溶しきれなくなり，鉄と炭素が化学的に結合した**セメンタイト** (Fe_3C) が新たに生成される．セメンタイトの特徴は，引張強度が小さく，硬くて脆い点である．炭素含有量 0.765% 以下 (C-B-D より下) では，フェライトと**パーライト** (フェライトとセメンタイト (Fe_3C) が密に層状に混在したもの) によって構成されている．この状態の鋼を**亜共析鋼**という．この領域ではパーライトの割合が炭素量の上昇に伴って増加し，炭素含有量 0.765% に達すると，フェライトは消滅し，すべてがパーライトとなる．この状態の鋼を**共析鋼**といい，引張強度が最も大きい．炭素量が 0.765% を超えると，鋼はセメンタイトとパーライトのみからなり，炭素含有量の上昇に伴ってセメンタイトの割合が増加する．この状態の鋼を**過共析鋼**という．

炭素含有量が 2.14% 以上では，セメンタイトのほかに黒鉛が存在する．この状態のものを**銑鉄**といい，その特徴は硬く脆いこと，**焼入れ** (2.2.2 項 a 参照) ができないことである．表 2.1 に各相の機械的性質を，表 2.2 に鉄類の分類を示す．

表 2.1 室温下における鋼各相の機械的性質

相	組織・成分	引張強度 (N/mm²)	伸び (%)	ブリネル 硬さ	焼入れ 効果
フェライト	α 鉄に炭素が固溶	345	40	80	なし
セメンタイト	Fe_3C	<340	0	600	なし
パーライト	フェライトとセメンタイトが一定割合 (C の量で 0.765%) で密に層状に混在する共析組織	865	10	200	あり

表 2.2 鉄類の分類

名称	炭素含有量 (%)	性質
錬鉄	0.04 以下	軟らかく加工しやすい．極軟鋼ともいわれる．
鋼	0.04〜2.14	構造用鋼材に用いられる．強度が大きく粘り強い．焼入れが可能．
銑鉄	2.14 以上	硬く脆い．焼入れができない．

2.2.2 熱処理

鋼の金属組織は加熱温度と冷却速度に依存する．熱処理とは鋼に対する加熱温度と冷却速度を制御し，金属組織を調整することによって，鋼の機械的性質の改善を図ろうとしたものである．熱処理に際しては，ある特定の温度で急に脆い性状を示すことがあるため，注意が必要である．2.2.2項では，熱処理の種類と目的，および熱処理による脆性化がどのような条件で起こるのかについて説明する．

a. 熱処理法

1) 焼なまし 鋼をオーステナイト領域(800〜1000℃)まで加熱し，炉中で徐冷する処理のことを**焼なまし**という．鋼は焼なましによって，延性(2.3.1項 a 参照)の増加，内部応力の除去，結晶の微細化・均質化が図られ，切削や加工がしやすくなる．

2) 焼ならし 鋼をオーステナイト領域(800〜1000℃)まで加熱し，空中で徐冷する処理のことを**焼ならし**という．焼ならしは，鋼を空中で徐冷するため冷却時間が焼なましより短くなることを除けば，その処理は焼なましと変わらない．鋼は焼ならしによって，焼なまし同様，結晶の微細化と均質化，内部応力の除去が図れる．焼なましと異なる点は，若干の焼入れ硬化が起こること，鋼の衝撃特性(2.4.1項 b 参照)が著しく向上することである．このようなことから，高い衝撃特性が要求されるSM490B，C材(2.10.2項参照)とSN490B，C種(2.10.3項参照)では焼ならし処理が行われる場合が多い．

3) 焼入れ 鋼をオーステナイト領域(800〜1000℃)まで加熱し，その後，水や油によって急速に冷却する処理のことを**焼入れ**という．焼入れでは冷却速度が速いため，セメンタイト(Fe_3C，2.2.1項 b 参照)を生成する時間がなくなり，α鉄は炭素が固溶したままの状態となっている．このような状態のα鉄を**マルテンサイト**という．マルテンサイトは非常に硬く脆いため，構造材料としては，ほとんど使い物にならない．

4) 焼戻し マルテンサイトを200〜600℃程度まで熱し，急冷する処理を**焼戻し**という．焼戻しによって，セメンタイト(Fe_3C)が再び生成され，延性と靱性の向上および内部応力の除去が図れる．焼戻しによるセメンタイトの含有量は，焼戻し温度が大きいほど少ない．したがって，焼戻し温度が高くなるに従って引張強度と硬さが減少し，伸びが増大する．このことは，加熱温度を制御することによって，多様な性能を有する鋼が得られることを意味している．例えば，

強度(硬度)が必要な場合は，比較的低温で処理を行う．建築構造用鋼材としては，引張強度 490 N/mm² 級のものに焼入れ，焼戻し処理が行われる場合がある．このような焼入れ，焼戻しの処理がなされた鋼を**調質鋼**という．

b. 鋼の熱処理と脆性化

1) **赤熱脆性**　　鋼を 900～1000℃の赤熱状態まで熱すると脆くなることがある．この性質を**赤熱脆性**という．赤熱脆性はイオウ(S)を多く含む鋼に見られる．これは，鉄と結合したイオウ(FeS)が鋼の結晶間の結合力を弱めることに起因している．

2) **青熱脆性**　　鋼は 250～300℃に加熱すると硬く脆くなる．鋼がこの温度で青色に着色することにちなみ，このような性質を**青熱脆性**という．

3) **焼戻し脆性**　　鋼は約 600℃の焼戻し温度から徐冷すると脆くなる場合がある．この性質を**焼戻し脆性**という．焼戻し脆性を避けるには，焼戻し温度から急冷することが最も効果的である．また，焼戻し温度が 300℃の場合は，冷却速度に関係なく脆くなる．そのため，300℃からの焼戻しは避けなくてはならない．

4) **低温脆性**　　鋼に限らずすべての物質は，低温になると硬く脆くなる性質がある．この性質を**低温脆性**という．鋼は －20～－30℃で急に脆くなり，衝撃を受けると破砕することがある．低温脆性はリンの多い鋼に顕著に現れる．低温脆性を緩和するためには，焼入れ，焼戻しを施すことが最も効果的である．

2.3　鋼の応力とひずみの関係

◆◇◆ ポイント

- ヤング係数は，炭素含有量などに関係なく $2.05 \times 10^5 \text{ N/mm}^2$ である．
- 降伏点経験後，応力が再び増加する．このような現象をひずみ硬化といい，引張応力の最大値を引張強度という．
- 伸びとは伸び測定区間での破断時におけるひずみをパーセント表示したものである．鋼は伸びが大きいものほど粘りがあり，このような特性を延性という．
- 降伏比とは (降伏点/引張強度)×100 で表されるものであり，構造用鋼材の降伏比は，ほぼ 70% 以下となっている．
- 引張強度の大きい鋼ほど降伏比が大きく，伸びが小さい．また，溶接性 (2.5.2 項参照) も低下するため，鉄骨造建物の構造部材に高強度鋼材を

> 不用意に使用することは好ましくない．

荷重を受ける建物の挙動は，柱や梁などの部材の応力とひずみの関係に基づいて解析される．さらに，建物の安全性は部材に生じる応力とひずみの値によってチェックされることが多い．2.3節では，この基本的なパラメータである応力とひずみの関係について説明する．

2.3.1 一方向漸増引張を受ける鋼の応力とひずみの関係
a. 応力とひずみの関係を特徴づける物理量

一方向漸増引張を受ける鋼の応力とひずみの関係は図2.10のようになる．鋼の応力とひずみを特徴づける物理量は，以下に示すとおりである．

1) **ヤング係数** 降伏点経験前の鋼の応力 (σ) とひずみ (ε) の間には比例関係が成立する．このときの比例定数を**ヤング係数**という．鋼のヤング係数は，引張強度などには関係なく一律 2.05×10^5 N/mm^2 となり，ばらつきはほとんど見られない．

2) **比例限度，弾性限度** 応力とひずみの間に比例関係が成立する限界点を**比例限度**(図2.10中，A)，応力とひずみの間には必ずしも比例関係は成立しないが除荷すると原点に戻る限界点を**弾性限度**(図2.10中，B)という．

3) **降伏点** 応力は**上降伏点**(図2.10中，C)に達した後，若干減少する．この低下したときの応力が**下降伏点**(図2.10中，D)である．JISをはじめ，一般に降伏点とは上降伏点を指す場合が多い．降伏点経験後は，ひずみのみが増える．この応力一定の領域(図2.10中，D-E)を**降伏棚**と呼ぶ．降伏点におけるひずみを降伏ひずみという．

4) **引張強度** 図2.10中E点を超えると，応力は再び増加し最大値(図2.10中，F)に達する．降伏棚経験後の応力の増加現象を**ひずみ硬化**，最大応力(図2.10中，σ_B)を**引張強度**(引張強さ)という．

5) **伸びと絞り** 最大応力経験後，材には局所的なくびれが生じ，この段階での材全体としての伸びは，この部位での局所的なひずみによって生じる．破断(図2.10中，G)はくびれによって断面積が最小となった部位で起こり，このときのひずみをパーセント表示したものを**伸び**といい，式(2.1)で表される．

$$\text{伸び} = (\delta_f / l_0) \times 100 (\%) \tag{2.1}$$

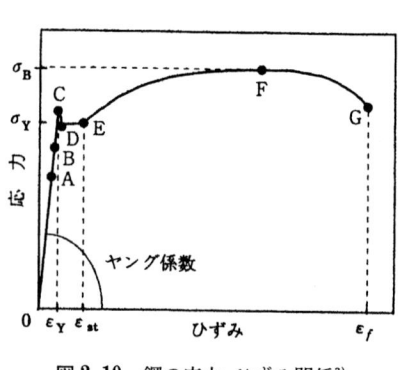

図 2.10 鋼の応力-ひずみ関係[3]

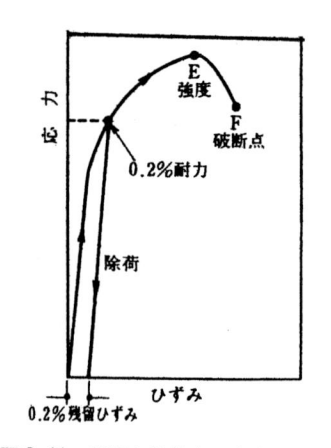

図 2.11 明瞭な降伏点が存在しない材の降伏点[5]

ここに，l_0 は標点間距離(伸びの測定区間)，δ_f は鋼材破断時における標点間での伸び変形である．構造用鋼材の伸びの下限値は，材種によって異なるが，およそ 17〜24% の範囲内に設定されている．**絞り**は，式 (2.2) に示すように，くびれが生じた部分の最小断面積 (A) ともとの断面積 (A_0) との差を A_0 で除したものをパーセント表示したものである．

$$絞り = [(A_0 - A)/A_0] \times 100 \, (\%) \tag{2.2}$$

くびれを伴う破壊は，大きな伸びが生じる．鋼は伸びが大きいものほど粘りがあり，このような特性を**延性**という．

6) 降伏比　降伏比 (r) とは，式 (2.3) に示すように，降伏応力を引張強度で除した値を百分率表示したものである．構造用鋼材の降伏比は，ほぼ 70% 以下となっているが，引張強度上昇に伴って増加する．

$$r = (降伏応力/引張強度) \times 100 \, (\%) \tag{2.3}$$

b. 明瞭な降伏点が存在しない材の降伏点評価法

硬鋼や非鉄金属などのような軟鋼以外の多くの金属材料では，図 2.10 に見られた明瞭な降伏点が存在しない．このような材の降伏点は図 2.11 に示すように，ヤング係数の勾配で除荷したとき 0.2% の残留ひずみを与える点の応力を耐力と呼び，便宜上降伏点と見なす．

c. 引張強度が応力とひずみの関係に及ぼす影響

鋼は，図 2.12 に示すように，強度の大きいものほど降伏比が大きく，伸びが

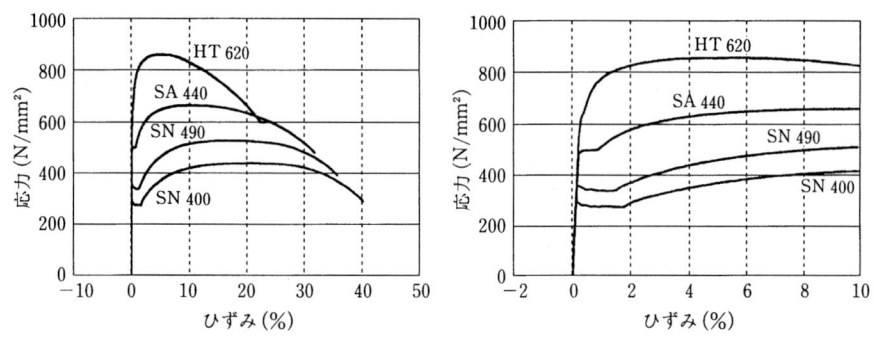

図 2.12　応力-ひずみ関係に及ぼす引張強度の影響

小さい．さらに，高強度鋼材は炭素の含有量が多いため，**溶接性**(2.5.2項参照)が低下する．したがって，鉄骨造建物の構造部材に高強度鋼材を不用意に使用することは好ましくない．

d. 板厚方向の特性

鋼材の応力とひずみの特性は，通常，板厚の直交方向に引張を与えたときの結果から得られる．鉄骨造建物では，**ダイアフラム**(2.9.1項参照)のように板厚方向に大きな力が作用する部位がある．このような部位では，板厚方向にも延性が求められる．しかし，板厚方向は直交方向より延性が低い場合が多く，板厚方向の機械的性能を確保するためには，鋼中のイオウ含有量をかなり低く抑える必要がある(2.6.1項参照)．

2.3.2　正負くり返し荷重下における応力とひずみの関係

正負くり返し荷重下では図 2.13 に示すように，降伏点経験後(図中，A)に応力を反転させると，降伏点よりかなり低い応力(図中，C)でひずみの間に直線性が失われる．このような現象を**バウジンガー効果**という．

2.3.3　引張強度，伸びと硬さの関係

1) 硬さの評価法　硬さは，試験体の表面に押し込んだ小さな圧子によるめり込み部の大きさや深さで押し込み荷重を除した値によって

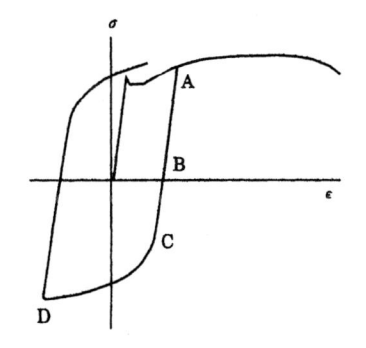

図 2.13　バウジンガー効果[3]

評価され，その単位は応力に等しい．建築構造用鋼材の硬さ評価には**ブリネル硬さとビッカーズ硬さ**が用いられる．

2) 引張強度，伸びとの関係　鋼の硬さは，その機械的性質を代弁するものであると考えられ，炭素含有量の増加に伴って増える．鋼の引張強度（σ_B）は硬さにほぼ比例し，伸び（2.3.1項a参照）は硬さが増すほど減少し，脆性的になる．

2.4　脆性破壊と疲労破壊

◆◇◆ ポイント

- 十分な伸び変形を生じる前に亀裂の進展によって突然破断する破壊を脆性破壊という．
- シャルピー衝撃試験は切り欠きを有する試験片に衝撃力を与え，この試験片の破壊に要した吸収エネルギーなどによって試験片の靱性（脆性破壊の起こりにくさ）を評価しようとしたものである．試験片の靱性は吸収エネルギーが大きいものほど優れている．
- 疲労破壊とは継続的なくり返し荷重による破壊のことをいう．疲労破壊を起こした鋼材は脆性破壊の様相を呈し，亀裂の急激な進展によって破断する．疲労寿命とは破壊に至るまでの荷重のくり返し回数のことであり，10^5回以上で破壊する現象を高サイクル疲労，疲労寿命が比較的少ないものを低サイクル疲労という．
- 通常の建物で設計上問題となるのは地震荷重などによる低サイクル疲労であり，高サイクル疲労が問題となるケースは少ない．

建物の設計に際しては，脆性破壊が起こらないよう十分配慮する必要がある．2.4.1項では鋼の脆性破壊の原因と脆性を評価する試験法について，2.4.2項では低サイクル疲労，高サイクル疲労破壊の原因とその条件について説明する．

2.4.1　脆性破壊

a.　脆性破壊とは

脆性破壊は鋼中の亀裂の急速な進展によって起こり，地震などによるくり返し荷重，鋼内部の欠陥，低温などがその原因となる．塑性変形によって地震時のエネルギーを吸収するように意図して設計された建物では，脆性破壊は回避しなけ

ればならない.

b. シャルピー衝撃試験

シャルピー衝撃試験は,図2.14に示すように,切り欠きを有する試験片を振り子ハンマーによって打撃し,この試験片の破壊に要した吸収エネルギー,破面率,試験時の温度によって,試験片の**靭性**(脆性破壊の起こりにくさ)を評価しようとするものである.吸収エネルギー E は式(2.4)で表され,この値が大きい鋼材ほど脆性破壊が起こりにくく,延性的であると判断される.

$$E = W \cdot R(\cos \beta - \cos \alpha) \quad (2.4)$$

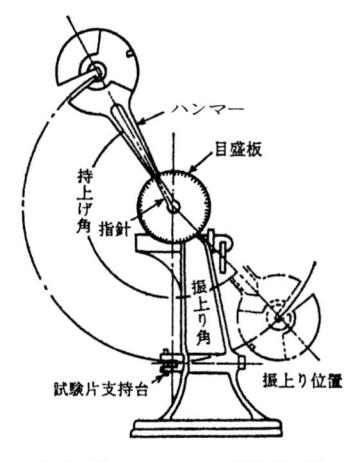

図2.14 シャルピー試験装置[6]

ここに,W はハンマーの重量(N),α, β は振り子ハンマーの持上げ角度,同打撃後の持上げ角度,R は中心軸からハンマー重心までの距離(m)である.

試験片の破面は延性的な破壊を起こしている部分と脆性的な破壊を起こしている部分に分けられる.前者の破面は繊維状で光沢がなく,後者はへき開状であり光沢がある.式(2.5)で示す**破面率**(B)も材の脆性を表す指標となり,この値が小さいものほど延性的である.

$$B = \{(脆性破壊を起こした部分の断面積)/(破面の全断面積)\} \times 100(\%) \quad (2.5)$$

吸収エネルギー,破面率は図2.15に示すように試験時の温度に依存する.シャルピー衝撃の特性と判定基準は温度と関連させた表2.3に示すパラメータで表される.

鋼材の中には,0℃での吸収エネルギー($_vE_0$)の下限値が定められているもの

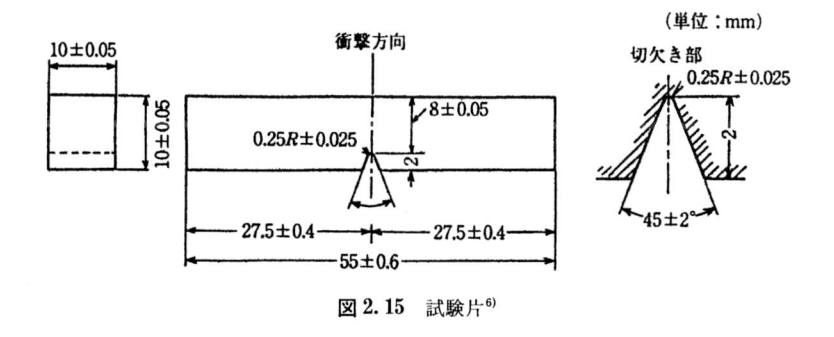

図2.15 試験片[6]

表 2.3 シャルピー衝撃特性を示す判定基準と遷移温度の種類

名　称	記号	定　義
エネルギー遷移温度	vT_{rE}	吸収エネルギーが最大値と最小値の平均値となるときの温度
破面遷移温度	vT_{rs}	破面率が50％となるときの温度
上部棚吸収エネルギー	vE_{shelf}	吸収エネルギーが高温側で一定となったときの値
0℃での吸収エネルギー	vE_0	試験室温度が0℃のときの吸収エネルギー
−20℃での吸収エネルギー	vE_{-20}	試験室温度が−20℃のときの吸収エネルギー

がある．例えば近年建築によく用いられるようになったSN材（2.10.3項参照）B種，C種では，27J以上であることが要求されている．

コラム

応力集中

　インスタントラーメンのスープが入っている袋には切り口が入っており，ここから袋を引張るときわめて容易に裂けていく．これは，切り口先端部にきわめて大きな応力が作用するからである．このように局所的に大きな引張応力が生じる現象を応力集中という．鋼の中にスープ袋の切り口に相当するような先端が鋭角的な欠陥が存在すると，この先端部にはきわめて大きな応力が生じ，スープ袋と同じように，あまり大きな外力を要することなく亀裂が急激に進展していく．脆性破壊とは，このような現象のことをいう．

2.4.2 疲労破壊

a. 疲労破壊とは

疲労破壊とは，継続的に変動するくり返し荷重による破壊のことをいう．破壊に至るまでの荷重のくり返し回数を**疲労寿命**といい，疲労寿命が10^5回以上の現象を**高サイクル疲労**，疲労寿命が比較的少ないものを**低サイクル疲労**という．高サイクル疲労をもたらす荷重としては車両などの走行に伴う変動荷重などをあげることができる．高サイクル疲労による破壊荷重は，一方向単調載荷による破壊荷重より小さい．一方，低サイクル疲労をもたらす荷重の代表例としては，地震荷重をあげることができる．通常の建物で設計上問題となるのは地震荷重などによる低サイクル疲労であり，高サイクル疲労が問題となるケースは少ない．鉄骨造建物における疲労破壊の事例も地震時のくり返し荷重による低サイクル疲労に起因したものであり，さらに，そのほとんどは溶接部の破断によるものである．

b. 疲労破壊の影響因子

鋼の疲労による破壊は応力集中による亀裂の進展によって起こり，大きな塑性変形を伴うことなくきわめて脆性的な分離破断の様相を呈する．鋼の疲労強度に及ぼす影響因子としては，以下に示すものがあげられる．

① 表面状況：表面が粗な材は表面の凹凸が応力集中源となるため，疲労強度が低下する．

② 腐食環境：水溶液中など鋼の腐食を促進させる環境中では，疲労強度が著しく低下する．

③ 介在物：イオウ，リンなどによる介在物は応力集中源となり，疲労強度を低下させる．

2.5 溶接性

◆◇◆ ポイント

・鋼材の溶接性とは，溶接に伴う割れや欠陥などの発生のしにくさの程度と溶接された鋼材が所要の強度，靱性を確保するための性質のことをいい，炭素含有量が多い鋼材ほど溶接性が低い．

・溶接入熱が小さく溶接長さが短いとき，溶接部は急冷されるため，このような場合，鋼は焼入れ効果により硬くて脆くなり，亀裂が発生しやすくなる．溶接入熱，パス間温度が高いと冷却速度が小さくなるため，焼戻し効果により強度，靱性とも低下する．

・溶接熱影響部は冷却に伴って収縮し，残留ひずみが生じる．残留ひずみが拘束されると溶接残留応力が生じ，溶接部の亀裂の原因となる．

溶接部は焼入れ効果，焼なまし効果などによって金属組織が複雑に変化しているため，この部位での破壊は脆性的である場合が多い．したがって，耐震設計に際しては，溶接部の破壊を回避しなくてはならない．2.5節では**溶接性**と溶接に伴う問題について説明する．

2.5.1 溶接部

溶接部は図 2.16 のように**溶接金属，溶接熱影響部，ボンド部**からなっている．溶接金属は溶融した溶接材料からなっている．溶融しないが溶接熱によって母材

図 2.16 溶接部

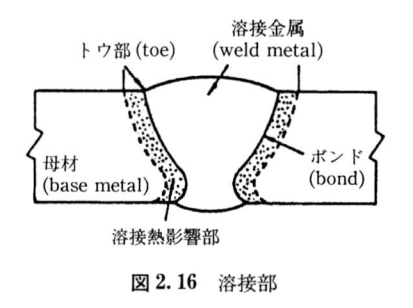

と異なった結晶状態になっている部分が**溶接熱影響部**，溶融した部分としない部分の境界を**ボンド部**という．

溶接は溶接運行方向に沿った複数回の溶接操作によって完成する．このとき，1回の溶接操作を**パス**，1回のパスによって形成される溶接金属を**ビード**，次のパスに移る直前の溶接金属の温度を**パス間温度**という．**溶接入熱**とはビード1cm当たりの熱量(J/cm)であり，溶接に際しての電圧と電流に比例，溶接速度に逆比例する．

2.5.2 溶接性

鋼材の**溶接性**とは，割れや欠陥などの発生しにくさの程度と溶接された鋼材が所要の強度，靱性を確保するための性質のことをいう．鋼材の溶接性に最も強く影響を与える元素は炭素であり，その含有量が多い鋼材ほど溶接性が低い(割れや欠陥などが生じやすく，溶接された鋼材が所要の強度，靱性を確保しにくい)．鋼材の溶接性を評価する指標としては，炭素以外の元素も含めたものを等価な炭素量に置き換えた**炭素当量**(式(2.6))が用いられる．炭素当量が0.45%を超える鋼材は溶接用鋼材として不適当とされている．

$$C_{eq} = C + \frac{Mn}{6} + \frac{Si}{24} + \frac{Ni}{40} + \frac{Cr}{5} + \frac{Mo}{4} + \frac{V}{14} (\%) \quad (2.6)$$

ここに，Cは炭素，Mnはマンガン，Siはケイ素，Niはニッケル，Crはクロム，Moはモリブデン，Vはバナジウムの含有量である．

2.5.3 溶接によって生じる問題

1) 焼入れ効果 溶接入熱が小さく溶接長さが短いとき，溶接部は急冷される．このような場合，溶接熱影響部は焼入れ効果により硬くて脆くなり(2.2.2項a参照)，亀裂が発生しやすくなる．特に厚板の材は熱の拡散が容易であるため，冷却速度が速くなるので注意が必要である．

2) 焼戻し効果 溶接入熱が大きく，パス間温度が高いと冷却速度が小さくなる．このような場合，2.2.2項aで示した焼戻し効果により結晶が粗大化し，

強度，衝撃特性とも低下する．

3) 溶接部の収縮　溶接部は温度上昇によって膨張し，常温になるともとに戻る．このため，鋼材には**残留ひずみ**が生じ，反り，むくりなどの原因となる．溶接ひずみが拘束されると，内部応力が生じる．これを**溶接残留応力**といい，座屈荷重の低下を招くだけでなく，前述の溶接部焼入れ効果と鋼中の水素，MnS介在物(2.6.1項2)参照)の存在と相まって，溶接部の亀裂の原因となる．なお，MnSによるひび割れは**剝離亀裂**(**ラメラテア**ともいう，図2.17)といい，鋼表面と平行方向に発生する．このようなひび割れを回避するためには，材が板厚方向にも十分な延性を有していることが求められる．

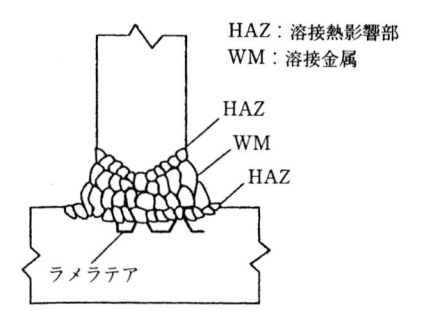

HAZ：溶接熱影響部
WM：溶接金属

図2.17　ラメラテア[7]

4) 溶接時に溶接金属に浸入する介在物　溶接棒の被覆材が溶けて溶接金属の表面に浮上して固まったものを**スラグ**という．スラグの一部が溶接金属内に残留した状態を**スラグ巻き込み**(図2.18(a))という．溶接時に溶接金属内に入り込んだガスが外に抜け出たときにできたくぼみを**ピット**(図2.18(b))，溶接金属内に留まって空隙となったものを**ブローホール**(図2.18(c))という．これらの

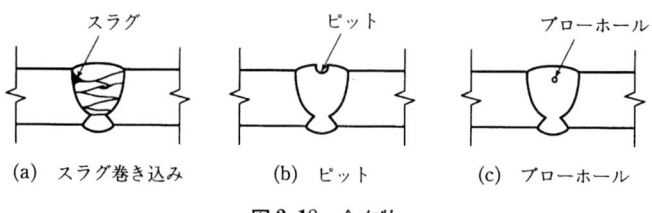

(a)　スラグ巻き込み　　(b)　ピット　　(c)　ブローホール

図2.18　介在物

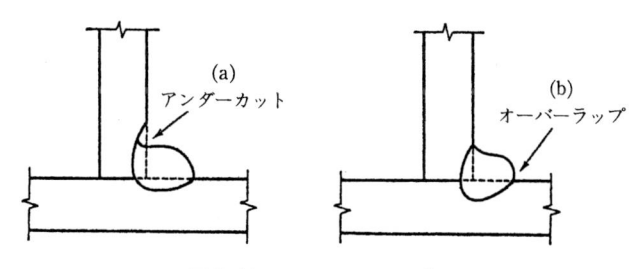

図2.19　溶接形状の不良[6]

介在物は溶接欠陥であり，亀裂発生の原因となる場合がある．

5) 溶接部の形状　溶接時に母材が溶けすぎて，削り取られたまま溝として残ったものを**アンダーカット**(図2.19(a))という．溶接時に溶接金属が母材に溶け込まず覆い被さってできた欠陥のことを**オーバーラップ**(図2.19(b))という．これらの部位では応力集中が起こるため，上述の介在物同様，亀裂発生の原因となりうる．

2.6　鋼に含まれる化学物質，温度と鋼の機械的性質

◆◇◆ ポイント
- リン，イオウは鋼の溶接性，衝撃特性を著しく低下させるため，含有量を厳しく抑える必要がある．引張強度，降伏点，硬度は炭素の含有量が大きくなるに従って上昇するが，伸びと溶接性は低下する．
- 引張強度は250℃で最大となる．250℃を超えると急激に減少し，500℃で常温の約1/2，1000℃でほとんどゼロとなる．伸びは200～250℃で最も小さくなり，常温の約1/2となる．
- 温度上昇に伴って，ヤング係数，降伏点は，単調に減少する．一般構造用鋼材では，350℃で降伏点が常温の約2/3となる．

　鋼に含有される元素は引張強度，伸び，衝撃特性などの機械的性質に大きな影響を与える．鋼を構造材として用いようとする場合，火災時における機械的性質の変化，すなわち，温度と機械的性質の関係を掌握しておく必要がある．

　2.6節では，鋼に含まれる化学物質および温度が鋼の性質に及ぼす影響について説明する．

2.6.1　化学物質

1) リン(P)　衝撃特性(2.4.1項b参照)を低下させ，さらに，溶接時，加工時における割れの原因となるため，通常0.05%以下の含有量に抑えられている．また，**偏析**(鋼中に均等に分布せず局所的に多量に偏在する)を生じるため，平均含有量は少なくても，局所的に0.1%以上に達する場合があるので注意を要する．

2) イオウ(S)　高炉材(高炉を経て製鋼された材)では，製鉄材料および

コークスから不純物として入る．電炉材(電気炉で製鋼された材)では，原料となる鉄屑から混入する．イオウはMnS(硫化マンガン)，FeS(硫化鉄)として鋼中に介在物として存在する．MnSの介在物は圧延時に平面状に広がって分布し，溶接性，衝撃特性，板厚方向の延性を低下させる．さらに，MnSは溶接残留応力などによる鋼表面と平行方向に発生する剝離亀裂(**ラメラテア**)の原因となり(2.5.3項参照)，FeSは赤熱脆性の原因となる(2.2.2項b参照)．

3) **水素**(H)　鋼中の欠陥あるいはその周辺に集まり，鋼材内部に割れを生じ，衝撃特性の低下，溶接に際してのビード割れの原因になる．極微量であっても，鋼の機械的性質に大きな影響を与える．

4) **炭素**(C)　鋼にとって安価で最も重要な元素であり，微量でも鋼の強度特性に大きな影響を与える．2.2.1項bでも説明したように，含有量0.765%以下では引張強度，降伏点を高めるが，この値を超えると引張強度は逆に減少する．また，炭素含有量の増加に伴って，伸び(破断時のひずみ)と溶接性は低下する．図2.20に炭素含有量と鋼の機械的性質の関係を示す．

5) **マンガン**(Mn)　通常の含有量は，0.2~0.8%であり，一部は鋼に固溶，一部はMnSの形で存在する．鋼の脱酸剤，脱硫剤として用いられ，鋼の強度，

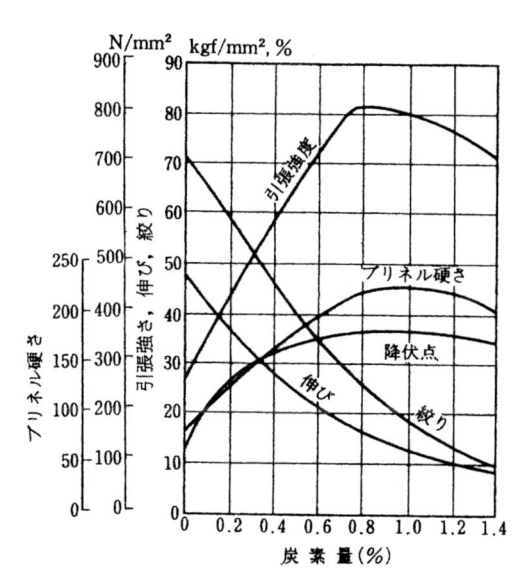

図2.20　炭素含有量が鋼の機械的性質に及ぼす影響[5]

延性，衝撃特性を増加させるが冷間加工性は低下する．

6) **ケイ素**(Si)　鋼の耐熱性が増加する．少量で強度，延性，衝撃特性は向上するが，添加限度(0.5%)を超えると逆に衝撃特性や延性が低下する．また，イオウの鋼に対する悪影響を抑える作用がある．

7) **ニッケル**(Ni)　鋼の衝撃特性を向上させるが高価である．大量に添加すると耐食性，耐熱性を増加させる．

8) **クロム**(Cr)　焼入れ性と強度を高めるが溶接熱影響部を硬化させ低温割れを引き起こしやすくする．大量に添加すると耐食性，耐熱性を増加させる．構造用鋼材では耐候性鋼や高温用鋼材に用いられる．

9) **モリブデン**(Mo)　焼入れ性と強度を高めるが溶接熱影響部を硬化させ低温割れを引き起こしやすくなる．

2.6.2 温　度

a. 温度と機械的性質

図 2.21 は，鋼の引張強度，降伏点，絞り，伸びと温度の関係を示したものである．引張強度は，常温から 100℃ くらいまでは，わずかに減少するが，それ以上になると再び強度が増加し，250℃で最大となる．250℃を超えると鋼の強度は急激に減少し，500℃で常温の約 1/2，1000℃でほとんどゼロとなる．降伏点は温度の上昇に伴って，単調に減少し，350℃で常温の約 2/3 となる．伸びは 200～250℃で最も小さくなり，常温の約 1/2 となる．この温度を超えると再び増加に転じる．鋼は 200～250℃の範囲で最も硬く脆くなる．このような性質を鋼が酸化によって青色を呈することにちなんで，**青熱脆性**(2.2.2 項 b 参照)という．

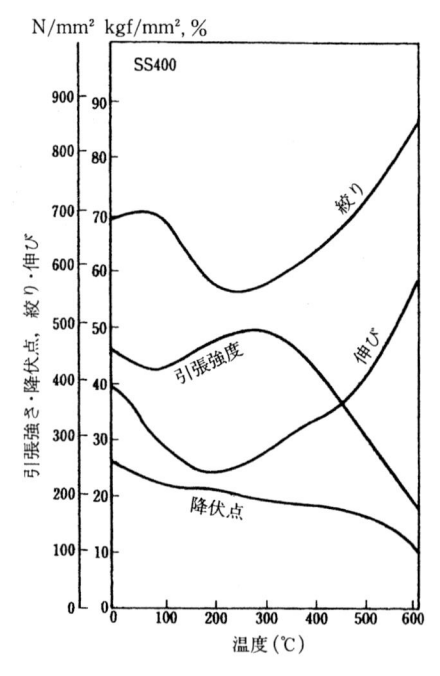

図 2.21　温度が鋼の機械的性質に及ぼす影響[5]

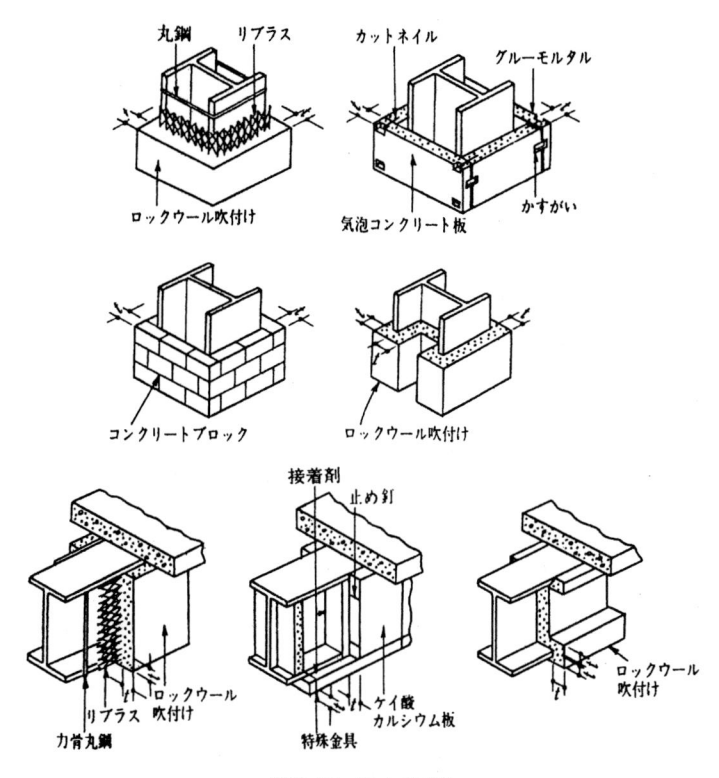

図 2.22 耐火被覆[5]

b. 鋼材の耐火性

鋼材は，木材とは異なり燃焼することはないが，温度の上昇に伴って強度が急減する．このことから，鋼材は不燃材ではあるが耐火材ではないことがわかる．鋼の降伏点は 350℃ に加熱されると降伏点下限値の約 2/3 となる．**長期許容応力**は，この $(2/3) \times (降伏点下限値)$ に設定されている．長期許容応力とは，長期荷重(建物に常時作用する荷重)に対する安全性をチェックするときに用いられるものである．したがって，火災時に降伏点がこの長期許容応力を下回ると，長期荷重に対する建物の安全性に問題が生じる．このようなことから，鉄骨部材は図 2.22 に示すような耐火被覆を施し，鋼材の温度上昇を抑制する必要がある．

2.7 腐　　食

> ◆◇◆ ポイント
> ・鉄の腐食（錆）は空気中の酸素と鋼表面に付着した水によって起こる．鉄は大気汚染のひどい場所や海岸に近い場所で錆びやすい．これは，大気汚染地域では二酸化イオウ（SO_2）が，沿岸域では塩化物イオン（Cl^-）が鉄の腐食を促進するからである．
> ・錆には，表面が一様に腐食する全面腐食，腐食が局所的な孔食がある．孔食は鉄の断面欠損につながるため，全面腐食より性質が悪い．
> ・錆の発生を防ぐには，鉄の表面を防錆効果のある物質で覆い，外気から遮断する方法と鉄そのものを錆びにくくする方法がある．前者としては，ペンキ塗装，金属メッキなどが，後者としては，クロム（Cr），ニッケル（Ni），銅（Cu）などの合金元素を添加する方法がある．

　鉄は鉄鉱石のように酸化物として存在するときが化学的に最も安定している．したがって，鉄鉱石から酸素を切り離した鋼は化学的に不安定であり，放置しておけば化学的に安定な状態である酸化鉄に移行する．このときに起こる化学反応を腐食といい，錆は腐食に伴って発生する．2.7節では鋼材の腐食メカニズムと防食法について説明する．

2.7.1　鉄の錆の発生メカニズムと促進物質

　鉄は高湿度の空気中や雨の中に放置すると錆が生じる．空気中の微細な水滴には大気の成分以外に二酸化イオウ，窒素酸化物などが溶け込んでいるため**電解質水溶液**となっている．鉄の腐食はこのような電解質水溶液中で以下に示すような

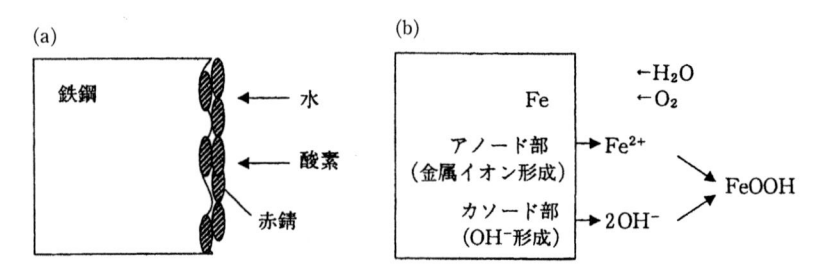

図2.23　腐食の仕組み[4]

過程を経て進行する（図2.23）．

① 表面の水と鉄が反応することによって，負電荷の電子が離れて二価の鉄イオンが溶け出る．鉄イオンが溶け出した後はピット（欠損）として鉄表面に残る．

$$Fe \rightarrow Fe^{2+}（二価の鉄イオン）+2e^-（余った電子） \quad (2.7)$$

このように電子を失う反応を**アノード反応**という．

② 水分子，空気中から供給された酸素，そして二価の鉄イオンが溶け出る際に余った電子によってアルカリ性の水酸化物イオン（OH^-）が生成される．

$$O_2（空気中の酸素）+2H_2O（水分子）+4e^- \rightarrow 4OH^-（水酸化物イオン） \quad (2.8)$$

このような電子を受け取る反応を**カソード反応**という．

③ 反応①によって溶け出した二価の鉄イオン（Fe^{2+}）と水酸化物イオン（OH^-）が反応して二価の水酸化鉄（$Fe(OH)_2$）ができる．

$$Fe^{2+}+2OH^- \rightarrow Fe(OH)_2 \quad (2.9)$$

これにより，鉄イオンは還元され，鉄の表面に沈澱する．

④ 二価の水酸化鉄（$Fe(OH)_2$）はきわめて反応しやすく，ただちに酸化し，赤錆の主成分であるオキシ酸化鉄（$FeOOH$）と黒錆の主成分であるマグネタイト（Fe_3O_4）が生成される．

$$4Fe(OH)_2+O_2 \rightarrow 4FeOOH+2H_2O \quad (2.10)$$
$$6Fe(OH)_2+O_2 \rightarrow 2Fe_3O_4+6H_2O \quad (2.11)$$

ここで，新たに溶け出した二価の鉄イオンによって余った電子（$2e^-$）はオキシ酸化鉄（$FeOOH$）と反応し，黒錆の主成分であるマグネタイト（Fe_3O_4）と水酸化物イオン（OH^-）を生成する．

$$6FeOOH+2e^- \rightarrow 2Fe_3O_4+2H_2O+2OH^- \quad (2.12)$$

OH^- が生成されると，再び式(2.9)～(2.12)に示す発錆の過程をくり返す．以上のサイクルは水と酸素が供給される限りくり返される．したがって，このような環境下においては，錆の進行は止まらないことがわかる．

2.7.2 鉄の腐食の促進要因

2.7.1項からもわかるように，腐食が起こるには水と酸素の存在が不可欠である．一方，鉄は大気汚染のひどい場所や海岸に近い場所で錆びやすいことが知られている．これは，大気汚染地域では二酸化イオウ（SO_2）が，沿岸域では塩化物イオン（Cl^-）が鉄の腐食を促進しているためである．この項では，これらの腐食

促進要因の概要について説明を加える．

1) **二酸化イオウ**(SO_2)　二酸化イオウは亜硫酸ガスとも呼ばれ，硫黄が燃焼すると生じる気体である．二酸化イオウは空気中の酸素によって容易に酸化され，三酸化イオウ(SO_3)になる．三酸化イオウは鉄表面の水と反応して硫酸になる．この硫酸が鉄の錆を促進する．

2) **塩化物イオン**(Cl^-)　塩化ナトリウム(NaCl)が鉄の表面の水に溶け込むと，Na^+とCl^-のイオンに分かれる．鉄の錆は，塩化物イオンの還元作用によって促進される．

2.7.3　錆の形態

錆には，表面が一様に腐食する**全面腐食**，腐食が局所的な**孔食**がある．これらの腐食形態の概要は以下に示すとおりである．

a. 全面腐食

鉄の表面が均一に錆びるには，アノード反応を起こす部位とカソード反応を起こす部位が鉄表面に均一に分布している必要がある．大気中の錆はこの条件を満たしているため，全面腐食は最も一般的に見られる．全面腐食の進行程度は表面積当たりの鋼の重量または厚さの減少量で評価される．その測定は錆を削り取ることによって行われ，後述する孔食と比較すると比較的容易である．

b. 孔食

孔食は表面と垂直方向に進行し，孔(ピット)をあける形で腐食が進行する．このタイプの腐食は鉄の断面欠損につながるため，全面腐食より性質が悪い．孔食はアノード反応とカソード反応を起こす部位が明確に分かれている場合に起こる．このような状態となりうる例としては，鋼にメッキや塗装が入念に行われている場合をあげることができる．メッキや塗装した部分にはキズや微小な孔などの欠陥が必ず存在する．このとき，欠陥部では周囲の処理が完全であればあるほどアノード反応が激しく起こる．その結果，鉄の溶解が欠陥部に集中して起こり，孔食が進行する．孔食は進行がきわめて早い場合があり，その予測は全面腐食と比較すると困難である．

2.7.4　防食

錆の発生を防ぐには，以下に示す2つの方法がある．

① 鉄の表面を防錆効果のある物質で覆い，外気から遮断する．
② 鉄そのものを錆びにくくする．

　鉄骨造建物の柱，梁などの部材に①の方法を適用する場合は，ペンキによる塗装が最も一般的である．ペンキの成分は高分子有機化合物であり，健全なうちは水や酸素の浸入を遮断し，防錆効果が高い．しかし，機械的な打撃などによる塗装層の破壊，紫外線による劣化によって防錆効果が比較的容易に低下する．より高い防錆効果を得るためには，鉄の表面に亜鉛 (Zn)，スズ (Sn) などの金属メッキを施す方法がある．

　鋼そのものを錆びにくくする方法としては，クロム (Cr)，ニッケル (Ni)，銅 (Cu) などの合金元素を添加する方法がある．このような合金元素を添加したものが**ステンレス鋼**である．ステンレス鋼は表面に形成された非常に緻密で強固な CrO_3 の膜によって，酸素の浸入がほぼ完全に阻止できる．さらに，CrO_3 膜は表面が傷ついてもただちに新しい被膜が形成される．ただし，被膜に孔が存在するような場合は，2.7.3 項 b で述べたように，周囲の CrO_3 の膜が強固であることが災いし，孔食が進行することがある．

2.8 鋼材の種類

◆◇◆ ポイント
- 構造用鋼材には炭素含有量が 0.18～0.3% の軟鋼が用いられる．
- 構造材に用いられている鋼製品としては，鋼板，鋼管，条鋼に大別される．条鋼には，棒鋼 (丸鋼，角鋼，平鋼，異形棒鋼)，形鋼，軽量形鋼，線材などがある．
- 形鋼は熱間圧延によって，軽量形鋼は薄鋼板を常温で曲げ加工したものである．
- H 形鋼はフランジ (断面上下の横板) とウェブ (縦板) から構成されている．前者は曲げモーメント，後者はせん断力に抵抗する．
- 異形棒鋼は丸鋼の表面に凹凸をつけて鉄筋とコンクリートの付着性能を高めたものであり，現在用いられている鉄筋のほぼ 100% は異形棒鋼である．

　ビレット，スラブなどの半製品 (2.1.3 項参照) を加工した形鋼，鋼板などの

製品のことを**鋼材**という．2.8節では，炭素含有量，断面形状の2つの面から鋼材の分類を述べる．

2.8.1 炭素含有量による分類

2.6.1項でも述べたように，炭素は鋼の機械的性質を支配する最も重要な元素である．構造用鋼材には炭素含有量が比較的少ない(0.18～0.3%)軟鋼が用いられる．表2.4に鋼の炭素含有量による分類を示す．

表2.4 鋼の炭素含有量による分類

鋼の種類	炭素含有量(%)	用途
極軟鋼	0.12以下	薄い鉄板，電信線，ブリキ板，トタン板
軟鋼	0.12～0.30	構造用鋼材，鉄筋，くぎ，針金
硬鋼	0.30～0.50	機械部品，ばね
最硬鋼	0.50～0.90	PC鋼材，ピアノ線，車軸，レール，ワイヤーロープ，ばね
炭素工具鋼	0.90～1.5	切削工具，刃物

2.8.2 断面形状による分類

構造材に用いられている鋼製品としては，**鋼板**，**鋼管**，**条鋼**に大別される．鋼板には板厚3mm以上の厚板，3mm未満の薄板，コイル状に巻かれた長尺の帯鋼がある．条鋼には，棒鋼(丸鋼，角鋼，平鋼，異形棒鋼)，形鋼，線材などがある．以下では，構造材としての使用頻度が高い形鋼，鋼管，棒鋼についての概要を説明する．

a. 形鋼

形鋼は表2.5に示すように，その断面形状によって**山形鋼**(**アングル**)，**I形鋼**，**溝形鋼**(**チャンネル**)，**H形鋼**などに分類される．これらの形鋼は熱間圧延によって製造され，その特徴と使用部位は以下に示すとおりである．

1) **H形鋼**　H形鋼は断面上下の横板とこれを鉛直方向に結ぶ縦板によって構成されており，前者を**フランジ**，後者を**ウェブ**という．フランジは曲げモーメント，ウェブはせん断力に抵抗するようになっている．H形鋼の剛性と強度には方向性があり，ウェブ方向(強軸方向)に作用する荷重に対しては強いが，フランジ方向(弱軸方向)に作用する荷重には弱い．したがって，H形鋼は荷重がウェブ方向のみに作用する梁に広く用いられる．

2) **山形鋼**　断面形状はL形をしており，軽微なブレース，トラス材など

2.8 鋼材の種類

表 2.5 形 鋼[8]

名称	等辺山形鋼	不等辺山形鋼	I 形鋼	溝形鋼	H 形鋼
形状	(90°)	(90°)	(98°)	(95°)	
寸法 $A \times B$ または $H \times B$ [mm]	25×25〜 250×250	90×75〜 150×100	100×75〜 600×190	75×40〜 380×100	100×50〜 912×302
t または t_1 [mm]	3〜35	7〜15	5〜16	5〜13	4.5〜45
t_2 [mm]			8〜35	7〜20	7〜70
長さ[m]	6〜15				

(JIS G 3192 による)

に用いられる.

3) 溝形鋼 断面形状はコ形をしており,その断面形状からC形鋼ともいわれる.使用部位は山形鋼とほぼ同じであるが,一般に山形鋼が用いられる場合より大きな応力が作用する場合に用いられる.

4) I形鋼 I形鋼の断面形状はH形鋼に似ており,その特徴も上で述べたH形鋼のそれとほぼ同じである.ただし,H形鋼とは異なりフランジの厚さが一定ではなく,ウェブに近づくに従って厚くなっている.このため,H形鋼と比較すると加工が難しいこともあって,構造用材料としての使用頻度は低い.

b. 軽量形鋼

軽量形鋼は,薄鋼板を常温のまま成形(冷間成形)したものである.その種類は,表2.6に示すとおり,**溝形鋼,Z形鋼,山形鋼,リップ溝形鋼**などがある.これらの材は,肉厚が薄いため一般の形鋼と比較すると,加工が比較的容易で単位重量当たりの断面性能が優れている.しかし,腐食によって容易に断面欠損が起こる,局所的な集中荷重に弱い,溶接が難しいなどの問題点も有している.また,軽量であるため,組立てにクレーンなどの重機を必要とせず,鉄骨系住宅などの小規模建物に用いられている.

c. 鋼 管

鋼管には,配管用鋼管,電線管,水道用亜鉛メッキ鋼管などがあるが,構造用

表 2.6 軽量形鋼[8]

名称	軽溝形鋼	軽Z形鋼	軽山形鋼	リップ溝形鋼
形状				
寸法 $H \times A \times B$, $A \times B$ または $H \times A \times C$[mm]	19×12×12〜 450×75×75	40×20×20〜 100×50×50	30×30〜75×30	60×30×10〜 250×75×25
t[mm]	1.6〜6.0	2.3, 3.2	2.3, 3.2	1.6〜4.5

(JIS G 3350 による)

には**構造用鋼管**および**構造用角形鋼管**を用いなければならない．鋼管は，H形鋼のように，強度や剛性の大きさに方向性がないため，柱材に広く用いられている．

d. 棒鋼

棒鋼は断面の形状によって丸鋼，平鋼，六角鋼，八角鋼，さらに表面に突起のある異形棒鋼に分類される．構造材に広く用いられている丸鋼と異形棒鋼の概要を示す．

1) 丸鋼 丸鋼はボルト，ナットなどの2次製品の素材として多く用いられている．かつては鉄筋用に広く用いられていたが，現在は次に述べる異形棒鋼に取って代わられている．

2) 異形棒鋼 鉄筋コンクリート用鋼材として用いられているもののほとんどは，異形棒鋼である．これは丸鋼の表面に凹凸をつけて鉄筋とコンクリートの付着性能を高めたものである．

2.9 建築構造用鋼材に要求される特性

◆◇◆ ポイント

・鉄骨造建物は部材の接合に溶接が多用され，そのディテールもかなり複雑であるため，鉄骨造建物に用いられる鋼材には高い溶接性と衝撃特性

が求められる．そのためには，鋼材はリン，イオウなど不純物の含有量と炭素当量を低く設定する必要がある．
・梁降伏型を保証するためには，降伏点の上限値が設定された鋼材を梁に使用する必要がある．また，ボルト接合部で破壊しないことを保証するためには，鋼材の降伏比の上限を規定する必要がある．

　鉄骨造建物の設計に際しては，各部材に要求される性能を把握すると同時にその性能を満たす構造用鋼材の適切な選択が求められる．2.9節では，鉄骨造建物の骨組についての基礎知識と構造部材に使用される鋼材に求められる性能を耐震性の観点から説明する．

2.9.1　鉄骨造建物の概要

　図2.24に接合部を中心とした鉄骨造建物詳細の典型的な例を示した．柱には強度，剛性に方向性がない角形鋼管が，梁にはH形鋼が用いられている．柱には梁フランジと同じレベルにプレートが貫通している．このプレートを**ダイアフラム**といい，柱とは工場溶接されている．柱と梁つけ根部（**ブラケット**という）のウェブは柱に直接，フランジはダイアフラムを介して柱に工場で溶接される．上下柱の溶接は現場で溶接されており，ブラケットと梁はスプライスプレートを介して**高力ボルト**（2.12.2項参照）接合されている．

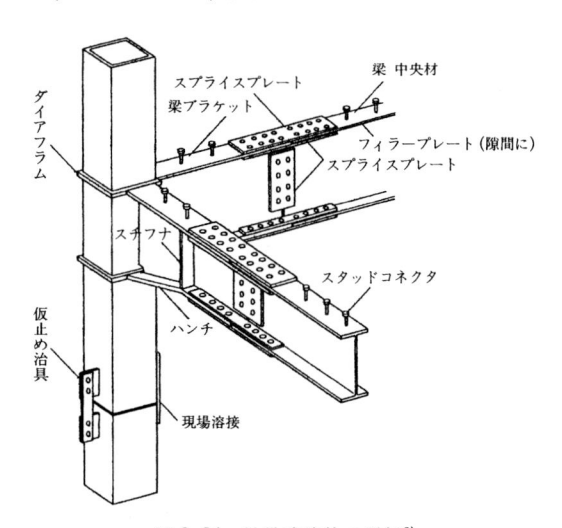

図 2.24　鉄骨造建物の詳細[9]

図2.24より，鉄骨造建物は，部材の接合に溶接が多用され，そのディテールもかなり複雑であることがわかる．さらに，1986年の建築基準法改定以来，建物の塑性変形能力を積極的に利用する設計が採用されている．このようなことから，建築構造部材として使用される構造用鋼材には，以下のような構造性能が要求される．

2.9.2 部材に要求される性能

一般に，鋼材自身は塑性変形能力が比較的高いが，溶接部，高力ボルト接合部は塑性変形能力に乏しく，脆性的に破壊する場合が多い．したがって，これらの部位では建物が終局状態に達しても破断に至らないことが求められる．溶接部での破断を回避するためには，炭素当量，リン，イオウの含有量を低く抑え，衝撃特性(2.4.1項b参照)，溶接性(2.5.2項参照)に優れた鋼材が求められる．また，ボルト接合部で破壊しないことを保証するためには，鋼材の降伏比(2.3.1項a参照)の上限を規定する必要がある．

2.9.3 建物全体として要求される性能

建物全体としての壊れ方は，柱の降伏によって特定の層に水平変形が集中する降伏型(**柱降伏型**，図2.25(a))を避け，梁降伏が先行し全層にわたってある程度均等な水平変位が生じるような降伏型(**梁降伏型**，図2.25(b))となることが望ましい．

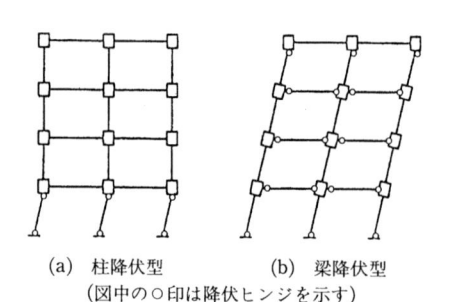

(a) 柱降伏型　　(b) 梁降伏型
(図中の○印は降伏ヒンジを示す)

図2.25 建物の降伏型

建物を梁降伏型とするためには，柱を相対的に強くし，梁が降伏するように設計する必要がある．梁に用いた鋼材の降伏点が設計に用いた値より大きい場合は，設計で想定した梁降伏型が達成されない可能性がある．したがって，梁降伏型を保証するには，梁に降伏点の上限値が設定された鋼材を使用する必要がある．

コラム

降伏ヒンジ

図(a)に示すような梁の固定端側の曲げモーメント(M)と部材角(θ)の関係を模式的に示すと(b)のようになる．この図から，M_y以降は部材角のみが進行し，曲げモーメントは増加しない．このとき，M_yを降伏モーメント，θ_yを降伏部材角という．θ_yを超えると，曲げモーメントは増加しない．したがって，$\theta > \theta_y$では，曲げモーメントの増加分に関してはピンとして取り扱われる．このようなピンのことを降伏ヒンジという．図2.25中の白丸印は降伏ヒンジの発生部位を示している．

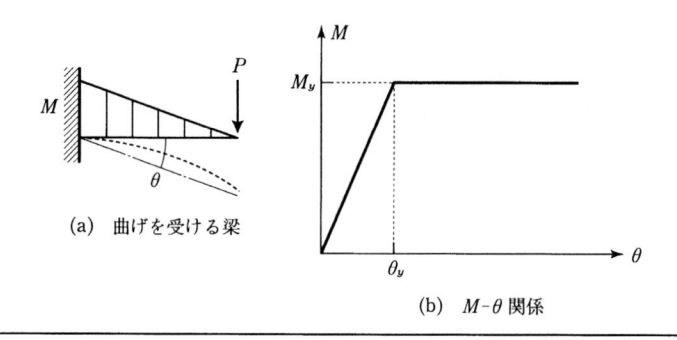

(a) 曲げを受ける梁

(b) M-θ 関係

2.10 構造用鋼材

◆◇◆ ポイント

- 鋼材の記号の意味は，最初のアルファベットが鋼材種を，次にくる3桁の数値が引張強度の下限値(N/mm^2)を表している．例えば，SS400とはSSが一般構造用圧延鋼材を，400が引張強度の下限値＝400 N/mm^2を表している．
- 一般構造用圧延鋼材(SS材)，一般構造用炭素鋼鋼管(STK材)，一般構造用角形鋼管(STKR材)，溶接構造用鋼材(SM材)A種，建築構造用圧延鋼材(SN材)A種は，衝撃特性と溶接性が保証されていない．溶接構造用鋼材(SM材)B種，C種は，溶接性は保証されているが，グレードは評価できない．
- 建築構造用圧延鋼材(SN材)B種，C種は溶接性と衝撃特性が高く，降伏点の上限値，降伏比の上限(80%以上)が設けられている．さらに，C種は板厚方向の特性の改善が図られている．冷間ロール成形角形鋼管(BCR材)，プレス成形角形鋼管(BCP材)の成分は，SN材に準じてい

るため，いずれも衝撃特性と溶接性が保証されている．
・建築構造用 TMCP 鋼材は圧延と冷却を制御することによって結晶粒の微細化を図り，強度と衝撃特性を向上させたものである．また，板厚 40 mm を超えても降伏耐力が低下しない．
・建築構造用耐火鋼 (FR 鋼) は，600℃における降伏点が常温における下限値の 2/3 以上となることが保証されている．FR 鋼は溶接性，伸びは SN 材と同程度，衝撃特性は SN 材より優れている．

2.10 節では各種構造用鋼材の特徴と建築構造部材として使用する際の留意点について述べる．

2.10.1 鋼材の種類とその記号の意味

建築構造用鋼材には，国土交通大臣が指定する日本工業規格 (JIS) に適合するものを用いることが建築基準法によって規定されている．これらの鋼材には，以下に示すものがある．

一般構造用圧延鋼材 (SS 材)，溶接構造用圧延鋼材 (SM 材)，建築構造用圧延鋼材 (SN 材)，一般構造用炭素鋼鋼管 (STK 材)，一般構造用角形鋼管 (STKR 材)，冷間ロール成形角形鋼管 (BCR 材)，プレス成形角形鋼管 (BCP 材)，建築用 TMCP 鋼材，建築構造用耐火鋼材 (FR 鋼)

SS400，SKT490 などの鋼材記号の意味は以下のとおりである．最初のアルファベットは鋼材種を，次にくる 3 桁の数値が引張強度の下限値 (N/mm^2) を表している．例えば，SS400 とは，SS が一般構造用圧延鋼材を，400 が引張強度の下限値 = $400 N/mm^2$ を表している．

2.10.2 一般構造用圧延鋼材 (SS 材)，溶接構造用圧延鋼材 (SM 材)

SS 材，SM 材は，いずれも熱間圧延鋼材 (2.1.4 項参照) である．SS 材には引張強度の下限値が $400 N/mm^2$ (SS400)，$490 N/mm^2$ (SS490)，$540 N/mm^2$ (SS540) のものがある．その中で，SS400 は構造部材として建築以外にも比較的広く用いられてきた．引張強度が大きい SS490 と SS540 については，炭素含有量が大きく溶接性に問題があるため，溶接が多用される建築構造部材にはほとんど用いられていない．SS400 についても溶接性を支配する炭素当量 (2.5.2 項参

照)の上限値とシャルピー衝撃試験による吸収エネルギー(2.4.1項b参照)の下限値が明記されていないため,衝撃特性と溶接性が保証されていない.

SM材には引張強度下限値が400 N/mm²(SM400), 490 N/mm²(SM490), 520 N/mm²(SM520)のものがある.材種は,衝撃特性が劣るものから順にA, B, Cの3種に分類されている.A種は,炭素含有量の上限値は明記されているがSS材同様,溶接性は保証されていない.B種,C種については,炭素含有量の上限値とシャルピー衝撃試験による吸収エネルギーの下限値を規定することによって,溶接性が保証されている.しかし,SM材は溶接性を直接支配する要因である炭素当量が規定されていないため,その溶接性の評価が不明である.事実,SM材としてのJIS規格値に適合しているにもかかわらず,溶接部が開裂する事例が多発し,社会問題化したこともある.

降伏点については,SS材,SM材とも下限値は示されているが,上限値は不明である.したがって,2.9.3項でも説明したように,このような材を用いた建物では,設計時に想定した降伏型が本当に達成できていることを保証することは困難である.

2.10.3 建築構造用圧延鋼材 (SN材)

SN材はSS材,SM材同様,熱間圧延鋼材(2.1.4項参照)であり,引張強度の下限値が400 N/mm²(SN400)と490 N/mm²(SN490)のものがある.材種は以下に示すように構造部材としての使用部位に応じてA, B, Cの3種に区分されており,SN400にはA, B, C種が,SN490にはB, C種がある.

1) **A種**　性能はSS400とほぼ同じであり,SS材同様,溶接性が保証されていない.小梁などのように弾性範囲で使用され,溶接が行われない部材に用いられる.

2) **B種**　SM材B種を改良したものであり,SM材にはなかった炭素当量の規定を設け,さらにリンやイオウの含有量をSM材より低く抑えることによって,溶接性,衝撃特性の向上を図っている.機械的特性値としては,SM材B種,C種に規定されていなかった降伏点の上限値,降伏比の上限値(80%)が新たにつけ加えられている.この材は,柱,梁などのように塑性変形能力が要求される耐震部材,溶接が行われる部材に用いられる.

3) **C種**　2.3.1項dでも説明したように,板厚方向は直交方向より延性が

低い場合が多い．板厚方向の機械的性能を確保するためには，鋼中のイオウ含有量をかなり低く抑える必要がある(2.3.1項d, 2.6.1項参照)．SN材C種は，イオウ含有量の上限をSN材B種の約1/2に抑え，板厚方向の特性の改善を図ったものである．この材はダイアフラムのように板厚方向に大きな引張応力が生じる部位に用いられる．

2.10.4　一般構造用炭素鋼鋼管(STK材), 一般構造用角形鋼管(STKR材)

STK材は鋼帯を円筒に冷間加工し，継ぎ目を溶接したものである．**STKR材**には**ロール成形鋼管**と**プレス成形鋼管**がある．ロール成形鋼管は，STKをさらに冷間圧延して角形に形成したものであり，断面サイズは比較的小さいものが多い．プレス成形鋼管は，鋼板を冷間でプレスして角形鋼管を成形し，継ぎ目を溶接したものである．この方法で製造されるものは断面サイズが比較的大きいものが多い．図2.26と図2.27にSTK材とSTKR材の製造法を示す．

STK材とSTKR材には，引張強度の下限値が$400\,\text{N/mm}^2$のものと$490\,\text{N/mm}^2$のものがある．降伏点については，冷間加工材であるため，その下限値をかなり上回る場合がある．しかし，これらの材は，梁に用いられることがほとんどないため，設計上の問題はないといえる．また，化学成分についてはSS材に準じているため，衝撃特性と溶接性が保証されていない．

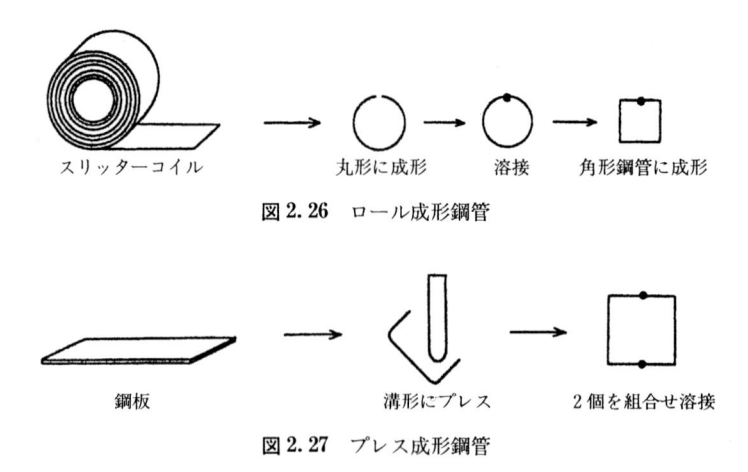

図2.26　ロール成形鋼管

図2.27　プレス成形鋼管

2.10.5 冷間ロール成形角形鋼管 (BCR 材),プレス成形角形鋼管 (BCP 材)

BCR 材,**BCP 材**は化学成分が SN 材に準じているため,いずれも衝撃特性と溶接性が保証されている.これらの材は引張強度の代わりに降伏点の下限値が名称に取り込まれている.例えば BCR295 は,降伏点の下限値が 295 N/mm² の冷間ロール成形角形鋼管を示している.

BCR 材の製造は,STKR 材同様,冷間で鋼帯を円筒加工した後,角形成形しているため,断面隅角部だけでなくすべての部位で冷間加工に伴う塑性ひずみが生じている.このため,BCR 材は降伏点,降伏比の上限とも SN 材より大きい.しかし,BCR 材は柱材に用いられる場合が多く,さらに,高力ボルト接合はほとんど用いられないため,設計上は問題ないといえる.

BCP 材の製造法は STKR 材と同じで,鋼板を冷間でプレスして角形鋼管を成形するので,冷間加工に伴う塑性ひずみは,隅角部にしか生じない.したがって,降伏点の上下限値,降伏比,引張強度の上下限値が SN 材に等しい.

2.10.6 建築構造用 TMCP 鋼材

TMCP とは Thermo-Mechanical Control Process の略称で,鋼に対する圧延と冷却を制御することによって,結晶粒の微細化を図り,強度と衝撃特性を向上させた鋼材である.この材は,先の BCR 材,BCP 材同様,引張強度の代わりに降伏点の下限値が名称に取り込まれている.降伏点の下限値は 325 N/mm² と 355 N/mm² のものがある.前者は引張強度下限値 490 N/mm²,後者は 520 N/mm² の材に相当し,引張強度はかなり大きい.しかし,建築構造用 TMCP 鋼材は圧延と冷却を制御することによって,高い溶接性が保たれている.また,SS 材,SN 材などのほかの材とは異なり,板厚 40 mm を超えても降伏耐力が低下しない.

2.10.7 建築構造用耐火鋼 (FR 鋼)

通常の鋼材は 2.6.2 項 b でも述べたように,350℃における降伏点が常温における降伏点下限値の 2/3 に低下する.**建築構造用耐火鋼 (FR 鋼)** では,ニッケル (Ni),クロム (Cr),モリブデン (Mo) などの合金元素を添加することによって,600℃における降伏点が常温における下限値の 2/3 以上となることが保証されている.引張強度の下限値は 400 N/mm² と 490 N/mm² の 2 種類がある.FR

鋼は不純物であるリン (P), イオウ (S) の含有量, 炭素当量 C_{eq} は SN 材より低く抑えられており, 溶接性, 伸びは SN 材と同程度, 衝撃特性は SN 材より優れている.

2.11 鉄筋コンクリート用棒鋼, PC 鋼材

◆◇◆ ポイント

- 鉄筋コンクリート用棒鋼 (鉄筋) には, 熱間圧延材である丸鋼 (SR 材) と異形棒鋼 (SD 材) があるが, 現在では付着強度を高めるために表面に節とリブがついている異形棒鋼のみが用いられている. 材種の表記法は, 最初のアルファベットが鋼材種を, 次にくる 3 桁の数値が規格降伏点 (N/mm²) を表している.
- プレストレストコンクリート用鋼材には, PC 鋼棒, PC 鋼線, およびこれを複数本より合わせた PC 鋼より線がある. これらの鋼材の降伏強度は異形棒鋼の 3〜5 倍にもなる.

2.11 節では, 鉄筋に用いられる鉄筋コンクリート用棒鋼とプレストレストコンクリートに用いられる PC 鋼材の製造法と機械的性質について説明する.

2.11.1 鉄筋コンクリート用棒鋼

鉄筋コンクリート用棒鋼 (鉄筋) には, **丸鋼 (SR 材)** と**異形棒鋼 (SD 材)** があり, いずれも熱間圧延材である. 鉄筋コンクリート用棒鋼の材種の表記は, 最初のアルファベットが鋼材種を, 次にくる 3 桁の数値が**規格降伏点** (降伏点の下限値 (N/mm²)) を表している. 例えば, SD345 とは, SD が異形棒鋼を, 345 が規格降伏点＝345 N/mm² を表している.

なお, 現在鉄筋として用いられているのは異形棒鋼であり, 丸鋼はほとんど用いられていない.

異形棒鋼は, 図 2.28 に示すようにコンクリートとの付着強度を高めるために表面に節とリブがついている. 異形棒鋼の直径の表記法は, 頭にアルファベットの D をつけるのが慣わしとなっている. 例えば, 直径 25 mm の異形鉄筋は D25 と表記する. 直径は 6 mm (D6) のものから 51 mm (D51) のものまでが 3〜4 mm 刻みにある. 規格降伏点は 295 N/mm², 345 N/mm², 390 N/mm², 490 N/mm²

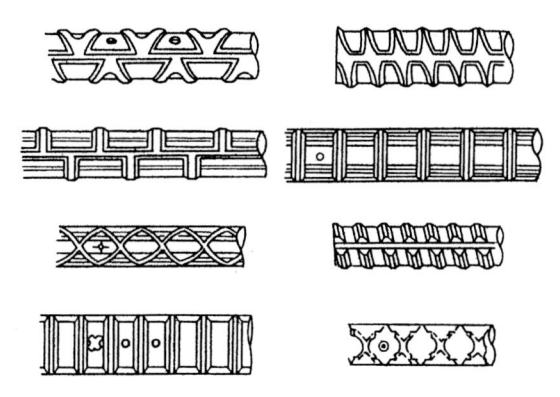

図 2.28 異形棒鋼の節とリブの形状[5]

のものがある.

2.11.2 PC 鋼材

a. PC 鋼材の役割と種類

PC 鋼材とは, プレストレストコンクリート部材の引張側コンクリートに圧縮力を与えるために用いられる鋼材のことであり, その降伏点はかなり大きく, 先に述べた異形棒鋼の 3～5 倍にもなる. PC 鋼材は以下に示すように, PC 鋼線, PC 鋼線をより合わせた PC 鋼より線, PC 鋼棒に大別される.

b. PC 鋼材の製造

1) PC 鋼線, PC 鋼より線　PC 鋼線は, 表 2.4 中の最硬鋼に分類されるピアノ線に以下のような処理を施したものである.

表 2.7　PC 鋼線, PC 鋼より線[10]

種　類		記　号	断　面
PC 鋼線	丸　線	SWPR 1	○
	異形線	SWPD 1	○
PC 鋼より線	2 本より線	SWPR 2	8
	異形 3 本より線	SWPD 3	⚛
	7 本より線　A 種	SWPR 7A	✿
	B 種	SWPR 7B	✿
	19 本より線	SWPR 19	✾

(備考)　7 本より線 A 種は引張強さ 175 kgf/mm² 級を, B 種は 190 kgf/mm² 級を示す.

まず，900～1000℃に加熱した後，大気冷却あるいは400～550℃で溶融鉛浴させ，パーライト組織を微細化することによって引張強度の増大を図る．この熱処理を**パテンティング**という．パテンティング処理の後，冷間で伸線加工を行い，強度をさらに上昇させる．最後に，伸線加工に伴う残留ひずみの解除を常温で行う．この処理を**ブルーイング**という．

PC鋼より線はPC鋼線をより合わせた物であり，その本数により，2本より，3本より，7本より，19本よりがある．表2.7にPC鋼線とPC鋼より線の種類と記号の一覧を示す．

2) **PC鋼棒**　PC鋼棒は，熱間圧延された丸鋼を冷間伸線あるいは引抜き熱処理のいずれかの方法，または両者を組み合わせた方法によって製造されるものである．

c. PC鋼材の機械的性質

PC鋼材の応力とひずみの関係は図2.29に示すように明瞭な降伏点が存在しない．このような材の降伏点は2.3.1項bでも説明したように，ヤング係数の勾配で除荷したとき0.2％の残留ひずみを与える点の応力を便宜上降伏点と見なす．PC鋼線とPC鋼棒の降伏点の下限値は，材種に応じてそれぞれ1470～1715 N/mm^2，785～1080 N/mm^{2}に設定されており，PC鋼棒の降伏点の下限値はPC鋼線よりかなり低い．

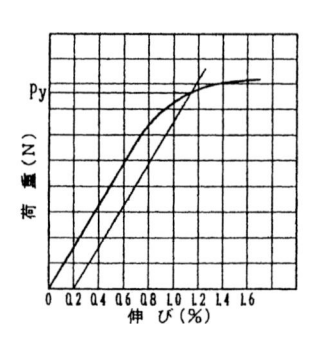

図2.29 PC鋼材の応力とひずみの関係[11]

コラム

プレストレストコンクリート

鉄筋コンクリート梁に曲げモーメントを作用させると，図(a)①に示すようなひび割れが発生する．このひび割れを閉じさせるためには，図(a)②に示すように梁の下側に圧縮力を加えればよい．さらに話を進めると，ひび割れが発生する前にこの圧縮力を作用させておけば，コンクリートにはひび割れが発生しない．これがプレストレストコンクリートの原理であり，圧縮力は図(b)に示すように，梁の下側に挿入した**PC鋼材**を引張り，鋼材が伸びた状態でナットを締めた後に引張力を除去すると，伸ばされた状態のPC鋼材は縮もうとしてコンクリートに圧縮力を伝える．

① 曲げモーメントによって
　ひび割れが発生

② 圧縮力 C を引張側に作用
　させるとひび割れが閉じ
　て変形がもとに戻る

(a) プレストレストコンクリートの考え方

PC鋼材　中空(コンクリートの中にパイプを入れておく)　プレート　ナット

① PC鋼材を引張る (P)
② PC鋼材が伸びた状態でナットを締める
③ 引張力を解除

PC鋼材の反力としてコンクリートに圧縮力が作用

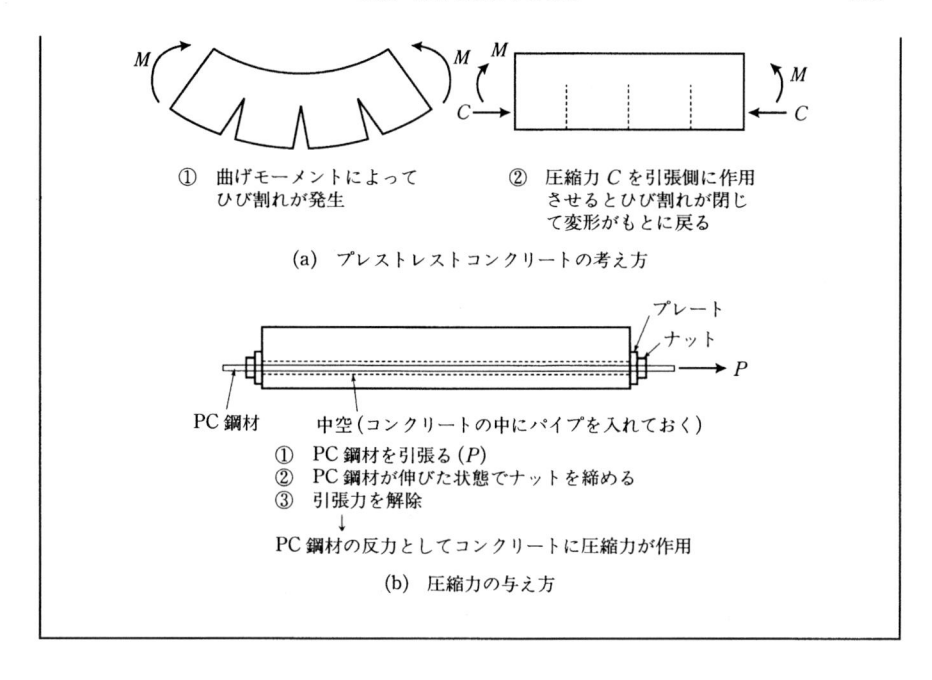

(b) 圧縮力の与え方

2.12　部材を接合する材料

◆◇◆ ポイント

- 溶接材はフラックスと鋼の部分からなっている．鋼には良好な衝撃特性を有するものが用いられている．フラックスは溶接金属の脆化を防ぐ，溶接金属の脱酸，精錬を行うなどの役割を担っている．
- 高力ボルトによる接合法には，摩擦接合と引張接合がある．摩擦接合では，高力ボルトを強く締めつけることで生じる摩擦抵抗によって応力伝達がなされる．引張接合は高力ボルトの締付けによる引張力とボルト自身がもつ大きな引張強度を利用する接合法である．
- 高力ボルトには引張強度下限値が $800\ \text{N/mm}^2$ の F8T，$1000\ \text{N/mm}^2$ の F10T および $1100\ \text{N/mm}^2$ の F11T がある．

2.12.1　溶接(アーク溶接)

アーク溶接とは溶接材と母材(溶接によって接合される鋼材)の間でアークを発生させ，溶接材と母材の両者を溶融させた溶接金属で母材を接合しようとしたものである．溶接材は，棒タイプとワイヤタイプのものがあり，いずれも通常は

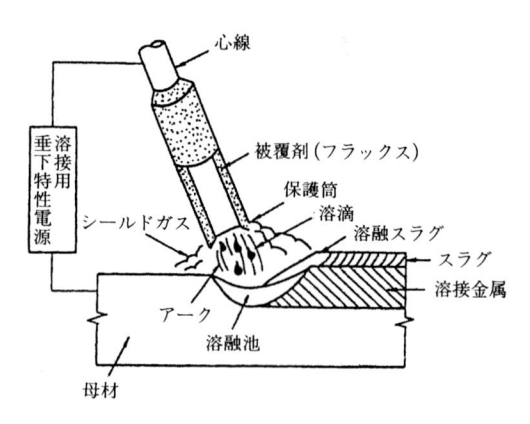

図2.30 被覆アーク溶接

フラックスと鋼の部分からなっている．鋼の部分にはリン(P)，イオウ(S)の含有量を抑え，良好な衝撃特性を有するものが用いられている．フラックスは鋼の部分と一緒に溶融してガスやスラグを発生させ，溶接金属が大気中で酸化，窒化して脆くなることを防いだり，溶接金属の脱酸，精錬を行い溶接金属中のブローホール(2.5.3項参照)の発生を防止するなどの役割を担っている．

アーク溶接は以下に示すような方法に大別できる．

1) 被覆アーク溶接 溶接材には被覆アーク溶接棒が用いられている．**被覆アーク溶接棒**は，図2.30に示すように，鋼の部分である溶接用心線とこのまわりに塗装されたフラックスからなっている．フラックスには，主原料としてイルミナイトを使用したもの，酸化チタンと石灰を使用したものなどがある．被覆アーク溶接は，装置が小型で簡便であるため，安価で手軽に行われる．

2) サブマージアーク溶接 図2.31に示すように，溶接材が，溶接線上に散布した粒状フラックスと，この中に自動的に送り出される鋼ワイヤからなる自動溶接で，アークは母材とワイヤの間で発生する．この

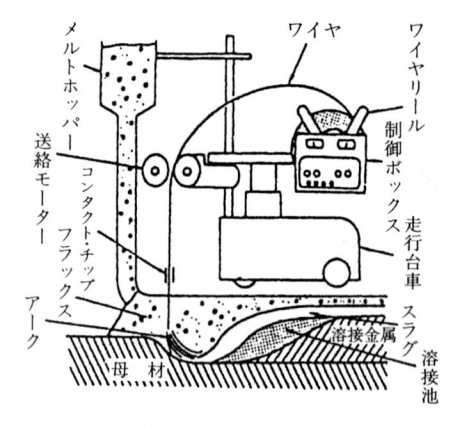

図2.31 サブマージアーク溶接

方法ではフラックスとワイヤが別になっているため，両者の組合せを適宜変えることによって幅広い鋼種の溶接に対応できる．この溶接法は使用する装置が大型で大電流が使用できるため，厚板の溶接に適しているが，溶接長の短いものには適していない．

3) ガスシールドアーク溶接　溶融金属は，図 2.32 に示すように，ワイヤ周囲に Ar, CO_2 を流すことによって大気から遮蔽されるため，酸化，窒化による脆化が起こらない．したがって，この方法ではフラックスを必ずしも必要としない．ワイヤにはケイ素 (Si)，マンガン (Mn) などの脱酸元素が適量含有されているものが用いられる．

4) エレクトロスラグアーク溶接　この方法では，図 2.33 に示すように溶融したスラグにワイヤを連続的に送り出し，スラグ中を流れる電流による抵抗熱によってワイヤと母材が溶融し，溶接金属がつくられる．溶接は下から上に向けて鉛直方向に進行し，ワイヤは銅製パイプまたは鋼製パイプのノズルの中を通って送り出される．

この方法は大入熱溶接であるため，溶接金属組織が粗大化し，衝撃特性が低下する場合がある (2.5.3 項参照)．したがって，ワイヤにはリン (P)，イオウ (S) の含有量を抑えるだけでなく，焼入れ効果を高めるモリブデン (Mo) を添加したものが用いられている．銅製パイプは溶接とともに上昇していくため溶融されない．これに対して，鋼製パイプはワイヤと一緒に溶融して溶接金属の一部を構成

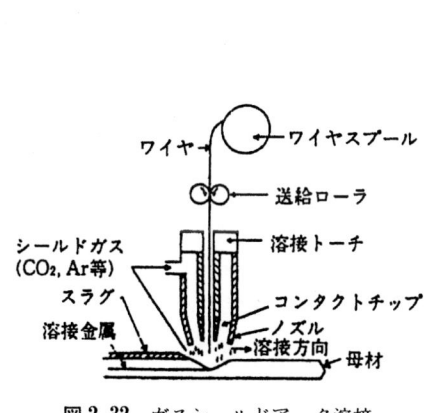

図 2.32 ガスシールドアーク溶接 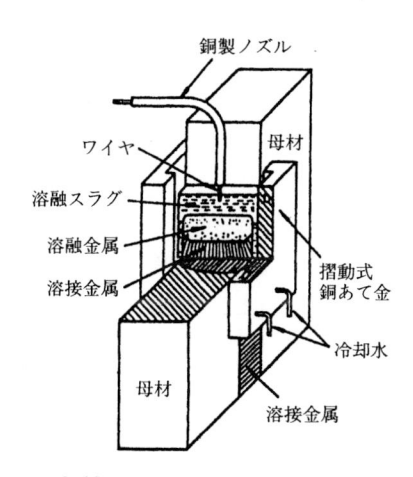　　**図 2.33** エレクトロスラグアーク溶接

するため，ワイヤ同様，リン(P)，イオウ(S)の含有量を抑えたものが使用される．母材の両面には水冷式の銅製あて金が設置され，溶融したスラグと溶接金属の流出を防止している．

この方法は溶接長が比較的短い個所の溶接に適しており，ボックス柱のダイアフラムの溶接に用いられる．

2.12.2 高力ボルト

a. 接合法

高力ボルトによる接合法は，摩擦接合と引張接合に分けることができる．摩擦接合では，図2.34に示すように，高力ボルトを強く締めつけることで生じる摩擦抵抗によって接合部材間での応力の伝達がなされ，高力ボルト自身はせん断力を負担しない．引張接合は高力ボルトを強く締めつけることによって生じた引張力とボルト自身がもつ大きい引張強度を利用して接合部材間の引張応力を伝達するものである．

b. 種 類

高力ボルトは，形状，材種，径，強度によって以下のように分類される．

① 形状：六角頭タイプの高力六角ボルト，丸頭タイプのトルシア形高力ボルト(図2.35)

② 材種：普通鋼，溶接亜鉛メッキ鋼，耐火鋼，耐候性鋼，ステンレス鋼

③ 径：M16(直径16mm，以下同様)，M20，M22，M24

④ 引張強度：F8T，F10TおよびF11T(引張強度の下限値がそれぞれ800，1000，1100 N/mm^2)

高力ボルトの材料には，炭素(C)含有量が0.2%程度の低炭素鋼に焼入れ性と強度を高めるためにクロム(Cr)，ボロン(B)を添加したものが用いられている．

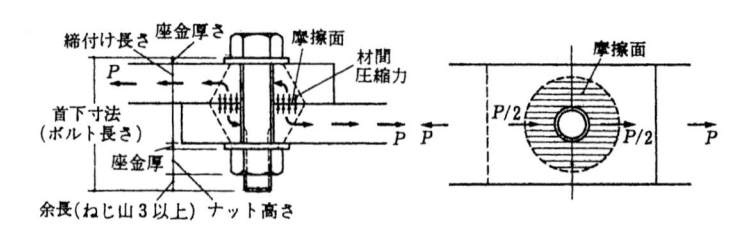

図2.34 摩擦接合[8]

2.12 部材を接合する材料

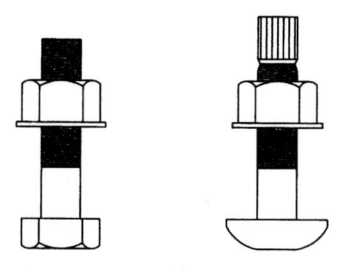

(a) 高力六角ボルト　(b) トルシア形高力ボルト

図 2.35 高力ボルト

3. 木材・木質材料

3.1 建築構造に用いられる木材・木質材料

◆◇◆ ポイント
- 木質構造においてはさまざまな木材・木質材料が使われている．
- 建築用に用いられる木材は，樹木のうちの主に幹（樹幹）を利用形態に適合できるように加工を施したものである．また，これを一度細分化し，改めて接着剤などを用いて再構成したものを木質材料と呼ぶ．

3.1.1 木材流通量と樹種

2000年の日本の全木材供給量（丸太量換算）は9900万 m^3 で，うち国産材が1800万 m^3 である．住宅建築用木材の供給量は3600万 m^3（製材換算で約2000万 m^3）とみられ，国産材，輸入原木，輸入製材がほぼ同量となっている．最近ではカナダ，欧州からの輸入製材品の増加が著しい．

木材を大きく分類すると**針葉樹**と**広葉樹**になる．そのいずれもが建築構造用材として適用可能であるが，材料の通直性や供給可能量などの面から針葉樹が多く使われている．その主なものの樹種分類を表3.1に示す．

3.1.2 分類と規格体系

木材・木質材料は加工の方法，形状，用途によっていくつかに分類される．わが国では，木材・木質材料の大部分は日本農林規格（JAS），日本工業規格（JIS）などで製品の規格化が行われている．この規格に従った分類の一例を表3.2に示す．

素材・製材は「素材（丸太など）」「押角」「製材」の3種類がある．製材とは材の4面を鋸断した材，押角とは製材のうち丸身がある許容限界を超えるものである．構造用製材JASには「針葉樹の構造用製材」「枠組壁工法構造用」の2種類

表 3.1 建築構造用に用いられる代表的な樹種

	科	属		種
針葉樹	マツ	マツ	硬松類	アカマツ,クロマツ,ロッジポールパイン,ポンデローサパイン,サザンパイン類,オウシュウアカマツ(欧州産レッドウッド),ラジアータパイン
			軟松類	ヒメコマツ,ウェスタンホワイトパイン,シュガーパイン,イースタンホワイトパイン,ベニマツ
		モミ		モミ,トドマツ,ファー類
		トウヒ		トウヒ,エゾマツ,スプルース類(欧州産ホワイトウッド)
		カラマツ		カラマツ,ウェスタンラーチ,ダフリカカラマツ
		トガサワラ		トガサワラ,ダグラスファー(ベイマツ)
		ツガ		ツガ,ウェスタンヘムロック(ベイツガ)
	ヒノキ	ヒノキ		ヒノキ,サワラ,シーダ類(ベイヒ,ベイヒバ)
		ヒバ		ヒバ(アスナロ,ヒノキアスナロ)
		ネズコ		ネズコ,ウェスタンレッドシーダ(ベイスギ)
	スギ	スギ		スギ
広葉樹	カエデ	—		イタヤカエデ
	カバノキ	—		カバ
	フタバガキ	—		ラワン類,アピトン,カプール
	ブナ	—		クリ,ブナ,カシ類,ナラ類
	モクセイ	—		タモ類,シオジ
	シナノキ	—		シナ
	ニレ	—		ケヤキ

がある.なお,上記の素材の JAS における等級区分は主として製材用原木としての評価基準を示したもので,強度性能の面から決定されたものではない.

木質材料には2つの意味がある.通常は原料を一度細分化し,これを改めて接着剤で再構成したものを指し,再構成木材と呼ぶこともある.広義には以上のものに製材などの機械加工材を含めることもある.

木質材料には,面材料として**合板**,パーティクルボード(PB),PB の一種である配向性ボード(OSB),ウェファーボード(WB),ファイバーボード(FB),軸材料としては**集成材**,単板積層材(LVL)があり,さらにこれらを複合化した各種梁材(I ビーム,ボックスビーム),工場生産トラス,複合材料(パネルなど)があり,木質構造を構成する上でいまや不可欠のものとなっている.主な木質材

表 3.2 主な建築構造用木材製品とその規格体系 (2003年4月現在)

区　分		規格の種類
軸材料	素材	素材
	一般製材	押角，針葉樹の構造用製材，広葉樹製材
	枠組壁工法用製材	枠組壁工法構造用製材，機械により曲げ応力等級区分を行う枠組壁工法構造用製材
	たて継ぎ材	枠組壁工法構造用たて継ぎ材
	処理木材	建築用防火木材 (JIS)，土台用加圧処理木材 (JIS)
	集成材	構造用集成柱，構造用集成材
	単板積層材 (LVL)	構造用単板積層材
	その他	PSL*，TJI*
面材料	合板	構造用合板
	ボード類	パーティクルボード (JIS)，ファイバーボード (JIS)
	パネル類	構造用パネル，建築用構造材 (JIS)

JIS：日本工業規格，＊：国土交通省告示による．注記のないものは JAS：日本農林規格

料の製造工程の概略を図 3.1 に示した．

　これらを構造用材として考えた場合，特に重要なことは，この構成原料（エレメント）の品質や配列（組合せ）を決めることによって，材料の特性を人為的にコントロールできること，製材に比べて高強度材料をつくれること，またそのばらつきを減少させることなどである．

3.2　木材の組織構造

◆◇◆ ポイント

・樹木はセルロース，リグニン，ヘミセルロースなどの有機物質からなっている．しかし，その単なる混合物ではなく，木材は樹木の成長過程で形成された種々の細胞・組織が関連をもって結合された，一種の構造体である．そのため，細胞が形成された時期によって，細胞そのものの性質が大きく異なっている．

・木材・木質材料は天然の生物材料であるため，鋼材・コンクリートにはない，異方性，粘弾性，経年変化と生物劣化，水分依存性，可燃性といった特異な性質を示す．また，材料的ばらつきとその制御の難しさも無視できない．木材のこうした材料的性質はその組織構造ときわめて深い関

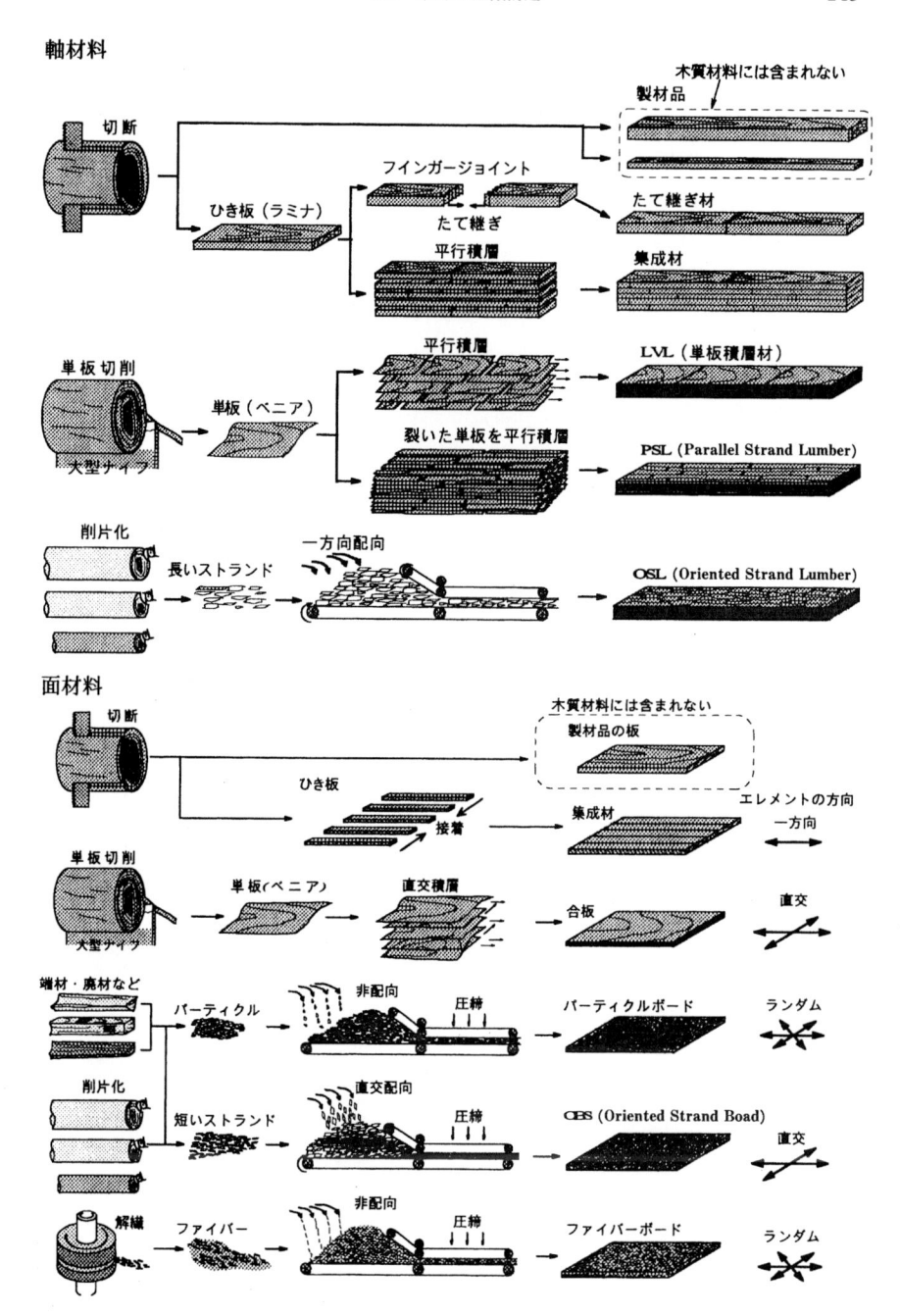

図 3.1　主な木質材料の製造工程の概略[1]

係がある.

3.2.1 樹幹と繊維

樹木は垂直方向と水平方向にそれぞれ細胞分裂によって成長するため，結果としてほぼ円錐形の樹幹ができる．半径方向の細胞分裂（肥大成長）は樹皮と木部の間にある形成層と呼ばれる環状の組織で行われる．ここで新しくつくられた細胞のほとんどは数週間で死んでしまい，内容物を失ったその細胞の殻だけが木材として内部に蓄積されていく．ただし，放射組織などの柔細胞（養分貯蔵機能を担う細胞）は形成されてから数年間は生き続ける．

木材樹幹の断面は，巨視的にはおおむね図 3.2 のようである．これを拡大すると図 3.2(b) のようにいくつかの細胞・組織（細胞の集合）から成り立っていることがわかる．そして，樹種ごとに異なった組織の構成になっているため，結果として木目などの外観がさまざまに変化する．

木材の性質は図 3.2(b) 中に示すような繊維方向（軸方向，L 方向），半径方向（R 方向），接線方向（T 方向）の基本軸を定めて考えていく（三軸直交**異方性**材料）のが通例である．また，それぞれの 2 つの軸で決定される面をそれぞれ**柾目**面，**板目**面，**木口**面という．

強度性能などの材質を左右するものは，樹幹の長さ方向に配向する繊維（針葉樹では**仮道管**，広葉樹では**木部繊維**）である．これは直径数 10 μ，長さ数 mm，中空の細長い細胞で，仮道管は針葉樹の約 95%，木部繊維は広葉樹の 40〜80%

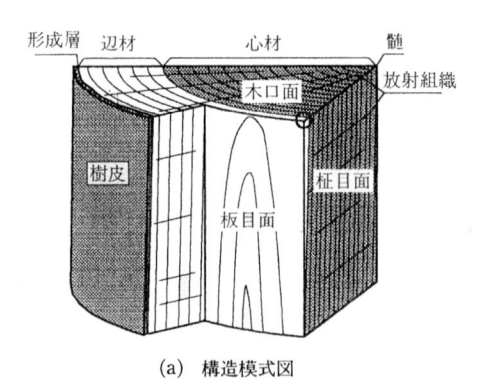

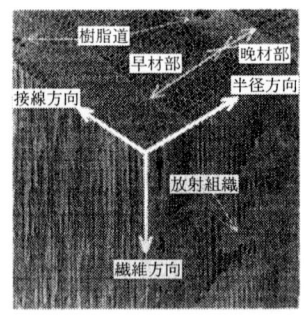

(a) 構造模式図　　(b) カラマツ材の電子顕微鏡写真
　　　　　　　　　　　（大谷 諄氏提供に筆者加筆）

図 3.2　木材の構造

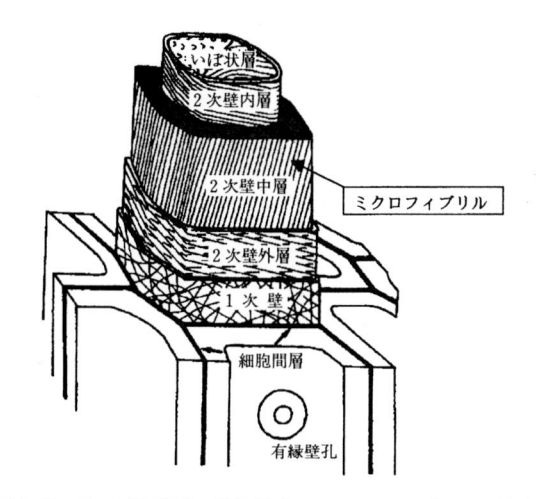

図 3.3 針葉樹仮道管の壁層構造とミクロフィブリルの配向[2]

を構成している．繊維を模式的に示すと図 3.3 のようになり，この実質部(細胞壁)はさらに数層に区分される．これは木部細胞が形成層で分裂してできた後，細胞径が拡大し，さらに細胞の内側に向かって細胞壁が厚くなった後の姿である．

このうち最も重要な部分は細胞壁全厚の 70% を占める 2 次壁中層(これを，通常「S2」層と呼ぶ)であり，ここではセルロース分子の集合体(ミクロフィブリル)が $10〜30°$ 程度の角度でらせん状に配向し，ヘミセルロースを介してリグニンで包み込まれた構造になっている．そのため，このセルロースとリグニンおよびヘミセルロースを鉄筋コンクリートにおける鉄筋とコンクリートおよび付着材の関係に見立てて説明されることが多い．

また繊維相互は主にリグニンからなる細胞間層によって，ちょうど接着されたようになっており，これに半径方向にのびる放射柔細胞や広葉樹では，さらに水分通導組織である道管などが組み合わされて，全体の木部が形成されている．

3.2.2 細胞の半径方向の変動

a. 早材・晩材と年輪 (図 3.2 (b))

温・暖帯地方での肥大成長は，早春に開始，晩夏に停止，という 1 年のサイクルをくり返すことによって，いわゆる「**年輪**」ができる．形成される細胞は成長

の時期によって形状がやや異なり，初期の大径薄壁のものを**早材**（そうざい），後期の小径厚壁のものを**晩材**（ばんざい）と呼ぶ．その密度の比は1:2〜4程度であり，強度性能は晩材の比率に影響を受けている．また，針葉樹の晩材部は比較的一定の幅となるため，年輪が広くなると密度，強度が低下する傾向がある．

b. 成熟材と未成熟材（図3.4）

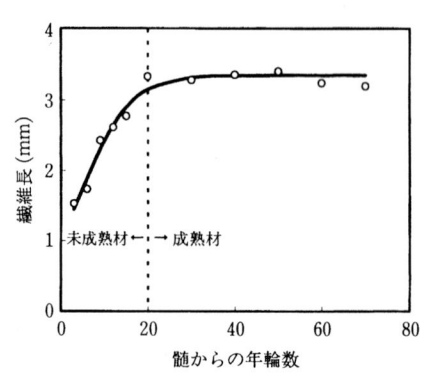

図3.4 スギ材の半径方向の繊維長変動例[3]

樹心に近い方の繊維は，比較的短く，また2次壁中層のミクロフィブリルの巻きつく角度（ミクロフィブリル傾角）が細胞軸に対して大きい．そして樹齢が進むに従って繊維長は長く，傾角は小さくなり，やがて安定した状態に達する．これ以降に形成された材を**成熟材**，これより幼齢な材を**未成熟材**と呼ぶ．未成熟材の期間は，樹心から10〜20年間程度といわれており，樹幹中では髄を中心とするほぼ円筒形の部分がこれに相当する．未成熟材では一般に針葉樹では広年輪幅，低晩材率で，強度性能が低い傾向がある．

c. 辺材と心材（図3.2(a)）

木口面をみると，多くの木材では樹皮に近い外側の部分に比べて中心（髄）に近い内側が濃い色をしている．この外側の部分を**辺材**（へんざい），内側の部分を**心材**（しんざい）という（木材学では「放射組織などの柔細胞を含むすべての細胞が死んだ部分を心材，その他の部分を辺材」と定義する）．

辺材から心材へ変化する現象を心材化と呼ぶ．辺材部分では細胞を伝って水分が通導しているが，心材化した細胞では水分の通導がなくなり，細胞内に耐久成分，におい成分，着色物質などが形成される．心材が樹種によって特有の色調を示し，辺材に比べて腐朽に対する抵抗性が高くなるのはそのためである．

辺材の幅は樹種によっても異なるが，1本の樹木の中では，おおむね，一定の幅で分布している．

3.3 木材の力学的性能に影響する因子

◆◇◆ ポイント

- 木材中には水分が含まれ，この多少によって木材の物理的性質は大きく影響される．木材中の水分の比率を含水率と呼び，大気中で安定する含水率(平衡含水率)は日本では15％前後である．含水率が低下すると木材は収縮し，その比率は材の方向によって大きく異なる．強度性能も含水率の低下に伴って増加するが，同時に断面の寸法も減少するので注意が必要である．
- 木材の密度(比重)は木材の強度性能，特に接合部における局部的な横圧縮，せん断，割裂などに関する強度評価指標として重要である．
- 木材を利用する上でなんらかの支障がある異常部分を総称して「欠点」と呼ぶ．そのうち重要なものには「節」「繊維走行の傾斜」「割れ」「腐朽」，ほかに「あて」などの組織上の欠点がある．

3.3.1 含水率

a. 木材中の水分の状態

木材中には水分が含まれ，この多少によって木材の物理的性質は大きく影響される．その比率は**含水率**(MC)と呼ばれ，次の式で示される．

$$u = 100(W - W_0)/W_0 \tag{3.1}$$

ここで，u：含水率(％)，W：ある水分状態での重さ，W_0：全乾(水分なし)状態での重さを表す．

木材中の水分は細胞中の空隙にあるもの(自由水)と細胞壁中にあるもの(結合水)に分けられる．立木時の木材含水率は樹種，部位によっても異なるが，おおむね40～70％程度で，時には200％近くに達するものもある．

これを大気中に放置しておくと自由水が蒸発を始める．自由水が蒸発しきったときを**繊維飽和点**(FSP，MC：25～35％)と呼ぶ．この後，結合水の蒸発が始まり，やがてある水分状態になって安定する．この状態を**気乾状態**といい，このときの含水率を**平衡含水率**(EMC)と呼ぶ．平衡含水率は温度と湿度の条件によって異なる．標準値としては日本では15％がよく用いられるが，屋内環境では部位や空調などの状況によっても大きく影響される(表3.3)．

表 3.3　環境条件と平衡含水率の関係

相対湿度 (%) \ 温度 (℃)	0	10	20	30	40	50
20	4.8	4.7	4.5	4.3	4.0	3.7
40	8.0	7.8	7.6	7.4	6.9	6.5
50	9.6	9.4	9.2	8.8	8.4	7.8
60	11.4	11.1	10.8	10.5	10.1	9.5
70	13.5	13.3	13.0	12.6	12.1	11.5
80	16.8	16.6	16.0	15.6	15.0	14.2
90	21.0	21.0	20.6	20.0	19.4	18.2
100	30.5	30.2	30.1	30.0	28.5	28.0

表 3.4　木材中の水分状態と含水率

	生材時	繊維飽和点時	気乾時	全乾時
自由水	ある	なし	なし	なし
結合水	飽和状態	飽和状態	平衡状態	なし
含水率	40%以上	25〜35%	15%前後	0%

　さらに木材を強制的に乾燥させると，結合水も外気中に放出され，最終的に含水率 0% の状態に到達する．これを全乾(絶乾)状態という．

　一般に「含水率が繊維飽和点以上の材」を**生材**（なまざい），「平衡含水率に達した材」を**気乾材**という．また，「乾燥材（構造材では含水率 20〜25% 以下の材）」「未乾燥材」は規格で決められた含水率を基準としたものである．

　生材では材内部の水分が表層に向かって順次移動しながらしだいに乾燥していく．例えば厚さ 105 mm 程度の生材を屋内に放置しておいた場合，表層が気乾条件に達するのは数カ月程度であるが，このときの内部含水率は繊維飽和点以上であることが多く，材全体が気乾条件に達するまでにはさらに長い時間が必要である．乾燥の速さは材厚の 1.5〜2 乗に反比例するといわれている．

　このような木材中の水分状態の変化をまとめると表 3.4 のようになる．

b. 寸法変化

　含水率が繊維飽和点以下になると，乾燥に伴って木材は**収縮**を始める．これは図 3.3 に示した木材繊維 S2 層中のミクロフィブリルの隙間に存在する結合水が減少し，それに伴ってミクロフィブリル間の距離が小さくなるためである．正常材繊維の S2 層では，ミクロフィブリルは細胞軸に対して 10°程度の傾斜をもっ

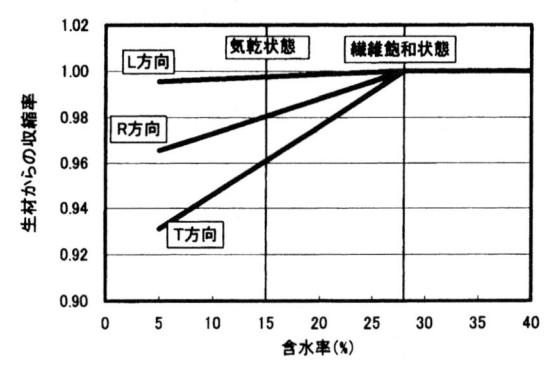

図 3.5 木材の乾燥による収縮

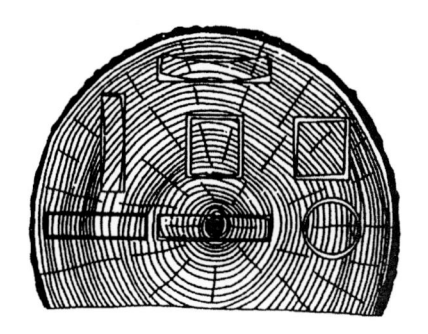

図 3.6 材の乾燥収縮による変形

ているため，R・T方向はL方向より収縮率が大きくなる．さらにR・T方向では放射組織，早晩材の配置が異なるため，乾燥収縮率はおおむねT：R：L＝10：5：0.1～0.2の比率となる．

T方向の収縮率は含水率1％当たりの0.2～0.4％である．したがって気乾材は生材に比べてT方向で3～6％，R方向で1.5～3％，L方向で0.3～1％程度縮む（図3.5）．またR，T方向の収縮率の違いのため，製材には収縮変形や髄を含む丸太や製材では割れが発生する．丸太断面内で切り出された材の乾燥収縮による変形状態を図3.6に示す．実大材では乾燥時に材表面と内部の含水率の差から収縮が抑えられた状態になり，収縮率はやや小さくなる傾向がある．

c. 含水率と強度の変動

木材の強度性能も繊維飽和点以下では含水率の低下に伴ってほぼ直線的に増加する．実大材での強度変化率は米国規格 ASTM D 2915 などに示されている（図3.7）．図3.8はシベリア産カラマツ材の含水率と曲げ強度性能の関係の実測値で，気乾材（含水率25％以下）の曲げ強さの平均値は乾燥によって生材の約1.3倍となっているが，上質材ではさらに大きく，低質材での増加の程度は比較的少ない．断面の寸法は辺長で5％程度減少するので，これを加味すると低質材では乾燥によって耐力が未乾燥材より低くなることもある．これは，乾燥によって節

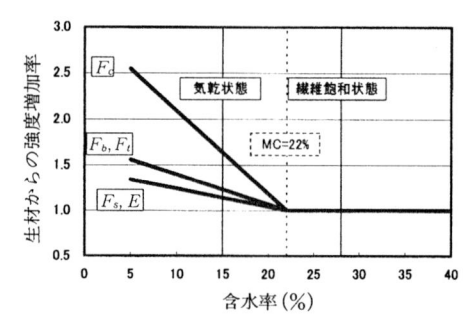

図 3.7 木材の乾燥による強度増加（ASTM D 2915 による）
F_c：圧縮強さ，F_b：曲げ強さ，F_t：引張強さ，F_s：せん断強さ，E：ヤング係数を表す

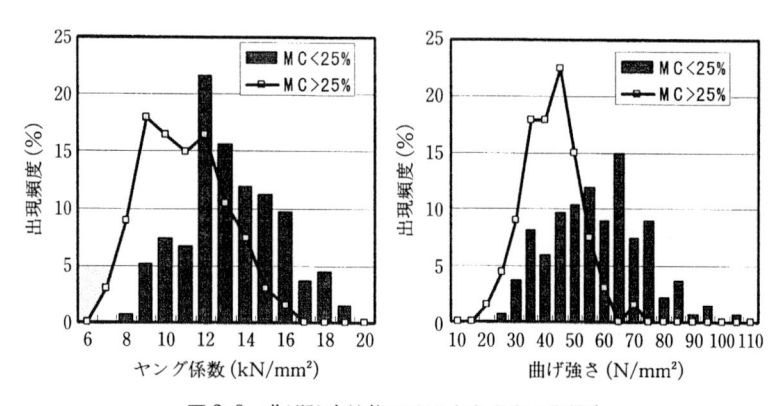

図 3.8 曲げ強度性能に及ぼす含水率の影響[4]

周辺に微小な割れが多く発生するためと考えられる．

またヤング係数は乾燥によって約 1.2 倍程度増加するが，断面 2 次モーメントの減少分を考慮に入れると，曲げ剛性は生材時とほぼ同等となる．しかし，後述するように生材ではクリープの進行が大きいため，やはり十分な乾燥を施さないと実用上の大きな問題が生ずる．

図 3.9 高周波式含水率計（KETT 社製）

d. 含水率の測定法

木材の含水率を正確に知るには，木材自体の全乾重量を知らねばならない．しかし，これは不可能であるのでいくつかの簡易測定器（含水率計）が開発され，現場で用いられている．その代表的なものが電気抵

抗式(針状電極を木材に打ち込むタイプ)と高周波式(極盤を押し当てるタイプ,図 3.9)の含水率計である.しかし,これらの計器では表面から数 cm の範囲での平均含水率が表示されるため,全体の平均的な含水率を示しているとは限らない場合があることに留意しなければならない.

コラム

木材は二酸化炭素の缶詰・水の銀行

　木材実質量の約 50% が炭素である.つまり,樹木の成長に伴って,木材中に順次炭素が固定されていくことになる.例えば秋田県の木材総蓄積量は 1.17 億 m³ であるから,これが年間 3% ずつ増えていくと仮定すると,年間の蓄積増加量は 351 万 m³ で,これに全乾密度 (500 kg/m³) と炭素量比率を乗じると,1 年に 88 万 t の炭素を新しく固定していっていることになる.これと,自動車から吐き出される炭素量を比較してみよう.ガソリン 1 l の炭素量は約 600 g であるから,燃費 10 km/l の車が年間 12000 km 走るとすると,1 台で 720 kg の炭素を放出することになる.秋田県の車の台数は 70 万台くらいであるから,総放出量は約 50 万 t となる.

　一方,立木中の水分は条件によっていろいろ異なるが,これもごく大まかに木材実質量の 50% くらいであるから,秋田県では木材蓄積量から約 3000 万 t の水が立木内に備蓄されていることになる.そして,これが季節によって増減する.水の銀行みたいなものである.家庭用の風呂桶の容量は 240 l ほどだそうであるから,3000 万 t の水とは秋田県の 1 世帯が毎日新しいお湯で入浴できるくらいの量に相当する.

3.3.2　密度 (比重)

　密度は質量を体積で除した値である.気乾条件の木材密度は特殊な樹種を除くとおおむね 300～900 kg/m³ の範囲にある.

　無欠点材では一般に密度と各種強度はほぼ比例関係にある.材の気乾密度を R (kg/m³),各強度値の単位を N/mm² とすると,ヤング係数 $(E) ≒ 20 R$,縦圧縮強さ $(F_c) ≒ 0.08 R$,曲げ強さ $(F_b) ≒ 2 F_c$,縦引張強さ $(F_t) ≒ 3 F_c$,横圧縮強さ $(F_{c-90}) ≒ 0.1 F_c$,せん断強さ $(F_s) ≒ 0.02 R$,として概算できる.例えば,スギでは $R = 350$ 前後であるから,E：7000,F_b：56,F_t：84,F_c：28,F_{c-90}：2.8,F_s：7,程度の値となる.

　実際の木質構造においては,接合部における局部的な横圧縮,せん断,割裂な

どに対する配慮が重要で，密度はこれらに関する特性と高い相関関係にあるため，強度評価指標として重要なものになっている．しかし，曲げ，圧縮，引張などの強度は，節など次項で示す欠点の著しい影響を受ける場合が多い．

3.3.3 欠　点

木材を利用する上でなんらかの支障がある異常部分を**欠点**と呼ぶ．これは生物的に形成されたものと外部環境によってつくられたもの，および加工の段階で出現するものの3種類に分けて考えることができる．

a. 節

樹木の生命活動のため，樹心から外部に伸びる枝条が形成される．材料中に**節**として残るのは枝条部の痕跡である．節があると節周辺の樹幹の繊維走向が乱れるため，特に曲げ強さや引張強さに大きく影響する．このため，JASにおいても，目視による場合は，主に節径比によっていくつかの等級に区分されている．節径比とは材幅に対する節径の比である．最も大きな節について測る最大節径比のほか，15 cmの区間に入るすべての節について合計をとる集中節径比の規定がある（図 3.10）．

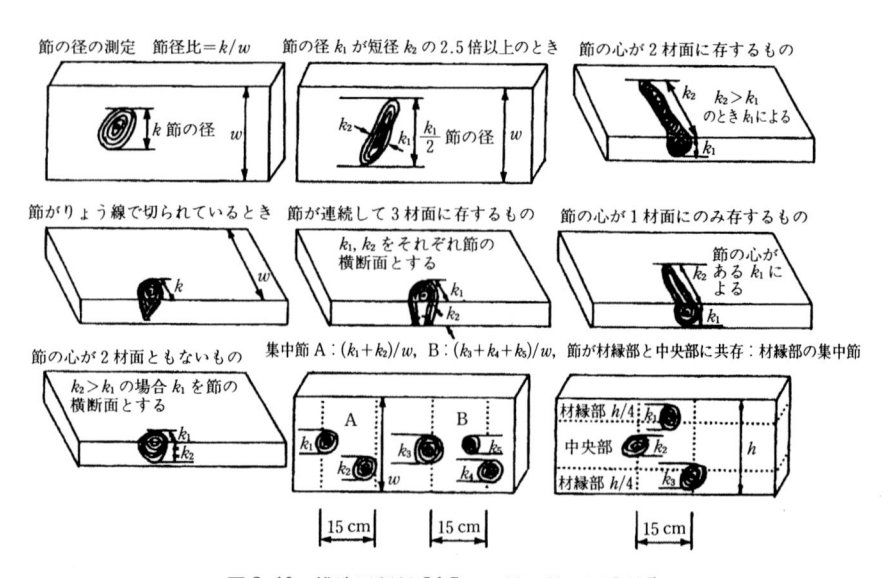

図 3.10　構造用製材 JAS における節の測定法[5]

b. 繊維走行の傾斜

木材への荷重方向が繊維方向に対して平行である場合，強さやヤング係数が最も大きく，荷重方向と繊維方向のなす角度（繊維走行角）が大きくなるに従って低減していく．そのため JAS では，繊維走行の傾斜が大きい材については強度等級を下げるように規定している．

繊維走行の傾斜による強度低減率は，以下に示すハンキンソン(Hankinson)の式で示されることが多い．すなわち，

$$N = \frac{PQ}{P\sin^n\theta + Q\cos^n\theta} \tag{3.2}$$

ここに，N：繊維走行角 θ のときの強度，P：繊維方向の強度，Q：繊維と直交方向の強度，n：外力の種類による定数（引張強度で1.5〜2.0，圧縮強度で2.5，曲げ強度で2.0程度）であり，これを図示すると図3.11のようになる．

c. 割れ

木材の**割れ**とは，木材細胞間の微小な隙間が，主に乾燥収縮によって拡大し肉眼的に顕著になったもので，規格上では大きく2種類に分けられる．

1つは目回り（年輪に沿った割れ）および貫通割れ（材の1側面から他の側面に抜けている割れ）で，これらは特に接合部の強度を低減させる要因となるため，

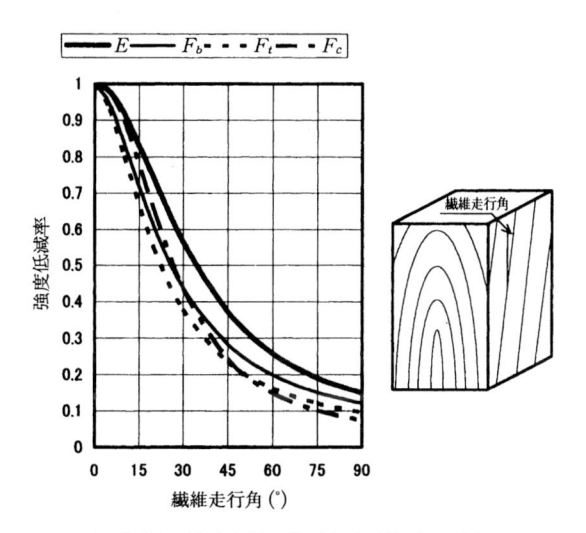

図 3.11　繊維走行の傾斜による強度低減率
（F_c：圧縮強度，F_b：曲げ強度，F_t：引張強度，E：ヤング係数）

JASの目視等級区分法ではせん断耐力の低減を想定した制限がされている．

一方，乾燥による割れは収縮異方性および材の乾燥進行時の表面と内部の含水率差によって発生する．心去り材（髄を含まない材）では乾燥の方法によっては防ぐことはできるものの，心持ち材（髄を含む材）では特殊な人工乾燥法を用いた場合を除き，乾燥による割れは不可避である．このような表面の割れは，強度性能に影響しないため規格上の制限はないが，木材流通の現場においては，種々の理由から「割れていない乾燥材」を求められることも多い．

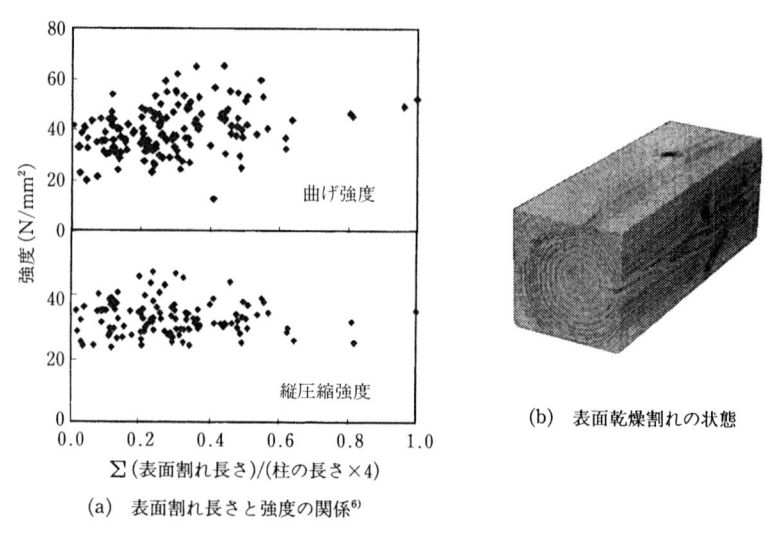

(a) 表面割れ長さと強度の関係[6]

(b) 表面乾燥割れの状態

図 3.12 スギ 105 mm 角心持ち柱材の表面乾燥割れと強度への影響

山形プレート接合部 表面割れ長さと強度の関係

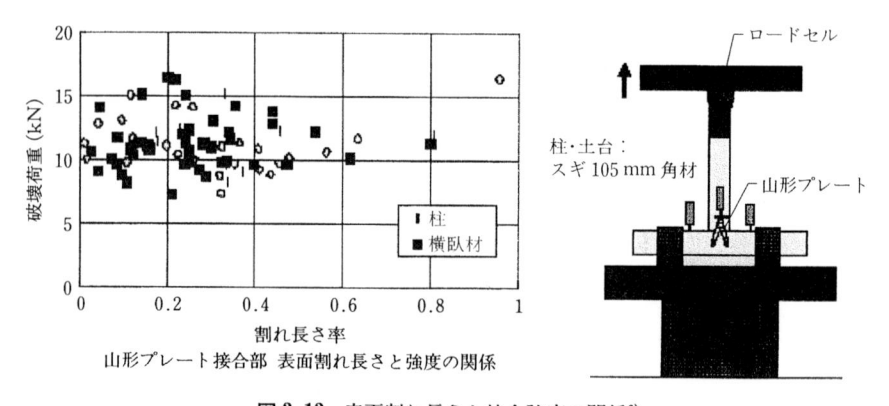

図 3.13 表面割れ長さと接合強度の関係[6]

乾燥割れと強度性能の関連に関する実験結果の一例を示す．図3.12は表面割れ長さと曲げ強度，縦圧縮強度の関係，また，図3.13は表面割れ長さと，建築用接合金物（山形プレート）を用いた接合部分の強度の関係を調べた実験の結果を示したものである．これらをみるといずれの場合も割れの増加に伴う明瞭な強度低下は認められない．

d. その他

その他の欠点として，樹木の成長過程でつくられる特殊な組織（**あて材**など）がある．それらのいずれも強度変動に影響を及ぼしているが，定量的な評価は難しいため，規格では肉眼的に明らかなものに限って制限することが多い．「腐朽」については3.6.2項に述べる．

このほかに製材・切削・乾燥などの加工の段階で出現する，寸法精度，表面性状などの欠点もある．

― コラム ―

木材の材積

木材の体積を「材積」という．さて，製材用の丸太の材積はどのように計算するかというと，日本では「丸太の径を末口側（径の細い方）の最小直径」とし，これから「末口二乗法（径の2乗×長さ，ただし長さ6m未満の場合）」で計算する．このときの径の単位はcmで，中および大の丸太では2cmごとに切り捨てていく．つまり，末口の短径が21cm，長径が23cmあったとすれば，公称径は20cmであり，長さが4mであれば，材積は0.16m³となる．これを「$\pi r^2 \times$長さ」などと材積を出すと，原価計算をめぐっての行き違いが起こる．数学的には変な感じもするだろうが，これは古くからの慣習のようで，簡単には変わりそうもない．それに，丸太にはテーパー（長さ1mにつき1～2cm）がついているので，実体積ともほぼ一致している．なお，丸太の体積計算方法は世界各国で異なっている．

3.4 木材の力学的特徴

◆◇◆ **ポイント**
- JISの試験法では材料的欠点を取り除いた試験体（無欠点材）を用いる．そのため，材料的な欠点が含まれる実用材での実験値とは必ずしも一致しないことがある．
- 木材の力学的性質は三軸直交異方性材料として取り扱われるが，実用的

> には繊維方向に対して「縦方向」「横方向」に区分して扱うことが多い．
> ・木材の強さは木材中の欠点の存在によって大きく異なる．また，破壊に至る過程は荷重条件によっても大きく異なる．圧縮では靱性型，引張・せん断では脆性型，曲げではその中間型ないしは脆性型を示す．
> ・木材のクリープは，材の含水率や温湿度などの環境条件に影響されるが，気乾材での最終的な変形量は，初期の弾性変形の1.6～2.0倍である．クリープ限界以上の荷重条件では，荷重水準によって破壊までの時間が異なる．現行の**許容応力度**体系における「長期」「短期」の考えはこの影響を考慮に入れたものである．

3.4.1 木材の一般的特徴と力学的モデル

木材の力学的性質のうち，最も特徴的と考えられるものは「異方性」と「粘弾性」であり，これらはいずれも 3.2 節に述べた木材組織と密接に関連している．また，成長の過程で生物的に不可欠な特殊な組織や細胞(節・あて・未成熟材など)を多く形成し，内部は不均質なものとなる．製材はそのような木材を単に機械的に加工したものであるから，さまざまな不均質性が材料的欠点として評価され，その存在状況によって強度が著しく変動する．

JIS の試験法ではこれらの材料的欠点を取り除いた試験体(無欠点小試験体)を用いる．各種のハンドブックなどにはこの試験によって得られた結果が記載されていることが多い．この数値は，木材が本来もっている強度性能値を意味しており，それぞれの樹種の位置づけなどを調べる上で重要な指標になるが，同じ樹種でも，生育環境，品種，材内での位置などによって，材質がかなり変動することを念頭におく必要がある．一方，実際の構造物に使用される実用材には材料的な欠点が含まれており，構造設計には実用材の強度性能値が必要となるが，この値は無欠点小試験体から得られた結果とは必ずしも一致しないことがある．

3.4.2 無欠点小試験体の力学的挙動

構造体中の木材に発生する応力の種類はさまざまであるが，応力とひずみの基本的な関係を知るため，無欠点小試験体における繊維方向の圧縮と引張の応力-ひずみ曲線の典型例を図 3.14 に示す．これから，

① 木材はある応力レベルまで弾性変形と見なしても差しつかえない挙動を示す．また圧縮，引張の弾性域でのヤング係数はほぼ等しく，鋼の降伏点に相当す

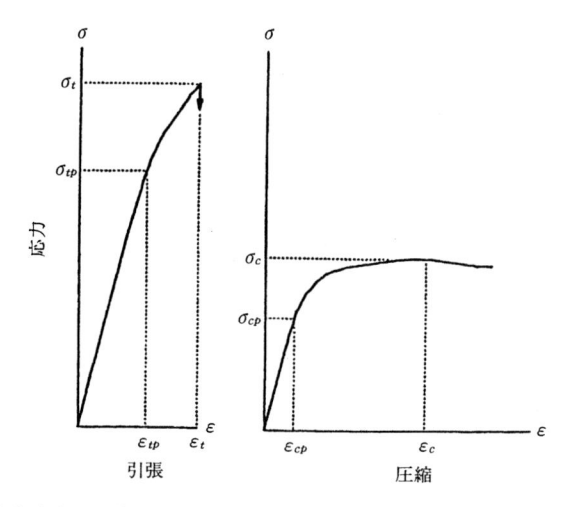

図 3.14 無欠点小試験体における繊維方向の圧縮と引張の応力-ひずみ曲線の典型例

るものはない．

② 圧縮と引張の最大応力の比は約 1:2 であるが，比例限度 (σ_{tp}, σ_{cp}) は圧縮では最大荷重の約 2/3，引張では約 3/4 である．

③ 最大荷重を超えると，圧縮では最大荷重付近で一定の荷重が保持され，ただちに破壊に至ることはない．しかし，引張では脆性的な破壊に至る．

ここで引張最大応力 (σ_t) は 70~200 N/mm²，最大ひずみ (ε_t) は 1~2%（鉄鋼のほぼ 1/10），比例限ひずみ (ε_{tp}) は 0.8~1.2%，圧縮時の最大ひずみ (ε_c) は 1~2%，比例限ひずみ (ε_{cp}) は 0.3~0.4% である．曲げ荷重に対しては，以上の圧縮，引張荷重のほぼ中間的な挙動を示すが，せん断荷重条件では，引張と同様，最大応力後ただちに破壊に至り，きわめて脆性的である．

荷重が繊維に対して直交方向に加わるときの強さは，接線 (T) 方向で繊維 (L) 方向の 5%，半径 (R) 方向で 10% 程度の値となるが，破壊に至る過程は L 方向でのときとほぼ同様の傾向を示す．

弾性係数にはヤング係数 (E)，せん断弾性係数 (G)，ポアソン比 (ν) があり，木材の弾性域内での応力とひずみの関係を知るためには，それぞれ 3 種類のヤング係数，せん断弾性係数，ポアソン比が必要である．それらの値は樹種，試料ごとにばらつきがあり，また各種資料に掲載されているので割愛し，ここでは澤田[7]の提唱する針葉樹の弾性係数 (E_L) を基準に概算する方法を示す．基準にな

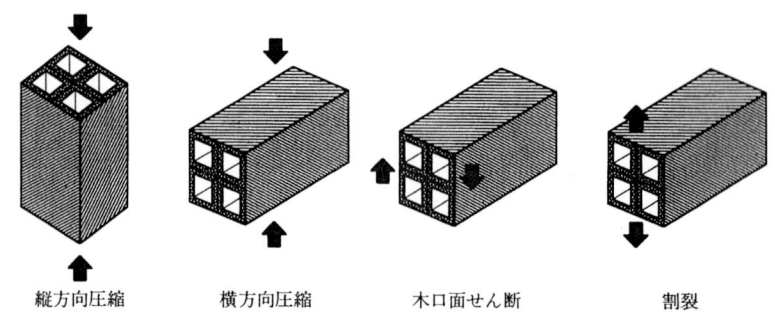

図 3.15 荷重負荷の方向と木材の繊維との関係

る E_L は実験結果では 3～20（多くは 8～14）×10^3 N/mm² である.

$$E_R=0.075E_L, \quad E_T=0.042 E_L \tag{3.3}$$

$$G_{LR}=0.060E_L, \quad G_{LT}=0.050 E_L, \quad G_{RT}=0.0029 E_L \tag{3.4}$$

$$\nu_{LR}=0.40, \quad \nu_{LT}=0.53, \quad \nu_{RT}=0.62 \tag{3.5}$$

鋼の $E, G/E, \nu$ はそれぞれ 2.1×10^5 N/mm², 0.39, 0.3 であるから, 木材の E_L は鋼の 1/20 程度, G は E に比較してかなり小さいものであり, ν は 2 倍近くあることがわかる.

　木材の力学的挙動の特異性は, その組織構造に由来する (図 3.15). 木材が圧縮荷重時に最大荷重付近で一定の荷重が保持されるのは, パイプ構造になっている細胞壁が断続的に座屈していくためである. また木口面せん断弾性係数 (G_{RT}) の異常な低さはちょうど繊維を転がすような荷重条件になるためで, これを特に"rolling shear"と呼ぶ. さらに切り欠き, 繊維走行の傾斜によって強度が著しく低減することがあるのは, 繊維を横方向に引き裂く力 (割裂) が発生するためである.

3.4.3　実大材の応力-ひずみ曲線と破壊の様式

　実大材の応力-ひずみ曲線は, 材中の欠点の存在によって無欠点小試験体とはかなり異なってくる. 実大材の曲げ強度試験の例を図 3.16 に示す. ここで, 節などの欠点の多い低品質材では, 材の含水率条件にかかわらず, ほとんどが節部分の破損を契機とした脆性的な破壊をする. 欠点の比較的少ない高品質材では, 含水率条件によってやや異なり, 生材は気乾材に比較し, より低荷重で比例限を超え, 破壊時のたわみが大きいことがわかる.

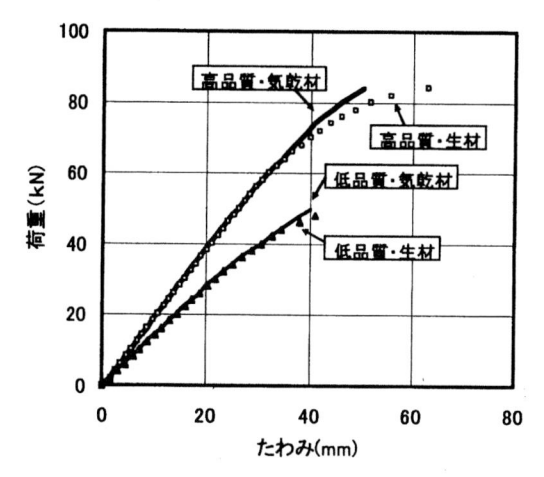

図 3.16 実大材の曲げ強度試験結果の例
(ベイマツ材, 幅 120 mm, せい 240 mm, スパン 3750 mm の 3 等分点荷重)

また,実大材では断面が大きく,一般に節,繊維走行の傾斜,割れなどの欠点が含まれている.そのため,特に心持ち材のような場合には,純粋な三軸直交異方性材料とはみなしにくくなる.そこで,実用的にはL方向を「縦方向」,R, Tの2方向を一括して単に「横方向」ということが多く,例えばヤング係数では「縦ヤング係数」「横ヤング係数」といった呼び方をする.実大材の弾性係数の実測例は,ヤング係数を除いて多くはない.しかし,基本的には無欠点小試験体の値から誘導できると考えてよい.

3.4.4 クリープおよび DOL

木材の**クリープ**は材の初期含水率に大きく影響される.図3.17は曲げクリープ変形実験結果の一例である.試験に用いた生材は,実験開始後約1年でほぼ平衡含水率に達しているが,この1年間の木材中の水分の蒸発過程で大きく変形(たわみ)が進行し,平衡含水率に達した後は変形増加傾向が緩やかになっている.

クリープ現象の模式図を図3.18に示した.一般に,気乾材での最終的な変形量は初期の弾性変形の1.6〜2.0倍であるといわれている.そして,荷重を取り除けば変形は徐々に回復していく.しかし,負荷荷重がある水準を超えると,比較的穏和な環境条件下でも,木材細胞壁内には全体の破壊には至らない程度の微

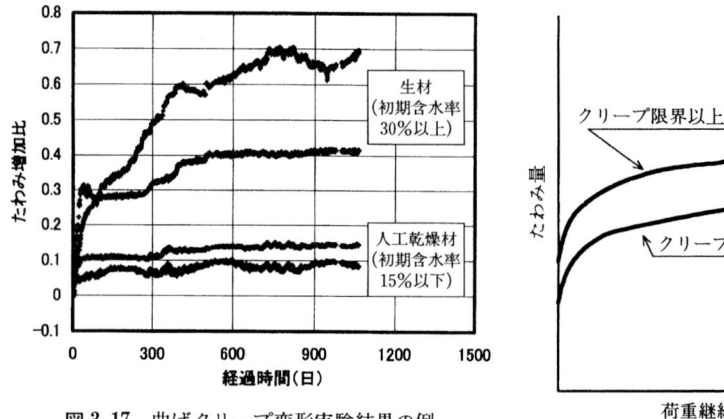

図 3.17 曲げクリープ変形実験結果の例
（岡崎泰男氏提供による）

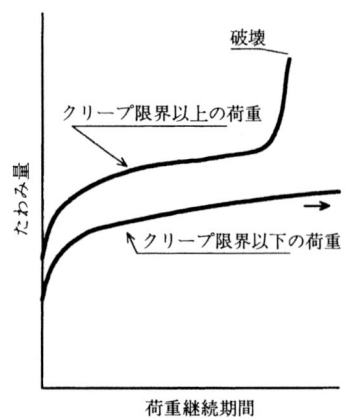

図 3.18 クリープ現象の模式図

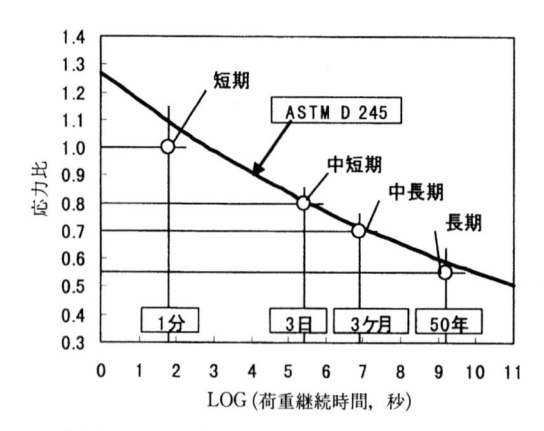

図 3.19 DOL効果曲線（図中の○は建築基準法施行令での想定値）

小な損傷が発生する．さらに同じ荷重条件が続くと時間の増加に伴って損傷が増え続け，最終的に材は破壊する．それ以下の荷重条件では，クリープたわみは進行するものの最終的な破壊は起こらない．「クリープ限界」とはこの限界となる荷重条件のことで，通常の実験での破壊荷重の 50～60% である．

クリープ限界以上の荷重条件では，荷重のレベルによって破壊までの時間が異なる．この関係を DOL (Duration of Load, 荷重継続時間) 効果といい，日本の建築基準法でもこの考えが取り入れられている．図 3.19 には DOL 効果曲線を示した．図中の米国規格「ASTM D 245」は，米国 Forest Product Laboratory の実験から予測された曲線であり，建築基準法施行令ではこの曲線に近似した値を

表 3.5 基準強度と設計用許容応力度の関係(建築基準法施行令 89 および 95 条から作成)

基準強度	積雪(限界耐力計算用)	短期	積雪(許容応力度計算用)		長期
			短期	長期	
F	$4F/5$	$2F/3$	$1.6F/3$	$1.43F/3$	$1.1F/3$

用いて，木材の設計用許容応力度(建築基準法施行令 89 および 95 条)を決定している(表 3.5)．なお，表 3.5 でいう基準強度(F)は 3.5.1 項で述べる「下限値」である．表中の積雪(許容応力度計算用)および長期の設計用許容応力度の係数は，きわめて短い場合(数分，短期)を 1 とし，数日(積雪短期)，数カ月(積雪長期)，50 年以上(長期)に対してそれぞれ 0.8，0.71，0.55 となることから誘導され，これに安全係数として 2/3 を乗じたものである．

以上のようなクリープおよび DOL 効果といった「力学的劣化」は木材の組織構造に由来するものであるため，構造物に何らかの荷重が負荷される場合，避けられないものである．

3.5 材料のばらつきと制御

◆◇◆ ポイント

- 木材内部はきわめて不均質なものであり，製材はそのような木材を単に機械的に加工したものであるから，「材料的欠点」の存在状況によって強度が著しく変動する．曲げ強さの場合，無欠点小試験体の変動係数は樹種ごとに 15〜20% と考えられるが，実大材では 30% を超えることは珍しくはない．
- 木材の許容応力度は基準強度(F)に荷重継続時間と安全率を考慮した係数を乗じて算出する．
- 構造材料としての信頼性を確保するためには「強度等級区分」が不可欠である．この方法には「目視法」と「機械法」がある．

3.5.1 材料の強さの基準

木材の**許容応力度**は，基準強度(F)に荷重継続時間と安全率を考慮した係数を乗じて算出する．この F 値は対象とする等級の平均値ではなく，通常「5%値(5%下限値)」を用いる．すなわち，強度値を低い順番に並べ，全体が n 個あっ

表 3.6　係数 K

n	K	n	K	n	K
3	3.152	20	1.932	200	1.732
4	2.681	30	1.869	500	1.693
6	2.336	50	1.811	1000	1.679
10	2.104	100	1.758	3000	1.664

たとすれば，$0.05n$ 番目の値を下限値と考える．

　強度の分布がある関数形によって表現できれば，下限値を数学的に求められる．強度が正規分布に従うと仮定したときには，平均値 (μ)，標準偏差 (σ) または変動係数 $V(=\sigma/\mu)$ から，$F=\mu-K\sigma=\mu(1-KV)$ として求められる．この係数 K（表 3.6）は n によって変化する．なお関数モデルとしては，正規分布以外に対数正規分布，ワイブル分布が選ばれることもある．詳しくは日本建築学会「木質構造限界状態設計指針（案）・同解説」[8] を参照されたい．

3.5.2　材料のばらつきの程度と強度等級区分

　木材はばらつきの大きい材料である．曲げ強さの場合，無欠点小試験体の変動係数は樹種ごとに 15～20% と考えられるが，実大材では 30% を超えることは珍しくない．

　強度によって品質を分けていない製材（国土交通省告示でいう「無等級製材」）の強度性能の収集データのうち，せいが 150～300 mm である岩手・秋田県産のスギおよびベイマツ（それぞれ約 400 本）についての曲げ試験結果を図 3.20 に示す．ここで，図中の n は試験体数，μ は平均値，σ は標準偏差である．これから基準強度 (F) を求めると，$n≒400$ のとき $K≒1.699$ であるので，スギ：24.8，ベイマツ：16.8，となる．すなわち，スギはベイマツより平均値は小さいにもかかわらず，F 値は大きく計算されること，さらに F 値は平均値の 60～70% の値になることがわかる．

　以上から，構造材料としての信頼性を確保するためには，利用上不適当とみなされるような材料の除去，あるいは，なんらかの方法によって性能別のグループに仕分けして用いた方が合理的である．この考え方が「等級区分」で，特に強度の大小に分けるのを**強度等級区分**という．なお，構造材料としての信頼性を確保するもう 1 つの方法が 3.1.2 項に述べた「木質材料」に再構成して使用する方法

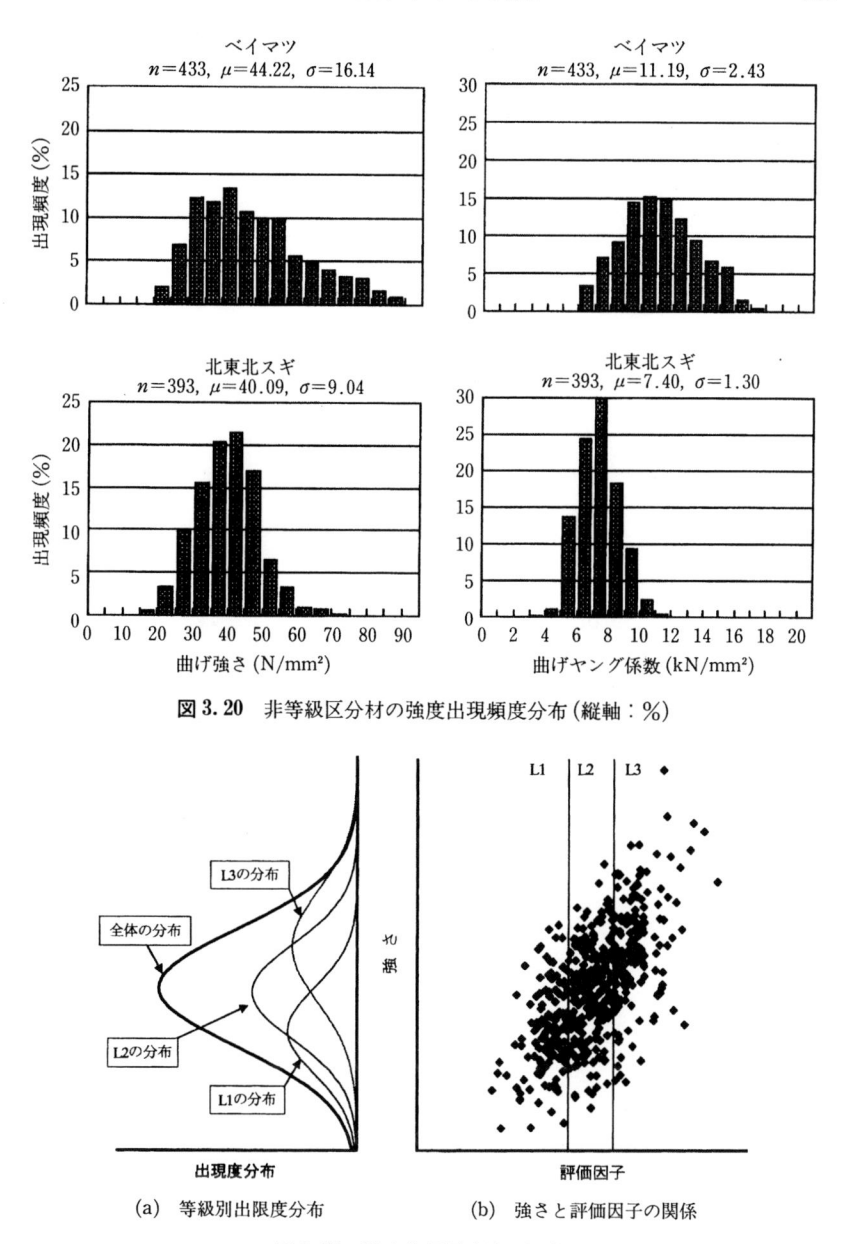

図 3.20 非等級区分材の強度出現頻度分布（縦軸：％）

図 3.21 強度等級区分法の概念

(a) 等級別出限度分布　　(b) 強さと評価因子の関係

である．

図 3.21 は強度等級区分の考え方を模式的に示したものである．まず図(b)に

示されるように強さとそれを評価する因子の関係を考える．ついで，評価因子の基準に従って材をグループ(等級)に分け，その出現頻度を描くと図(a)のようになり(図ではL1～L3の3等級)，各等級の分布が異なっていることがわかる．

JASの等級区分の方法には「目視法」と「機械法」がある．目視法は外観的に確認できるパラメータ(例えば節，繊維走向の傾斜，腐れなど)，機械法はヤング係数によって等級区分するものである．

3.6 経年変化と耐久性および耐火性

◆◇◆ ポイント

- 生物の影響によって木材強度が大きく低減することがあり，原因には「腐朽」と「蟻害」が考えられる．
- 腐朽は「木材腐朽菌」の成長に伴う木材成分分解の結果である．通常の建築物で腐朽を防止するには木材そのものを防腐処理などで栄養源とならないようにするか，あるいは木材中の含水率を20%以下の状態に保つ，というのが最良の方法になる．またメンテナンス時に，なんらかの方法で腐朽の進行度合を，非破壊的にチェックすることも重要である．
- 蟻害はシロアリによる被害である．日本では近年，生育地域が拡大する傾向にある．シロアリの害を防ぐには，まず，木材が腐朽する条件を与えないことが先決となる．

3.6.1 老化と劣化

木材は時間の経過に伴って材質が変化する．これを「経年変化」と総称する．

経年変化には**老化**と**劣化**がある．老化とは「常温において徐々に進行する材質の変化」，劣化とは「材料が時間の経過とともに，熱・水分・酸素・オゾン・紫外線・薬品・生物・荷重などの作用によって物理的・化学的変質を起こし，物性が低下する現象」である．木材では劣化が外部的要因の負荷条件によっては数年で急激に変化する場合もあるのに対し，老化による材質変化は数百年が単位となる．

木材強度の老化現象の例を図3.22に示す．それによると乾燥条件下にある木材(針葉樹)では，伐採後約200年にわたって強度が上昇し，その後徐々に低下していく傾向が示されるが，通常のタイムスケールではほとんど問題とならないほど緩慢である．

劣化の要因は，酸素，紫外線，熱，水，圧力，薬品などによる「物理・化学的劣化」，木材腐朽菌，シロアリなどによる「生物的劣化」がある．

「物理・化学的劣化」と「生物的劣化」は相互に関連する．例えば，木材を屋外に使用した場合，木材は太陽光に含まれる紫外線によって，表面のリグニンなどの成分が分解されて繊維状になり，そこにさまざまな塵埃が沈着するため変色する．また熱と雨水の影響によって含水率が変動するため，収縮膨潤をくり返し，部分的に割れを生じる．ただしこの段階では，木材の強度に決定的なダメージを与えない．しかし，ここに雨水が滞留しやすい状態になると，木材腐朽菌が繁殖しやすくなって木材本体の成分が分解を始め，やがて強度的に問題のある状態に陥る．

日本の現行法規では，建築基準法施行令第36条2項に「耐久性関係規定」があるが，このうち木質構造に直接関連するものは第41条（木材の品質），第49条（防腐措置）のみで「物理・化学的劣化」「生物的劣化」についての明確な規定はない．

3.6.2 腐朽と蟻害

生物的劣化で重要なものには「腐朽」と「蟻害」がある．

腐朽は微生物によって木材の主成分が分解され，化学・物理的性質が大きく変化する劣化現象を指す．腐朽の形は，**白色腐朽，褐色腐朽，軟腐朽**の3種類に分

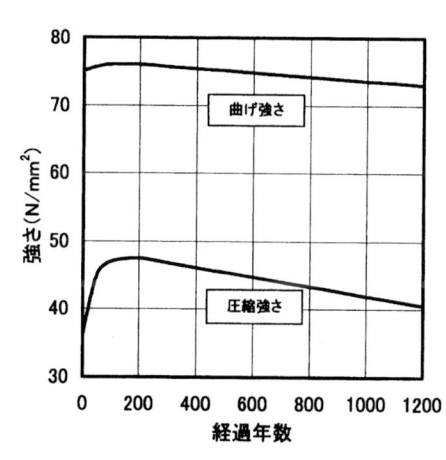

図3.22　木材強度の経年変化[9]

図3.23　約100年経過した住宅土台の腐朽および蟻害の例

けられる．白色腐朽は主としてリグニンが分解され腐朽材が白色になるもの，褐色腐朽は主としてセルロースが分解され腐朽材が褐色になるもの，軟腐朽は表面が黒く軟らかくなるものをいう．木材の腐朽の程度は重量減少率で表されることが多く，重量減少率に対する強度低減率の比は，一般に白色腐朽，軟腐朽，褐色腐朽の順に大きくなっていく．しかし，これらの定量的な判定は現在のところ難しく，規格では定性的な表現にとどまっている．

この微生物の主役はシイタケなどのような担子菌（木材腐朽菌ともいう）で，これが成長するためには，栄養源である木材，酸素，適当な温度(5～40℃程度)，水分（含水率20%以上）の4つの要素が不可欠である．これらの要素がすべてそろって，そこに担子菌などが住み着くと，新しい木材であっても腐朽しはじめる．したがって，これらの要素のうちどれか1つを除外できるようにすれば，木材は半永久的に使用できる．しかし通常の建築物では酸素・温度の遮断は難しく，腐朽を防止するには木材そのものを防腐処理などによって栄養源とならないようにするか，あるいは木材中の含水率を20%以下の状態に保つか，というのが最良の方法になる．

材が腐朽し，図3.23の状態になってしまったときは，いわば手遅れである．したがってメンテナンス時に，なんらかの方法で腐朽の進行度合を，非破壊的にチェックすることも重要である．木材は腐朽の進行に伴って密度（重さ）が低減する傾向があるため，このことを利用したいくつかの機器が市販されている．比較的よく用いられているのは，鉄針を材に打ち込んだときの貫入深さから推定するものである．

蟻害は**シロアリ**による被害である．日本では14種のシロアリの存在が確認されており，このうちヤマトシロアリとイエシロアリの2種が多い．生息地域は図3.24のようになっており，いずれも近年，生育地域が拡大する傾向にある．特にヤマトシロアリは，腐朽材，特に褐色腐朽材を好むことが知られている．これは，木材の腐朽によって材が軟化するため，または腐朽菌がシロアリの誘因物質をつくるため，といわれている．したがって，ヤマトシロアリの害を防ぐには，まず，木材が腐朽する条件を与えないことが先決となる．

なお，動物による食害にはこのほかに，昆虫（ヒラタキクイムシなど）による**虫害**があるが，これらは直接的に構造性能そのものには大きな被害を与えることは少ない．

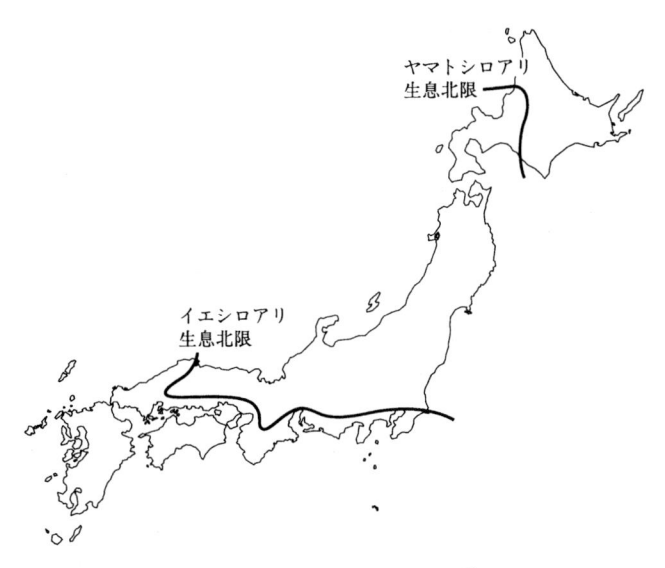

図3.24 シロアリの生息地域[10]

3.6.3 耐火性
a. 木材燃焼のメカニズム

木材に熱を徐々に加えていくと，100℃くらいまでは木材中の水分が蒸発し，150℃で木材成分の脱水反応により表面が黒ずんでくる．200℃になると成分のガス化が始まる．この中には一酸化炭素，メタン，エタンといった可燃性のものが含まれているが，すぐには燃え出すような状態ではない．250℃を超えると熱分解が一層急速になり，なんらかのきっかけ（引火）があると木材の燃焼が始まる．

木材表面での燃焼は内部へも進行する．これを炭化あるいは火災の貫通といい，その進行速度を炭化速度という．炭化速度は方向や材の厚さによっても異なり，空気気流下では繊維方向の速さは半径方向の約2倍である．また，25 mmの厚さの板では 0.83 mm/分，50 mm では 0.63 mm/分，というように，厚さの増加に伴って炭化速度は低下する．

b. 木材の耐火性能

木材は確かに燃える．しかし木材の炭化速度は遅く，安定しており，特に断面の大きい材では材表面からの火炎は出るが，断面減少速度はかなり遅く，建物の倒壊に要する時間はきわめて長い．大断面木造では，出火はしても構造体の倒壊を遅らせる設計が可能である．これらは木材固有の物理的性質，すなわち，①

比熱が高い，② 熱伝導率が低い，③ 熱膨張が小さいので加熱による内部応力の発生が少なく，割れや変形が起こりにくい，④ 表面の炭化層によって酸素の供給と熱の伝達を阻止できる，などによる．

木材の難燃処理材としては ① 薬剤によって脱水炭化を促す（リン酸系），② 不燃性ガスを発生させる（アンモニウム系）という原理による薬剤を加圧注入処理したものが流通している．また，防火塗料には塗膜自身が燃焼しにくく，かつ内部への熱伝導を抑えるものと，加熱により発泡して炎，熱，酸素の供給を抑えるものがある．

木材の防火・耐火関係の試験方法は JIS A 1301〜1332 に規定されているが，今後は国際規格 (ISO) との整合性が図られる可能性がある．

コラム

いろいろな言い伝え

木材の強さに関して，いろいろな言い伝えがある．しかし，データを統計的に解析してみると，いずれも「あまり強い関係は認められない」ことも多い．

例えば「雪国の木は寒さの中で耐えてきたのだから強い」という誤解がある．国産の主要樹種であるスギ材について，梁桁用に用いられる程度の断面をもつ，全国のスギ心持ち材約 2500 本のデータが公表されている（日本建築学会：木質構造限界状態設計指針（案），2003）．その結果では，特に「寒い地方の木が強い」ということはない．見た目だけで区分すると，確かに地域によって強度に分布の差が出ることもあるがヤング係数が同じなら，そのような地域差は消滅する．

また，「年輪幅が狭い材が強い」ともいわれる．針葉樹では一般に「同一樹種では年輪幅が狭い材の方が強いことが多い」とはいえる．しかし，年輪幅は髄からの距離，密度とも相互に関連し，年輪幅のみを尺度にした明確な等級区分は難しい場合が多い．

3.7 木材を構造材として使用するときの注意

木材は，繊維が連続することにより十分な引張強度を有することができる．しかし，繊維が不連続となる場合，引張力を繊維間のせん断力に変換して伝達するので，特に引張側に繊維の不連続な部分がある場合，図 3.25 に示すように曲げ強度が極端に低下する場合がある．そのため，曲げ材では，節や繊維切れなどを考慮して使用する必要がある．また，端部に切り欠きを設ける場合，木材の繊維

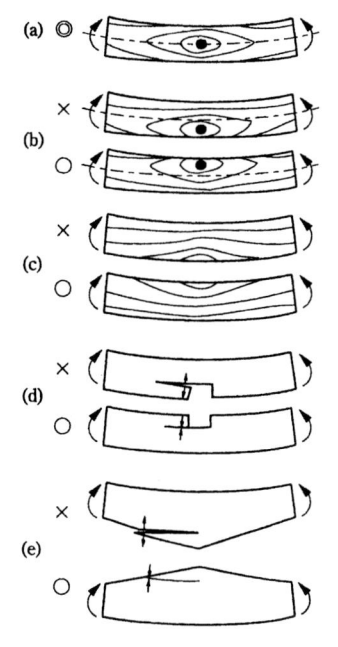

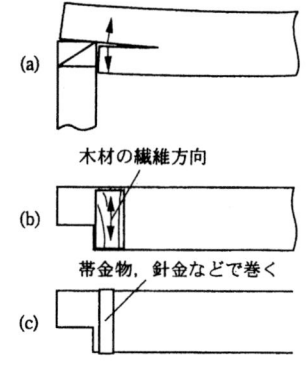

図 3.25 欠点や切り欠きの位置と曲げ性能[11]

図 3.26 切り欠き部の補強法[11]

直交方向の引張強度が極端に低いため，図 3.26 のような割裂が生じるので十分な補強を行う必要がある．

3.8 接合具

◆◇◆ ポイント

- ・接合具の集合体が接合部．
- ・接合具には，くぎ，ねじ，ラグスクリュー，ドリフトピン，ボルト，およびジベル（シアコネクター）などがある．
- ・接合具に働く応力は，主としてせん断力と引張力である．
- ・せん断力が働く接合具（ジベルを除く）では，胴が細く，長いと接合具が曲げ降伏し，木材にめり込み靱性に富んだ性質が現れる．逆に胴が太く短いと木材に割裂が生じ，破壊は脆性的となる傾向にある．

木質構造の接合具の大部分は軟鋼を原材料としているものが多い．くぎは最も

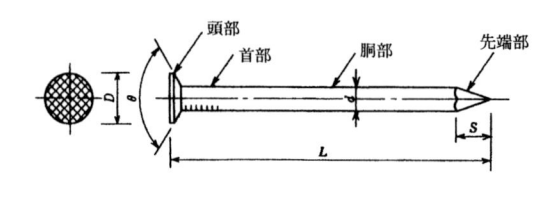

鉄丸くぎ

種類	長さ(mm)	径(mm)
N 38	38	2.11
N 45	45	2.41
N 50	50	2.77
N 65	65	3.05
N 75	75	3.40
N 90	90	3.76
N100	100	4.19
N115	115	4.19
N125	125	4.57
N150	150	5.16

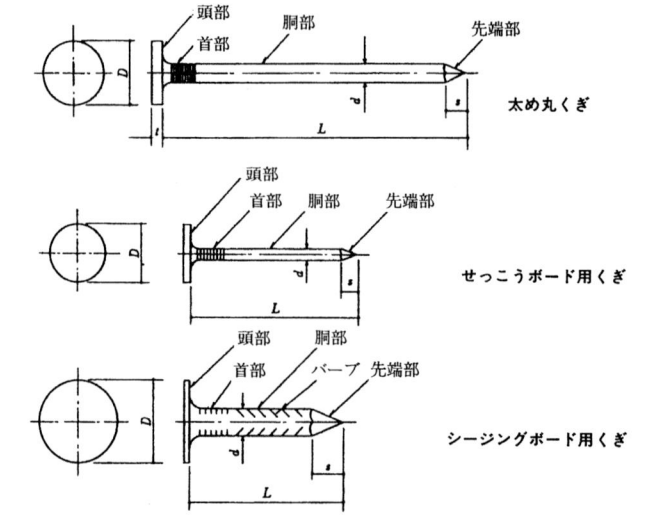

鉄丸くぎ(Nくぎ)の種類と形状

太め丸くぎ

せっこうボード用くぎ

シージングボード用くぎ

L：長さ(頭部下面から先端までの長さ)　　t：頭部厚さ　　　　　　　　D：頭部径
d：胴部径　　　　　　　　　　　　　　　s：先端部の長さ$(2d>s>d)$

用途別	種類	長さ(mm)	径(mm)	頭部径(mm)	頭部厚さ(参考値mm)	色
太め鉄丸くぎ(CNくぎ)	CN 50	50.8	2.87	6.76	1.33	みどり
	CN 60	63.5	3.33	7.14	1.5	きいろ
	CN 75	76.2	3.76	7.92	1.7	あお
	CN 90	88.9	4.11	8.74	1.9	あか
石膏ボード用くぎ	GN 40	38.1	2.34	7.54	—	—
シージングボード用くぎ	SN 40	38.1	3.05	11.13	—	—

枠組壁工法用くぎ(CNくぎ，GNくぎ，SNくぎ)の種類と形状

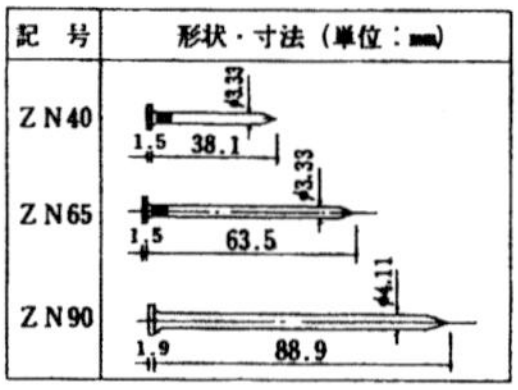

種類	長さ(mm)	径(mm)	頭部径(mm)	頭部厚さ(参考値mm)
ZN40	38.1	3.33	38.1	1.5
ZN65	63.5	3.33	63.5	1.5
ZN90	88.9	3.33	88.9	1.5

接合金物用くぎ(ZNくぎ)の種類と形状

図3.27　くぎの規格[12]

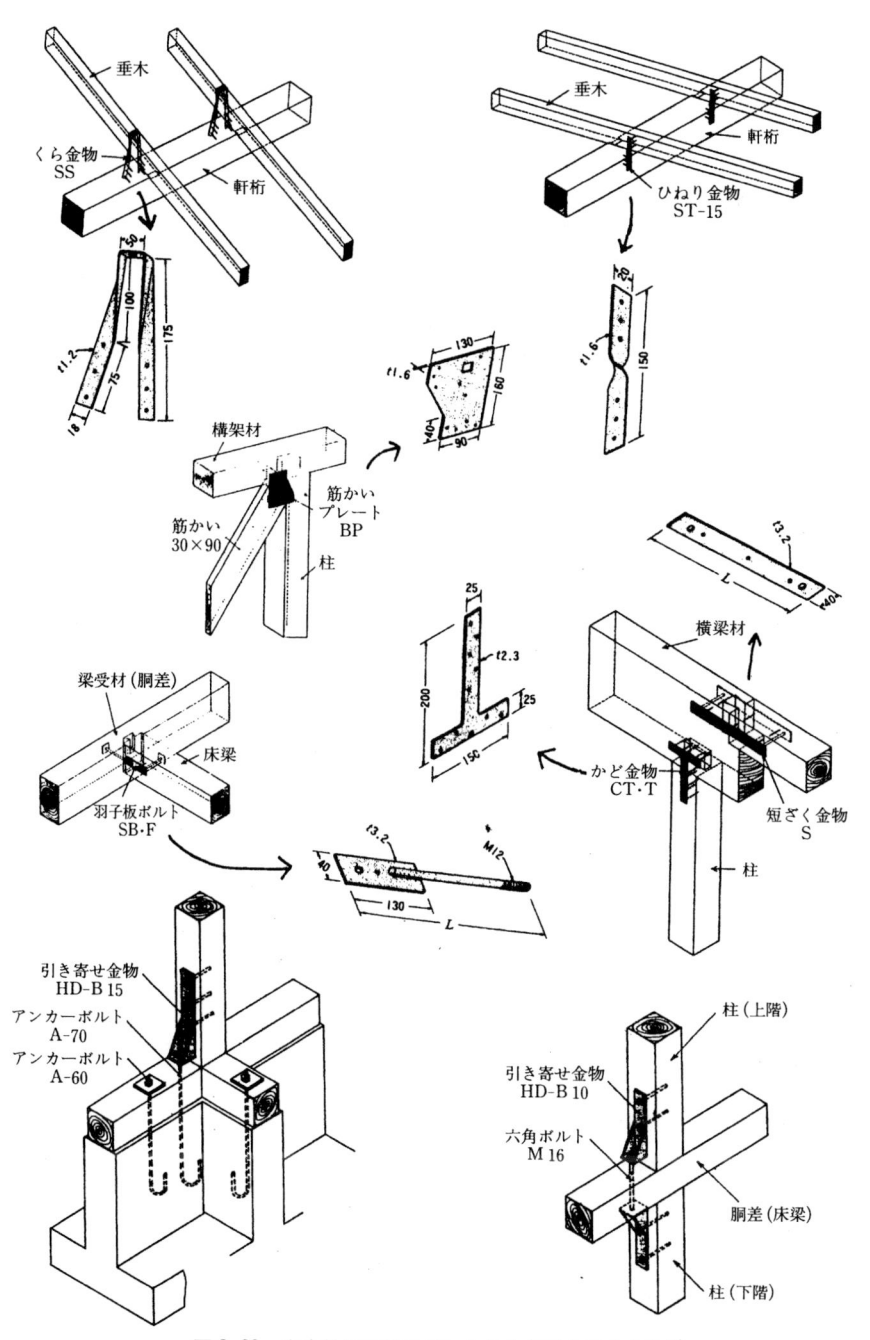

図 3.28 在来軸組工法で用いられる主要な接合金物[13]

多用されている接合具である．**くぎ**の規格の一例を図3.27に示す．一般に用いられている普通鉄丸くぎのほかに，枠組壁工法で用いられている太め鉄丸くぎや，金物に使用する亜鉛メッキを施したくぎなど多種多様であり，それぞれJIS規格などでくぎの頭の形状，胴の太さと長さなどが定められている．枠組壁工法用の太め鉄丸くぎは，施工後の検査を簡略化するために，くぎの長さごとに色分けされている．近年，電動工具の普及により木ねじが建築現場で多用されているが，現時点では**木ねじ**に関しては規格が存在しない．木ねじに関しては，貫入の容易さと支持力の確保のために，胴が細く，炭素含有量の多い高強度のものが多く出回っているが，それらはせん断方向の力を受けるとねじ（胴）の折損が見られ，変形能力に乏しいものもある．

接合部で引張力を伝達するために，図3.28のような接合金物が用いられる．特に耐力壁の両側に取り付く柱の柱頭・柱脚と筋かいの端部では，耐力壁の倍率に応じて必要となる接合金物が建設省告示で定められている[14]．それらの金物は鉄板を加工し亜鉛メッキを施したものである．それらの金物を取り付ける際には，必ず指定された亜鉛メッキを施したくぎを用いる必要がある．

トラス部材の接合などには，ボルト接合が用いられる．ボルト接合の方法は，図3.29に示すように，鉄骨造の場合と同様に**引張ボルト**，**せん断ボルト**（1面せん断，2面せん断など）がある．引張ボルトの場合は，ボルトの径と長さの比と側板の種類形状によって，木材中でボルトが曲げ降伏する場合や木材の支圧強度で決まる場合など破壊モードが図3.30のように多数存在し，それらの破壊モードを考慮して耐力を評価する[15]．

トラスの節点など大きなせん断力の作用する接合部では，図3.31のようにせ

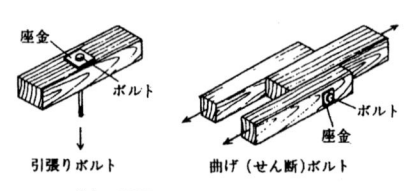

(a) 引張ボルトとせん断ボルト

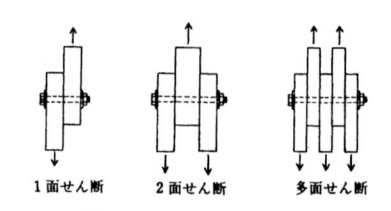

(b) ボルト接合部のせん断面

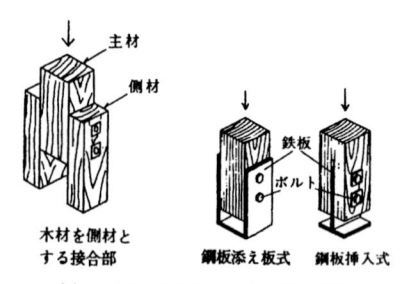

(c) 2面せん断ボルト接合部の種類

図3.29 ボルト接合[12]

3.8 接合具

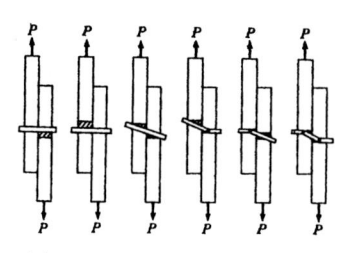

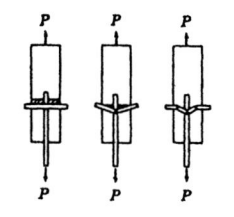

(a) 主材側材とも木材の1面せん断

(b) 鋼板挿入の2面せん断

図3.30 せん断力を受けるボルト接合部の破壊モードの例[15]

例：2枚の下弦材，1枚の引張板，2枚の圧縮材で構成されるトラスの接合．4つのシアコネクターを1列に並べて1つのボルトで緊結している

シアコネクター

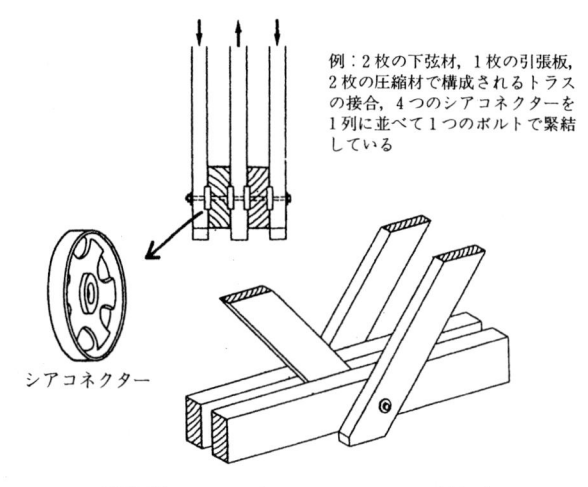

図3.31 シアコネクターによるせん断伝達

ん断面に**シアコネクター(ジベル)** と呼ばれる金物を挿入して物理的な部材間のかみ合いによりせん断耐力を確保することも行われている．

ラグスクリューは，図3.32に示すように，六角ボルトの胴部をねじ切りした大型の木ねじのような接合具であり，やや小さめの先穴をあけてねじ込んで用いる．主として大断面集成材の鉄板と木材との接合に用いられる．ボルトのように初期ガタが少なく，剛性の高い接合が可能である．

大断面集成材からなるモーメント抵抗フレームの接合部では，図3.33に示すように，**ドリフトピン**と呼ばれる鋼棒（軟鋼）を接合する部材にやや小さめの穴をあけて打ち込む，初期ガタのない剛性の高い接合方法が用いられてい

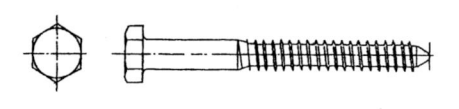

図3.32 ラグスクリューの形状[12]

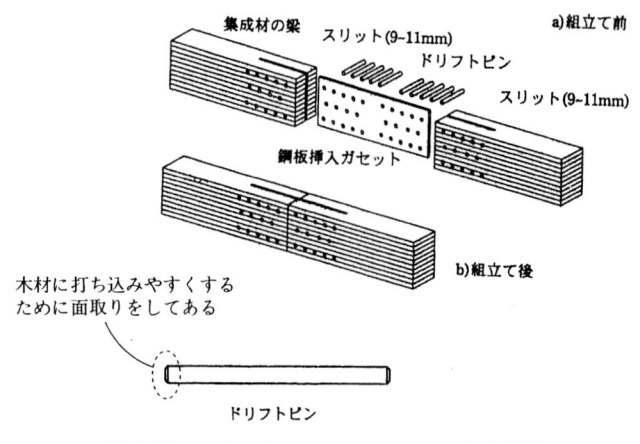

図 3.33 ドリフトピンによるモーメント接合[11]

る.また,ボルトやラグスクリューのように頭が部材表面に露出しないため,意匠的にも優れている.

枠組壁工法などの洋小屋では,トラス部材の接合に図 3.34 のような**ネールプレート**を用いることもある.

このように,木質構造では,部材間を接合するための接合具が多種多様であり,それらの接合剛性や耐力は理論的に求めることが難しいため,実大実験により評価する方法が行われている[14].

ボルト,ドリフトピン,くぎなど接合具の軸方向に直交する力(せん断力)が作用すると,接合具の直径(d)と長さ(L)の比(L/d)によって,木材の破壊が図 3.35 のように異なる.すなわち,L/d が小さい場合,接合具は剛体的に木材中を回転または移動するため,図中の (a) と (d) のように木材を繊維直交方向に割り裂いたり,図中の (b) のように端距離が短い場合にはその部分がせん断破壊することにより,接合具のせん断強度が急激に低下する.L/d が大きい場合には,図中の (c) と (e) のように接合具は木材中で曲げ降伏

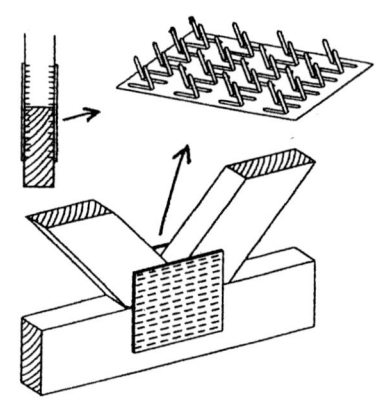

図 3.34 ネールプレートの使用例

3.8 接合具

(a) L/d 小で l が大きいとき　繊維直交方向の引張割裂

(b) L/d 小で l が小さいとき　せん断破壊

(c) L/d 大で l が大きいとき　接合具が塑性曲げ変形して木材にめり込む

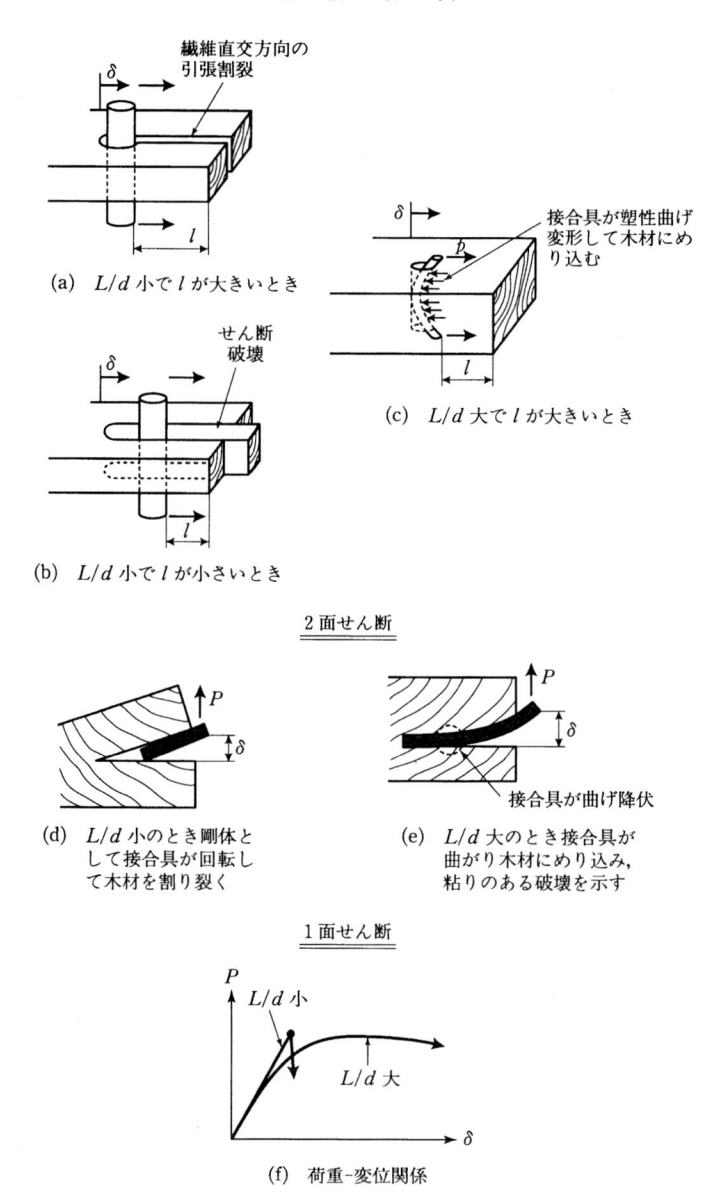

2面せん断

(d) L/d 小のとき剛体として接合具が回転して木材を割り裂く

(e) L/d 大のとき接合具が曲がり木材にめり込み，粘りのある破壊を示す（接合具が曲げ降伏）

1面せん断

(f) 荷重-変位関係

図 3.35　接合具の形状が木材の破壊に与える影響

して曲がり，接合具が木材にめり込むことにより，接合具のせん断強度の急激な低下はなく，粘りのある性質を示す．そのため，各種接合部の設計では，接合具

が変形して木材にめり込むような変形能力の高い破壊となる接合具を用いることが重要である．このように，木材に接合された接合具の許容せん断耐力に対しては，木材特有の破壊形態を考慮して評価した設計式が木質構造計算規準に示されているが，鉄骨造などで使用するボルトのせん断耐力よりもはるかに低い耐力となることにも注意する必要がある．

── コラム ──

ハイブリッド構造の許容応力度の安全率は？

鉄と木材の短期許容応力度の安全率は，基準強度（F）に対して，鋼材では1.0，木材では1.5となり，靱性破壊する鋼材と脆性破壊する木材の材料特性を反映して大きく異なっている．そのため，鋼材と木材を併用したハイブリッド構造の短期許容引張応力度の安全率はハイブリッド構造物の強度が鋼材で決まるか木材で決まるかによって異なってくる．

木材は燃えにくい

木材は燃えやすいというイメージがあるが，大断面の木材は表面が炭化した後は燃えにくい．そのため，木材で耐火被覆とした鉄骨構造の実用化が研究されている．

圧縮破壊の変形の生じるメカニズムは材料により異なる

材料を圧縮すると縮むことはいうまでもないが，その破壊メカニズムは材料により異なる．鉄は，等質性の結晶材料であるので，ゴムを圧縮したときのように均等に縮む（図3.36(a)）．コンクリートは，骨材をセメントペーストで固めたものであり，骨材とセメントペーストの接着が剥離したり，骨材が割れてひび割れが生じ，その後はひび割れ面に沿ってずれることにより縮んでいく（図3.36(b)）．木材は，管状の細胞の集合体であり，細胞膜が座屈して縮む（図3.36(c)）．

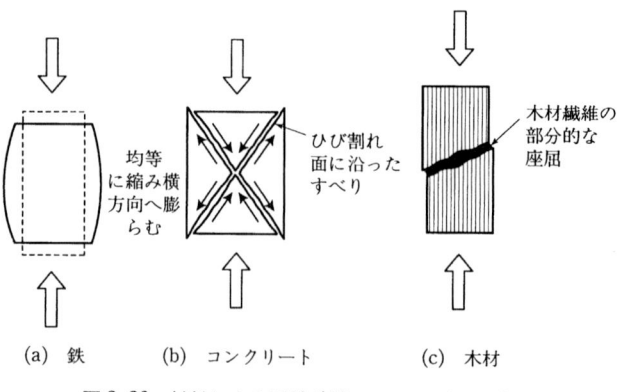

(a) 鉄 — 均等に縮み横方向へ膨らむ
(b) コンクリート — ひび割れ面に沿ったすべり
(c) 木材 — 木材繊維の部分的な座屈

図3.36 材料による圧縮破壊のメカニズムの違い

付　　録

1. いろいろな建築構造と各部の名称

　建築の構造では，屋根や床（スラブ）に作用する自重や積載荷重などの鉛直荷重は，屋根板，垂木，母屋，床材，小梁，大梁（桁），柱や壁および基礎を経て地盤に伝達される．風，地震などによる水平荷重は，屋根面，壁面から床面，梁を経て，柱，壁などの水平抵抗部材を通して地盤に伝えられる．
　ここでは，付図1.1～1.5に現在よく見られる建築構造の例を示すと同時に，主な構造要素について説明する．

梁：柱が垂直材であるのに対し，水平またはそれに近い位置に置かれた横架材．木造のような軸組構造では，棟と平行な方向（一般的には長手方向）を桁行といい，同方向の梁を桁という．棟と直行する方向を梁間という．
大梁：柱と柱をつなぐ横架材．
小梁：大梁と大梁をつなぐ横架材．
主筋（曲げ補強筋）：鉄筋コンクリート構造の柱や梁のような線状の部材において，その材軸方向に配筋される鉄筋をいい，これら部材に作用する曲げモーメントに対して抵抗する．
横補強筋（せん断補強筋）：部材の材軸方向の主筋を囲み緊結する，および部材に作用するせん断力に対して抵抗する役目をもつ補強筋．梁では**あばら筋（スターラップ）**，柱では**帯筋（フープ）**とも呼ばれる．
独立基礎：単一の柱からの荷重を独立したフーチングによって地盤または地業に伝える基礎形式．2つ以上の柱からの荷重を1つのフーチングで支えるものを**複合基礎**という．
耐震壁：構造物の壁体のうち，主として地震力や風圧力などの水平荷重を有効に分担する壁体．
耐力壁：壁式構造において，鉛直および水平力を負担する壁体．
つなぎ梁：独立基礎相互を連結して，柱脚の回転ならびに独立基礎の不同沈下を防ぐために地中に設けた鉄筋コンクリート造の水平材．

頭つきスタッド：軸径が 20 mm 前後，長さが 100 mm 程度のボルト状のスタッドで，脚を鋼にスタッド溶接してコンクリートとのずれを防止する．鋼とコンクリートの合成構造で用いる．

ガセットプレート：鉄骨構造の節点において，部材を接合するために用いる鋼板．

トップコンクリート：デッキプレートやプレキャストコンクリート版を一体床とするために，それらの上に打設するコンクリート．

ブレース：筋かいに同じ．木質構造や鉄骨構造において，柱と柱や梁と梁の間に対角線に入れた斜材．梁および柱で構成される軸組が水平荷重を受けて菱形に変形するのを防ぐ．

ベースプレート：鉄骨構造の柱の最下端に配置される底板．

アンカーボルト：鉄骨構造，木質構造の柱の脚部をコンクリートまたは鉄筋コンクリートの基礎に緊結するために用いるボルト．

ラチス：鉄骨造または木造の梁，柱の腹部において，材軸方向の主材（軸力・曲げモーメント抵抗材）を結束するとともに，せん断力を分担させる斜め材．主材に直交してつづり合わせる材を帯板という．

バンドプレート：鉄骨鉄筋コンクリート造の鉄骨柱が，組立中，運搬中または建方時にねじれないようにするため，主材を結束する目的で入れた帯状のプレート．

管柱：通し柱のように土台から軒まで1本の柱で通さず，途中で胴差しなどの横材位置で切ってつないだ柱．

通し柱：土台から軒桁まで継がずに通った1本ものの柱．

間柱：柱と柱の間に配置した壁体構成用の半柱．

胴差し：上階と下階との境界に用いる横材（桁材）のこと．

根太：床材を受けるための横材．

大引：根太を受けるための横材．

垂木：棟木，母屋，桁に架して，屋根下地を支える細い斜材．

まぐさ：出入口，窓および門などの開口部の上に渡した水平材．

火打ち梁，火打ち土台：水平に直交する部材の隅が変形しないように，これらに斜めにかけ渡した補剛材．軸組における方づえに相当する．

布基礎：連続基礎に同じ．多数の柱からの荷重を受ける長く連続した基礎．木質構造でよく用いられる．

筋かい：隣接する柱の柱頭と柱脚を斜めに接合する部材．水平力に対して抵抗する．

付録

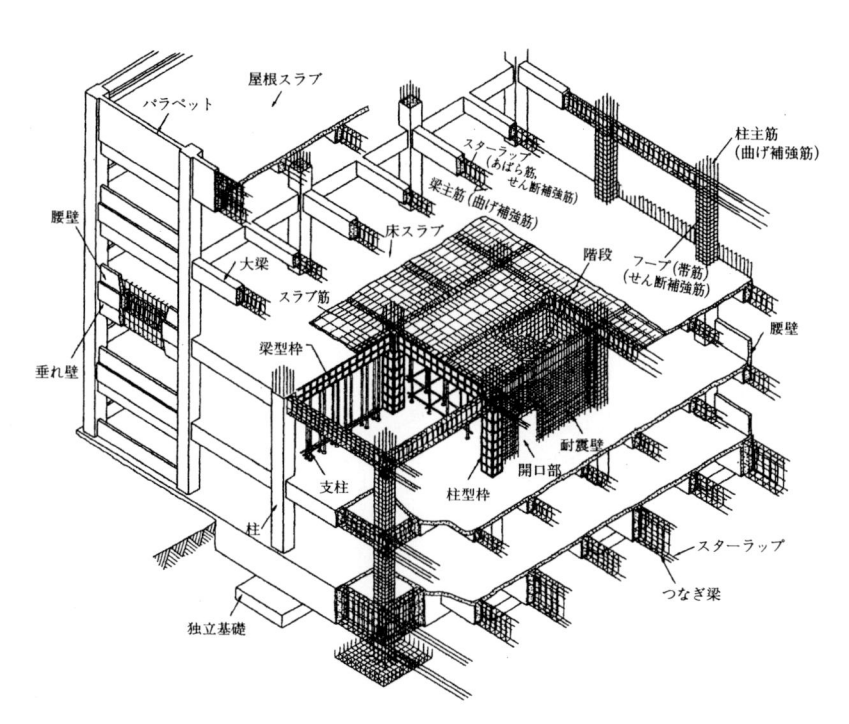

付図 1.1 鉄筋コンクリート構造の例[1]

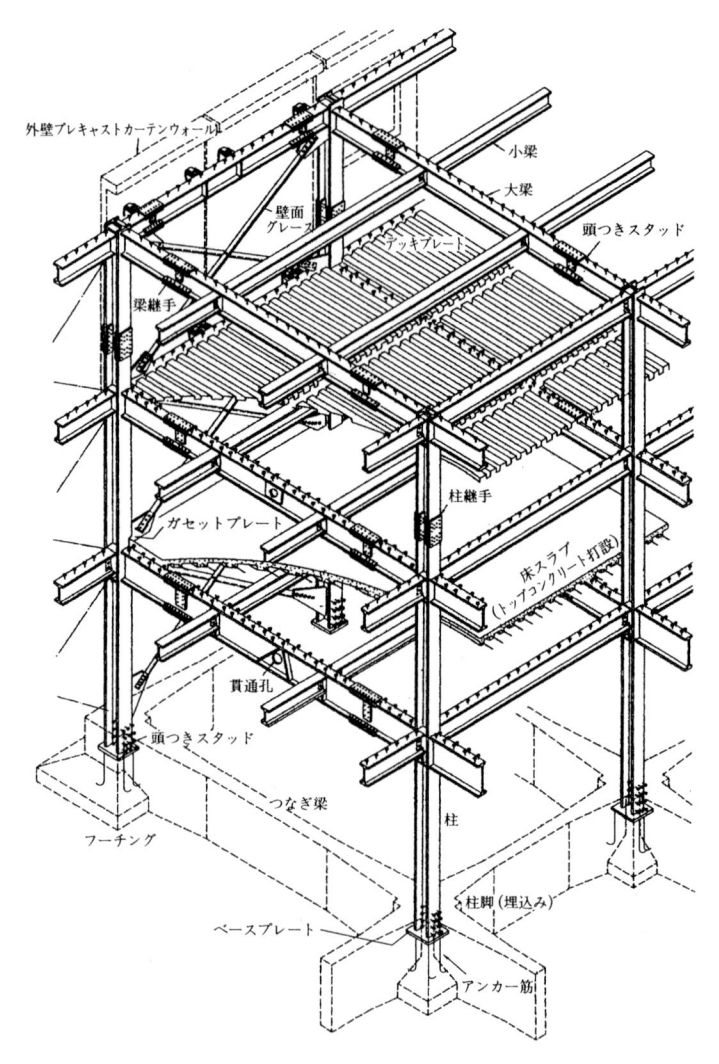

付図 1.2 鉄骨構造の例[1]

付録

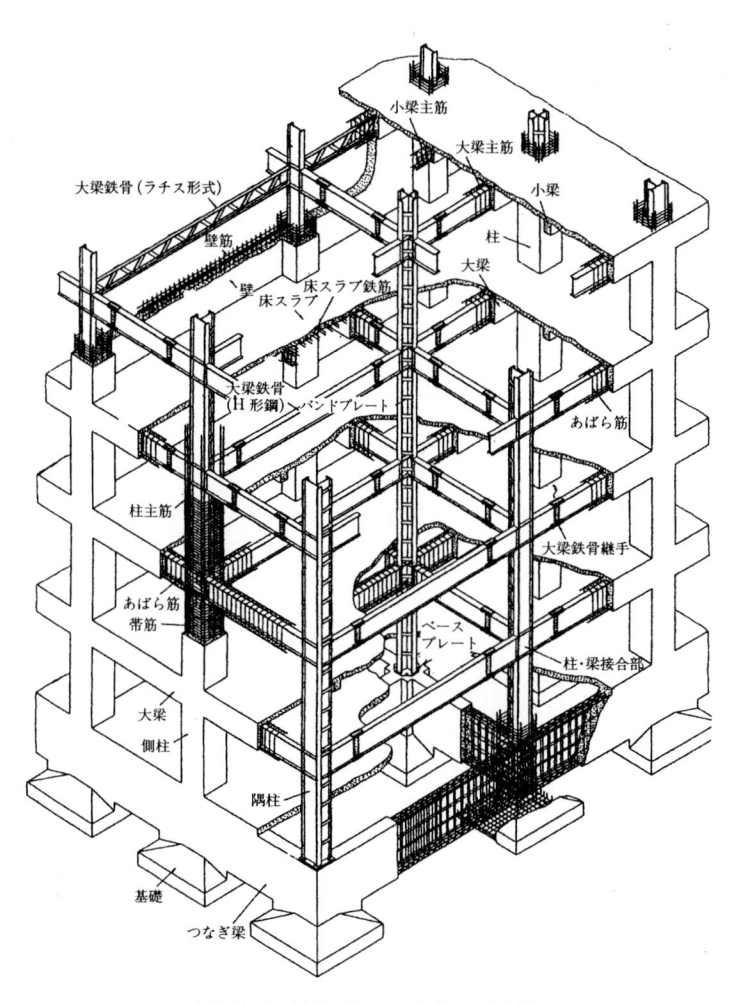

付図1.3 鉄骨鉄筋コンクリート構造[2]

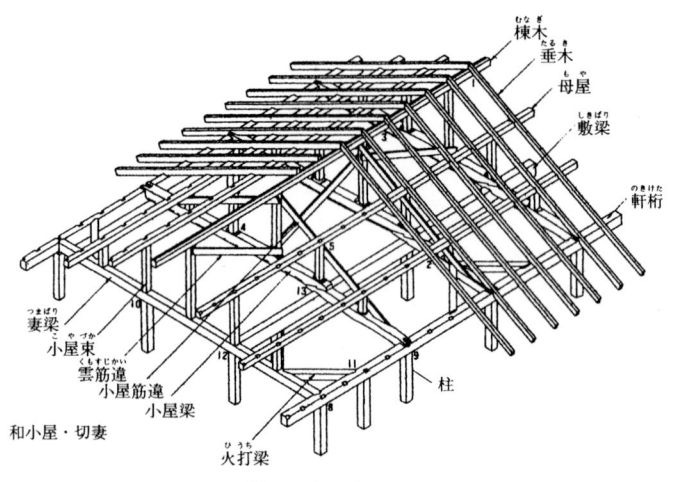

(a) 在来木造の小屋組

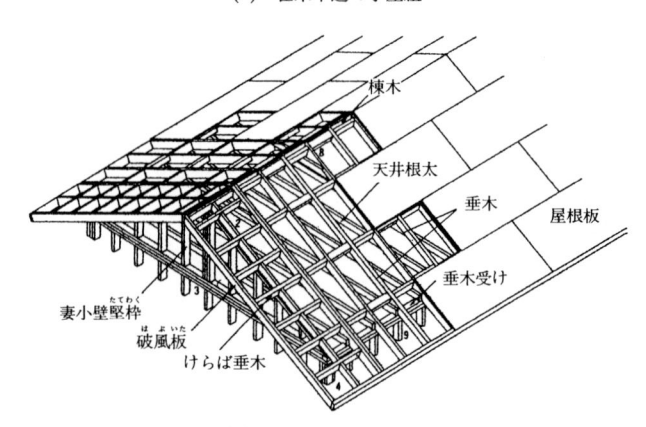

(b) 枠組壁工法の小屋組

付図 1.4 木質構造の小屋組例[1]

付　録

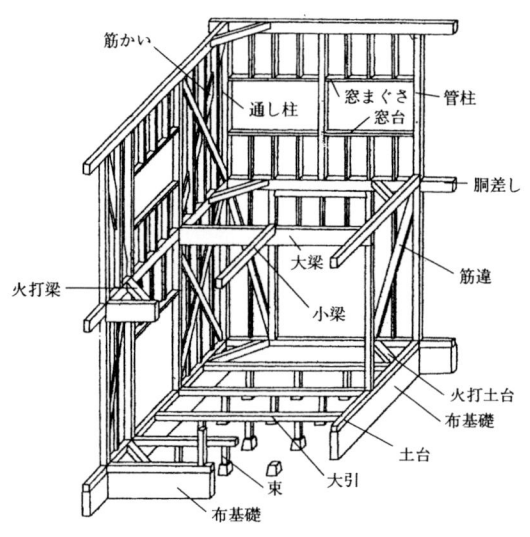

(a) 在来木造の軸組

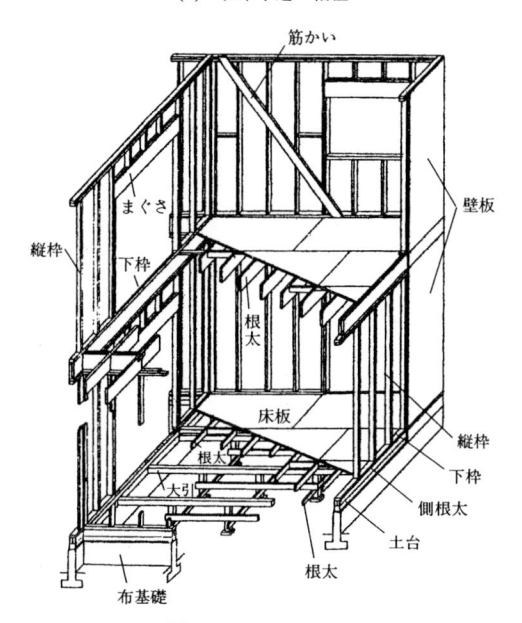

(b) 枠組壁工法の軸組

付図 1.5　木質構造の軸組例[1]

2. 調合設計の例

(A) 調合条件

使用材料	セメント：普通ポルトランドセメント 　　　　セメント強度：$K=60$ N/mm², 密度：3.15
	粗骨材：砕石, 最大粒径：20 mm 　　　表乾密度：2.6, 実績率：60%, 単位容積質量：1.54 kg/l
	細骨材：川砂, FM=2.8, 表乾密度：2.6, 実績率：65%
	混和剤：高性能 AE 減水剤
設計基準強度	$F_c=33$ N/mm²
耐久設計基準強度	$F_d=30$ N/mm²
スランプ値	18 cm
空気量	4.5%

(B) 調合の手順 (第II編 1.4 節参照)

1) 品質基準強度 (ただし, $\Delta F=3$ N/mm² とする)
   $\text{Max}(F_c+3, F_d+3) = \text{Max}(36, 33)$ より, $F_q=36$ N/mm²

2) 調合強度 (ただし, $T=0$ および $\sigma=4$ N/mm² とする)
   $\text{Max}\{(F_q+T)+1.73\sigma, 0.85(F_q+T)+3\sigma\} = \text{Max}\{42.9, 42.6\}$ より,
   $F=42.9$ N/mm²

3) 水セメント比 (JASS 5 式, および最大水セメント比による)
   $W/C = 51/(F/K+0.31)(\%) = 51/(42.9/60+0.31) = 49.8\%$, かつ $W/C \leq 65\%$ より,
   $W/C = 49.8\%$

4) 単位水量 (kg/m³, JASS 5 における普通砕石コンクリートの単位水量の標準値 (下表) による)
   $W/C = 49.8\%$ で, スランプ値 18 cm の場合, 最大単位水量の規定より, 185 kg/m³ とする.

水セメント比 (%) \ スランプ (cm)	8	12	15	18	21
40	166	176	184	(195)	(206)
45	161	171	179	(190)	(201)
50	160	168	175	(186)	(197)
55	158	165	171	182	(193)
60〜65	156	163	169	179	(189)

( ) の場合は, 高性能 AE 減水剤などを用いて 185 kg/m³ 以下とする.

5) 単位セメント量（ただし，セメント量≧270 kg/m³）
$C = W/(W/C) = 185/0.498 = 371$ kg/m³
$V_c = 371/3.15 = 118$ l/m³

6) 単位粗骨材量（l/m³ あるいは kg/m³, JASS 5 における普通砕石コンクリートの単位粗骨材かさ容積 (m³/m³) の標準値（下表）による）

$W/C = 49.8\%$ で，スランプ値 18 cm の場合，コンクリート 1 m³ 中に含まれる粗骨材のかさ容積の標準値は 0.62 (m³/m³) であるので，それに粗骨材の実績率（単位容積質量/粗骨材の密度）を乗ずると，間隙を含まない粗骨材のみの容積（V_g）が算出される．

$V_g = 0.62 \times 0.6 \times 1000 = 372$ l/m³
$W_g = 372 \times 2.6 = 967$ kg/m³

水セメント比(%) \ スランプ(cm)	8	12	15	18	21
40〜60	0.68	0.67	0.66	0.62	0.58
65	0.67	0.66	0.65	0.61	0.57

7) 単位細骨材量

コンクリート 1 m³ は，水，セメント，細骨材量，粗骨材量および空気量によって構成されるので，細骨材量（V_s/m³）は次の式から求められる．

$V_s = 1000 - 185 - 118 - 372 - 45 = 280$ (l/m³)
$W_s = 280 \times 2.6 = 728$ (kg/m³)

ここで細骨材率は，$280/(280+372) = 0.429$，すなわち，42.9% となる．

以下に調合表を示す．

調合強度 (N/mm²)	スランプ (cm)	空気量 (%)	水セメント比 (%)	粗骨材最大寸法 (mm)	細骨材率 (%)	単位水量 (kg/m³)	絶対容積 (l/m³)			質量 (kg/m³)		
							セメント	細骨材	粗骨材	セメント	細骨材	粗骨材
42.9	18	4.5	49.8	20	42.9	185	118	280	372	371	728	967

参考文献

【I 編】

第3章
1) 川口　衛, 阿部　優, 松谷　宥：建築構造のしくみ―力の流れとかたち, 彰国社, 1989
2) Heino Engel 著, JSCA 訳：空間デザインと構造フォルム, 技報堂出版, 1994

第4章
1) 谷川恭雄, 中塚　佶ほか：鉄筋コンクリート構造―理論と設計 (第2版), 森北出版, 2002

第5章
1) 谷川恭雄, 中塚　佶ほか：鉄筋コンクリート構造―理論と設計 (第2版), 森北出版, 2002
2) 日本建築学会：木質構造設計規準・同解説―許容応力度・許容耐力設計法, 2002
3) 建設省住宅局建築指導課・木造住宅振興室監修：「2002年枠組壁工法建築物構造計算指針」, 社団法人　日本ツーバイフォー建築協会, 2002
4) 国土交通省住宅局建築指導課・木造住宅振興室監修：「木造軸組工法住宅の許容応力度設計」, (財) 日本住宅・木材技術センター, 2002
5) 建築基準法施行令第46条「構造耐力上必要な軸組等」
6) 建設省告示第1100号「建築基準法施行令第46条第4項表1(1)項から(7)項までに掲げる軸組と同等以上の耐力を有する軸組及び当該軸組に係る倍率の数値を定める件」
7) 建設省告示第1352号「木造軸組の設置の基準を定める件」
8) 建設省告示第1460号「木造の継ぎ手仕口の構造方法を定める件」
9) 財団法人　日本住宅・木材技術センター木造軸組工法住宅の許容応力度設計, 2001

【II 編】

第1章
1) セメント協会：セメントの常識, 2000
2) 谷川恭雄ほか：建築材料―その選択から施工まで, 理工図書, 1993
3) 日本コンクリート工学協会：コンクリート技術の要点'02, 2002
4) 日本建築学会：高強度コンクリートの技術の現状, 1991
5) 日本コンクリート工学協会：コンクリート便覧, 1996

6) 日本建築学会：建築材料用教材，1987
7) 日本建築学会：鉄筋コンクリート構造計算規準・同解説 — 許容応力度設計法，1999
8) 日本建築学会：鉄筋コンクリート造のひび割れ対策（設計・施工）指針・同解説，1998
9) 西林新蔵：エース建設構造材料（エース土木工学シリーズ），朝倉書店，2003
10) 日本コンクリート工学協会：コンクリート便覧，1976

第2章

1) 鋼材倶楽部：鉄鋼の実際知識（第6版），東洋経済新報社，2001
2) 川村満紀：土木材料学（基礎土木工学シリーズ5），森北出版，1996
3) 嶋津孝之・福原安洋・在永末徳・松尾　彰・中山昭夫・蓼原真人：建築材料（第3版），森北出版，2001
4) 谷野　満・鈴木　茂：鉄鋼材料の科学 — 鉄に凝縮されたテクノロジー（材料学シリーズ），内田老鶴圃，2001
5) 日本建築学会：建築材料用教材，1998
6) 五十嵐定義・脇山廣三・中島茂壽・辻岡静雄：エース鉄骨構造学（エース建築工学シリーズ），朝倉書店，2002
7) 建築技術，619，2001
8) 青木博文：一般構造（基礎シリーズ），実教出版，1999
9) 建築構造システム研究会：図説テキスト 建築構造 — 構造システムを理解する，彰国社，1998
10) 岡田　清・明石外世樹・小柳　洽編：土木材料学，国民科学社，1998
11) 日本建築構造技術者協会編：PC建築 — 計画から監理まで，技報堂出版，2002

第3章

1) 林　知行：ここまで変わった木材・木造建築，丸善ライブラリー，2003
2) 藤田　稔：すばらしい木の世界（日本木材学会編），海青社，1995
3) 朱　建軍ほか：木材学会誌，49(2)，2003
4) 飯島泰男：富木試季報，63，1985
5) 宮島　寛：木材を知る本，北方林業会，1992
6) 岡崎泰男ほか：建築学会梗概集，2001
7) 澤田　稔：木材の変形挙動，材料，359，1983
8) 日本建築学会：木質構造限界状態設計指針（案）・同解説，2003
9) 小原二郎：木材の老化，木材工学（満久崇磨編），養賢堂，1961
10) 日本木材保存協会：木材保存学入門　改訂版，1998
11) 今村祐嗣・川井秀一・則元　京・平井卓郎編著：木材・木質材料学，東洋書店，1997
12) 木質構造研究会編：木質構造建築読本，井上書院，1989
13) 日本住宅木材技術センター：木造住宅用接合金物の使い方，1995
14) 建設省告示第1460号「木造の継ぎ手仕口の構造方法を定める件」
15) 日本建築学会：木質構造設計規準・同解説 — 許容応力度・許容耐力設計法，2002

付　録
1) 日本建築学会：構造用教材，1985
2) 日本建築構造技術者協会編：図説　建築構造のなりたち，彰国社，1998

索　引

ア　行

I形鋼　I beams　128
亜共析鋼　hypo-eutectoid steel　108
アーク式　electric-arc furnace method　104
アーク溶接　arc welding　141
頭つきスタッド　headed stud　184
アーチ　arch　18
圧延　rolling　105
圧縮強度　compressive strength　5, 78
あて材　reaction wood　161
アノード反応　anordic reaction　125
あばら筋　stirrup　183
アルカリ骨材反応　alkali aggregate reaction　60
α鉄　alpha-iron　107
アンカーボルト　anchor bolt　184
アングル　angles　128, 129
アンダーカット　under cut　120

イオウ　sulfur　120
異形棒鋼(SD材)　deformed bar　130, 138
板目　tangential section, flat grain　150
一様伸び　uniform elongation　5
異方性　anisotropy　150

ウェブ　web　128

永久ひずみ　parmanent strain　5
AE剤　air entraining agent　62
H形鋼　H sections　128
SS材(一般構造用圧延鋼材)　rolled steels for general structure　134
SN材(建築構造用圧延鋼材)　rolled structure for building structure　135
SM材(溶接構造用圧延鋼材)　rolled steels welded structure　134, 135
STKR材(一般構造用角形鋼管)　carbon steel square tubes for general structural purposes　136
STK材(一般構造用炭素鋼鋼管)　carbon steel tubes for general structural purposes　136
FR鋼(建築構造用耐火鋼)　fire-resistant steel for building structure　137
Fe-C系平衡状態　equilibrium diagram of Fe-C system　107
エーライト　alit, tri-calcium silicate　50
塩害　salt pollution　92
塩化物イオン　chlorine ion　126
塩化物量　chloride content　70
延性　ductility　112
エントラップトエア　entrapped air　63
エントレインドエア　entrained air　62

応力　stress　2
応力下降域　falling branch　79
大梁　girder　183
大引　sleeper　184
オーステナイト　austenite　107
オーバーラップ　over lap　120
帯筋　hoop　183

カ　行

回転角　rotation　24
過共析鋼　hyper eutectoid steel　108
下降伏点　lower yield point　111
ガセットプレート　gusset plate　184
カソード反応　cathordic reaction　125
形鋼　shapes, sections　128
硬さ　hardness　113
褐色腐朽　brown rot　171
割線ヤング係数　secant Young's modulus　6
仮道管　tracheid　150
かぶりコンクリート　cover concrete　97
壁式構造　wall system　34
壁倍率　wall strength ratio　39
含水率　moisture content　98, 153
完全弾塑性モデル　perfect elasto-plastic model　42
乾燥収縮　drying shrinkage　52, 91
γ鉄　gamma-iron　107
規格降伏点　specified minimum yield point　138
気乾材　air dried wood　154
気乾状態　air-dry condition　153

急結剤　accelerator　64
吸水率　coefficient of water absorption　58
凝結　setting　51
共析鋼　eutectoid steel　108
強度等級区分　stress grading　168
共役せん断応力　conjugate shear stress　26
曲率　curvature　24
許容応力度　allowable stress　167
許容応力度設計法　allowable stress design　28, 38

空気量　air content　70
くぎ　nail　178
クリープ　creep　7, 90, 165
クリープ係数　creep coefficient　91
クリープ限度　creep limit　7
クリープ破壊　creep fracture　7
クロム　chromium　122

ケイ素　silicon　122
軽量形鋼　light-gage steels　129
桁　girder　16
結合水　combined water　51
欠点　defect　158
ケーブル構造　cable structure　19
ゲル水　gel water　51
限界状態設計法　limit state design　28
減水剤　water reducing agent　63
建築構造用TMCP鋼材　thermo-mechanical control process　137

硬化　hardening　51
鋼管　tubes　128
鉱滓　slag　102
鋼材　steel products　128
高サイクル疲労　high cycle fatigue　116
高周波誘導式　high-frequency induction furnace method　104
孔食　local corrosion　126
剛性　rigidity　7
高性能AE減水剤　superplasticizer　63
構造体コンクリート　concrete in structures　67
構造用角形鋼管　rectangular steel tubes for structural purposes　130
構造用鋼管　steel tubes for structural purposes　130
鋼板　plates, sheets　128
合板　plywood　147
降伏　yielding　5
降伏棚　yield plateau　111

降伏点　yield strength　5, 111
降伏比　yield ratio　112
広葉樹　hard wood　146
高力ボルト　high strength bolt　132, 144
木口　end grain　150
骨材　aggregate　56
小梁　beam　183
固溶　solid solution　106
コールドジョイント　cold joint　74
コンクリート　concrete　46
混合セメント　blended cement　54
コンシステンシー　consistency　71
コンファインド（横拘束）コンクリート confined concrete　79
混和剤　admixture chemical　62
混和材　admixture　62

サ 行

細骨材（砂）　fine aggregate　46
細骨材率　sand percentage　70
再生骨材　recycled aggregate　61
在来軸組工法　conventional post and beam construction　38
残留ひずみ　residual strain　5, 119

シアコネクター　timber connecter　179
支圧強度　bearing strength　86
軸剛性　axial rigidity　21
軸力　axial force　21
自己収縮　autogenous shrinkage　52
沈みひび割れ　setting crack　74
実績率　percentage of absolute volume　60
支点　supporting point　12
ジベル　dowel　179
絞り　reduction of area　112
シャルピー衝撃試験　Charpy test　115
終局強度設計法　ultimate strength design　28
終局クリープひずみ　ultimate creep strain　7, 90
収縮　shrinkage　154
集成材　glulam, laminated wood　147
主筋（曲げ補強筋）　reinforcement for flexure　183
衝撃強度　impact strength　8
条鋼　long steel products　128
上降伏点　upper yield point　111
初期接線ヤング係数　initial tangent modulus　6
シリカフューム　silica fume　65
シロアリ　termite　172
人口軽量骨材　artificial light-weight aggregate　58

索引

心材　heartwood　152
靱性　ductility　7, 115
針葉樹　soft wood　146

水素　hydrogen　121
垂直応力　normal stress　2
垂直ひずみ　normal strain　3
水和熱　heat of hydration　51
水和反応　hydration　51
筋かい　brace　184
スターラップ　stirrup　183
ステンレス鋼　stainless steels　127
スパン　span　12
スラグ　slag　119
スラグ巻き込み　slag inclusion　119
スラブ（板用鋼片）　slabs　104
スランプ試験　slump test　72

製材　lumber, timber　146
成熟材　adult wood　152
脆性　brittleness　7
脆性破壊　brittle fracture　114
製銑　iron manufacturing　100
青熱脆性　blue shortness　110, 122
性能評価型設計法　performance evaluation　28
積算温度　cumulative temperature　84
赤熱脆性　red shortness　110
設計基準強度　specified design strength　66
接合具　fastener　38
接合部　connection　38
接線ヤング係数　tangent modulus　6
接点　node　13
Z形鋼　Z sections　129
セメンタイト　cementite　108
セメント　cement　48
セメントペースト　cement paste　46
繊維飽和点　fiber saturation point　153
せん断応力　shear stress　2
せん断強度　shear strength　86
せん断ひずみ　shear strain　3
せん断ボルト　shear bolt　178
銑鉄　pig iron　100, 108
全面腐食　general corrosion　126

早材　early wood　152
促進剤　accelerater　64
粗骨材（砂利）　coarse aggregate, gravel　46
塑性　plasticity　5
粗粒率　fineness modulus　59
存在壁量　existing wall length ratio　39

タ 行

ダイアフラム　diaphragm　113, 131
耐火性　fire resistive performance　96
耐久性　durability　92
耐久設計基準強度　specified durability design strength　66
耐震壁　earthquake resisting wall　183
体心立方格子　body-centered cubic　106
耐熱性　heat resistive performance　97
耐力壁　shear wall　36, 183
耐冷性　cold resistive performance　98
多結晶材料　polycrystal material　106
試し練り　test mixing　69
垂木　rafter　184
単位格子　unit lattice　106
単位水量　water content per unit volume of concrete　69
単位セメント量　cement content per unit volume of concrete　70
短期許容せん断耐力　allowable shear capacity for short-term loading　42
単純梁　simple beam　13
弾性　elasticity　5
弾性限度　elastic limit　4, 111
炭素　carbon　121
炭素当量　carbon equivalent　118
断面1次モーメント　geometrical moment of area　25
断面極2次モーメント　polar moment of inertia of area　27
断面係数　section modulus　24
断面2次モーメント　geometrical moment of inertia　24

遅延剤　retarder　64
力のつり合い条件　equilibrium of force　11
チャンネル　channels　128
虫害　insect attack　172
中性化　neutralization of concrete　93
鋳造　casting　104
中立軸　neutral axis　22
長期荷重　long term loading　34
長期許容応力　allowable stress for long term loading　34, 123
調合　mix proportion　66
調合強度　required average strength　68
調合設計　mix design　66, 190
調質鋼　quenched and tempered steels　110
沈降　settlement　73

つなぎ梁　tie beam　183

低温脆性　low temperature brittleness　110
低サイクル疲労　low cycle fatigue　116
鉄　iron　106
鉄筋コンクリート用棒鋼　steel bars for concrete reinforcement　138
δ鉄　delta-iron　107
電解質水溶液　electrolyte water solution　124
電気炉製鋼　electric furnace　102
転炉製鋼　converter　102

凍害　freezing damage　95
等価断面積　equivalent area of section　30
凍結融解　freezing and thawing action　95
胴差し　girth　184
通し柱　continuous column　184
独立基礎　individual footing　183
トップコンクリート　overlay concrete　184
ドーム　dome　18
トラス　truss　17
ドリフトピン　drift pin　179

ナ 行

生材　green lumber　154
軟腐朽　soft rot　171

二酸化イオウ　sulfur dioxide　126
ニッケル　nickel　122

布基礎　continuous footing　184

根太　floor joist　184
熱間圧延　hot rolling　105
ネールプレート　nail plate　180
年輪　annual ring　151

伸び　elongation　111

ハ 行

バウジンガー効果　Bauschinger effect　113
白色腐朽　white rot　171
剝離亀裂　peel off crack　119
爆裂破壊　bursting failure　97
柱降伏型　column sway mechanism　132
パス　pass　118
パス間温度　temperature between pass　118
破断伸び　rupture strain　5
発泡剤　foaming agent　64
パテンティング　patenting　140

破面率　fracture surface ratio　115
パーライト　pearlite　108
ばらつきの係数　coefficient scattering　43
梁　beam　16, 183
梁降伏型　beam sway mechanism　132
晩材　late wood　152
バンドプレート　tie plate　184
反力　reaction　12

火打ち土台　sill bracing　184
火打ち梁　angle brace　184
BCR材（冷間ロール形成角形鋼管）　cold-formed steel square tubes　137
PC鋼材　prestressing steels　139, 140
PC鋼線　prestressing wires　139
PC鋼棒　prestressing steel bars　140
PC鋼より線　prestressing strands　139
BCP材（プレス形成角形鋼管）　press-formed steel square tubes　137
ひずみ　strain　2
ひずみ硬化　strain hardening　5, 7, 111
ひずみ軟化　strain softening　5
ビッカース硬さ　Vikers hardness　114
ピット　pit　119
引張強度　tensile strength　5, 85, 111
引張ボルト　tensile bolt　178
必要壁量　required wall length ratio　39
ビード　bead　118
被覆アーク溶接棒　shielded arc welding　142
ビーライト　belit, di-calcium silicate　50
比例限度　proportional limit　4, 111
ビレット（小鋼片）　billets　104
疲労強度　fatigue strength　87
疲労限度　fatigue limit　9
疲労寿命　fatigue life　116
疲労破壊　fatigue fracture　9, 116
品質基準強度　specified quality strength　67

フェライト　ferrite　108
腐朽　decay　171
複合基礎　combined footing foundation　183
節　knot　158
付着　bond　30
付着強度　bond strength　87
不動態被膜　passive film　92
フープ　hoop　183
部分割線ヤング係数　chord modulus　6
ブラケット　bracket　131
フランジ　flange　128
ブリーディング　bleeding　73

索　引

ブリネル硬さ　Brinells hardness　114
ブルーイング　blueing　140
ブルーム　blooms　104
ブレース　brace　184
プレス成形鋼管　pressed steel pipe　136
フレッシュコンクリート　fresh concrete　71
ブローホール　blow hole　119
粉末度　fineness　52

平衡含水率　equilibrium moisture content　153
平面保持仮定　Navier's hypothesis　22
ペシマム量　pessimum percentage　61
ベースプレート　base plate　184
辺材　sapwood　152
偏析　segregation　120
変態　transformation　107

ポアソン比　Poisson's ratio　89
防錆剤　rust-inhibitor　64
ポゾラン反応　pozzolan reaction　65
ポルトランドセメント　portland cement　53
ボンド部　bond zone　117, 118

マ　行

膜構造　membrane structure　19
まぐさ　lintel　184
曲げ強度　flexural strength　85
曲げモーメント　flexural moment　22
柾目　radial section, edge grain　150
間柱　stud　184
丸鋼（SR材）　round bar　130, 138
マルテンサイト　martensite　109
マンガン　manganese　121

水セメント比　water cement ratio　70
未成熟材　juvenile wood　152
溝形鋼　channels　128, 129
密度　density　52

面心立方格子　face-centered cubic　107

木質材料　wood composite　147
木ねじ　screw　178
木部繊維　wood fiber　150
モリブデン　molybdenum　122
モルタル　mortar　46

ヤ　行

焼入れ　quenching　108, 109
焼なまし　normalizing　109

焼ならし　annealing　109
焼戻し　tempering　109
焼戻し脆性　temper embrittlement　110
山形鋼　angles　128, 129
ヤング係数　Young's modulus　4, 6, 88, 111
ヤング係数比　Young's modulus ratio　30

有効弾性係数　effective elastic modulus　91

養生　curing　83
溶接金属　weld metal　117
溶接残留応力　welding residual stress　119
溶接性　weldability　113, 117, 118
溶接入熱　input heat at welding　118
溶接熱影響部　heat-affected zone　117, 118
横補強筋（せん断補強筋）　shear reinforcement　183
呼び強度　nominal strength　76

ラ　行

ラグスクリュー　lagscrew　179
ラチス　lattice　184
ラメラテア　lamella tear　119, 121
ラーメン　moment resisting frame　17

リップ溝形鋼　light gauge channel section with rip　129
流動化剤　superplasticizer　64
粒度分布　grain distribution　59
リラクゼーション　relaxation　8
リン　phosphorus　120
臨界応力　critical stress　78

冷間圧延　cold rolling　105
レイタンス　laitance　73
レオロジーモデル　rheology model　74
劣化　deterioration　170
レディーミクストコンクリート　ready mixed concrete　75
連続鋳造法　continuous casting　105
錬鉄　wrought iron　108

老化　aging　170
ロール成形鋼管　rolled steel pipe　136

ワ　行

ワーカビリティー　workability　72
枠組壁工法　wood frame construction　38
割れ　check, shake　159

著者略歴

中塚　佶（なかつか　ただし）
1947年　大阪府に生まれる
1971年　大阪大学大学院工学研究科修士課程単位取得退学
現　在　大阪工業大学工学部空間デザイン学科教授・工学博士

濱原　正行（はまはら　まさゆき）
1950年　広島県に生まれる
1981年　日本大学大学院理工学研究科博士課程修了
現　在　日本大学理工学部海洋建築工学科教授・工学博士

村上　雅英（むらかみ　まさひで）
1958年　兵庫県に生まれる
1986年　筑波大学大学院工学研究科博士課程修了
現　在　近畿大学理工学部建築学科教授・工学博士

飯島　泰男（いいじま　やすお）
1947年　北海道に生まれる
1971年　北海道大学大学院農学研究科修士課程修了
現　在　秋田県立大学木材高度加工研究所教授・農学博士

エース建築工学シリーズ
エース　建築構造材料学　　　　　　定価はカバーに表示

2004年4月20日　初版第1刷
2022年11月25日　　　　　第12刷

著　者　中　塚　　　佶
　　　　濱　原　正　行
　　　　村　上　雅　英
　　　　飯　島　泰　男
発行者　朝　倉　誠　造
発行所　株式会社　朝倉書店
　　　　東京都新宿区新小川町6-29
　　　　郵便番号　162-8707
　　　　電　話　03(3260)0141
　　　　FAX　03(3260)0180
　　　　https://www.asakura.co.jp

〈検印省略〉

© 2004〈無断複写・転載を禁ず〉　　　　中央印刷・渡辺製本

ISBN 978-4-254-26865-2　C 3352　　　Printed in Japan

JCOPY　〈出版者著作権管理機構　委託出版物〉
本書の無断複写は著作権法上での例外を除き禁じられています．複写される場合は，そのつど事前に，出版者著作権管理機構（電話 03-5244-5088, FAX 03-5244-5089, e-mail: info@jcopy.or.jp）の許諾を得てください．

好評の事典・辞典・ハンドブック

物理データ事典 　　　　　　　　　　日本物理学会 編　B5判 600頁
現代物理学ハンドブック 　　　　　　鈴木増雄ほか 訳　A5判 448頁
物理学大事典 　　　　　　　　　　　鈴木増雄ほか 編　B5判 896頁
統計物理学ハンドブック 　　　　　　鈴木増雄ほか 訳　A5判 608頁
素粒子物理学ハンドブック 　　　　　山田作衛ほか 編　A5判 688頁
超伝導ハンドブック 　　　　　　　　福山秀敏ほか 編　A5判 328頁
化学測定の事典 　　　　　　　　　　梅澤喜夫 編　A5判 352頁
炭素の事典 　　　　　　　　　　　　伊与田正彦ほか 編　A5判 660頁
元素大百科事典 　　　　　　　　　　渡辺 正 監訳　B5判 712頁
ガラスの百科事典 　　　　　　　　　作花済夫ほか 編　A5判 696頁
セラミックスの事典 　　　　　　　　山村 博ほか 監修　A5判 496頁
高分子分析ハンドブック 　　　　　　高分子分析研究懇談会 編　B5判 1268頁
エネルギーの事典 　　　　　　　　　日本エネルギー学会 編　B5判 768頁
モータの事典 　　　　　　　　　　　曽根 悟ほか 編　B5判 520頁
電子物性・材料の事典 　　　　　　　森泉豊栄ほか 編　A5判 696頁
電子材料ハンドブック 　　　　　　　木村忠正ほか 編　B5判 1012頁
計算力学ハンドブック 　　　　　　　矢川元基ほか 編　B5判 680頁
コンクリート工学ハンドブック 　　　小柳 洽ほか 編　B5判 1536頁
測量工学ハンドブック 　　　　　　　村井俊治 編　B5判 544頁
建築設備ハンドブック 　　　　　　　紀谷文樹ほか 編　B5判 948頁
建築大百科事典 　　　　　　　　　　長澤 泰ほか 編　B5判 720頁

価格・概要等は小社ホームページをご覧ください．